唐才子传

〔元〕辛文房◎编著

东篱子◎解译

全鉴

中国纺织出版社有限公司

国家一级出版社
全国百佳图书出版单位

内 容 提 要

《唐才子传》是元代文学家辛文房所编撰的评传汇编集。全书共十卷，记载了初唐至五代诗人大量的生平资料、诗文创作等内容，具有了解这些诗人事迹的资料库作用。该书被列入国学入门必读书目之一。本书精选了代表性的篇目，分别对原文进行注释、译文、生僻字注音，以求达到轻松阅读的目的。

图书在版编目（CIP）数据

唐才子传全鉴 /（元）辛文房编著；东篱子解译. --北京：中国纺织出版社有限公司，2021.10
ISBN 978-7-5180-8853-9

Ⅰ. ①唐… Ⅱ. ①辛… ②东… Ⅲ. ①诗人—列传—中国—唐代 Ⅳ. ①K825.6

中国版本图书馆CIP数据核字（2021）第181626号

责任编辑：段子君 责任校对：高 涵 责任印制：储志伟

中国纺织出版社有限公司出版发行
地址：北京市朝阳区百子湾东里 A407 号楼 邮政编码：100124
销售电话：010—67004422 传真：010—87155801
http://www.c-textilep.com
中国纺织出版社天猫旗舰店
官方微博 http://weibo.com/2119887771
北京华联印刷有限公司 各地新华书店经销
2021 年 10 月第 1 版第 1 次印刷
开本：710×1000 1/16 印张：20
字数：238 千字 定价：48.00 元

凡购本书，如有缺页、倒页、脱页，由本社图书营销中心调换

关于诗歌,《尚书·虞书·尧典》中记载了这样一句话:"诗言志,歌永言"。可以说,这句话是我国关于诗歌最早的定义。很显然,诗是用来表达人的思想和志向的,而歌则是通过吟唱诗词,来绵延诗中所蕴含的思想意义,从而突出诗意的。也正因此,我国上下五千年的诗歌,沿着"文字发乎其情"的脉络,途经上古时期的生涩,风雅颂的开宗明义,到《离骚》《招魂》的感天动地,再到魏晋时期的矫健雄风,直达大唐的繁荣鼎盛······

说到唐诗的繁盛,总会让人禁不住想起那些为唐诗的发展孜孜以求的文学巨匠——李白、杜甫、白居易等,可这对于那些鲜为人知的小人物又似乎有所不公。毕竟一个时代的辉煌,永远离不开怀抱传统文化创造价值的每一寸光。

书籍是最好的佐证。

所以,《唐才子传》应运而生。这部书成于元朝大德八年(1304年),原著十卷。作者是辛文房,字良史,西域人,他是我国元朝文学家,也是一个知名诗人。也正是源于一个诗人对于诗歌的衷情热爱,才会让他在那个战乱频发的年代,难以查询信息的年代,不顾一切地克服种种困难去翻阅历史资料,去拼凑零碎的信息,逐步从隋朝灭亡的初唐开始写起,直到唐五代末期结束大唐近三百年的历史长卷中,这留下诗人足迹的评传汇编集《唐才子传》，为大唐近三百诗赋才子验明正身（当然大唐不止这几百才子）。

辛文房按所录诗人登第先后为序，详述了才子们的生平，尤其对他们科举经历以及仕途走向如何，叙述得更为详细，并且通过流传的《旧唐书》《新唐书》《唐诗纪事》等资料对诗人艺术得失加以品评，使数百年后的元朝，乃至千余年后的我们，甚至千秋万代，都能从这一伟大的著作中品味出唐代诗人如何在诗坛上独领风骚，在人生行旅中又是经历了怎样的不可言说的历程。

辛文房为人耿介，为文忠直，悲悯愤恨交织着警世箴言。正所谓文如其人。

他在卷一《陈子昂》传文中感叹道："呜呼！古来材大，或难为用。象以有齿卒焚其身。信哉！子昂之谓欤？"可见其心是何等撕痛！在卷九《赵光远》传文中说："光远等千金之子，厌饫膏粱，仰荫承荣，视若谈笑，骄侈不期而至矣……区区凉德，徒曰贵介，不暇录尚多云。"短短数语，足见其对纨绔子弟的轻贱鄙薄！但对于寒门学子勤学上进的精神，又是无比钦佩敬仰。比如卷八《汪遵》传中说："汪遵，泾之一走耳。拔身卑污，夺誉文苑。家贫借书，以夜继日，古人阅市偷光，殆不过此。昔沟中之断，今席上之珍。丈夫自修，不当如是耶？"其词凿凿，岂不震撼！

纵观全籍，这些才子，无论顺势而生，还是逆风而长，无不昭示一种积极的生存意义，所以一直流传。《唐才子传》不仅没有被历史的车轮碾碎沦落，反而被列为国学入门必读书目之一，并且近几年很多中、高考试题中，仍在引用这些才子们的传记，作为阅读分析题。

鉴于篇幅所限，我们这本《唐才子传全鉴》未能将原著中数百位才子逐一罗列出来，只能忍痛割爱，精选出有代表性的作品进行解读。

为了亲爱的朋友们阅读方便，本书对原文进行了注释、译文、生僻字注音，并对每位才子的生平和代表作进行了版块式的简要介绍，便于轻松了解和查找佳作，感受其千年不泯的熠熠光华。

解译者

2021 年 5 月

目录

卷一

卷二

卷三

卷六

卷七

卷八

卷一

王绩

　　王绩（约590—644年），字无功，号东皋子，绛州龙门（今山西河津）人。隋末唐初年间著名诗人，主要作品有《王无功文集》《东皋子集》《老子注》等。代表诗作有《野望》《山夜调琴》。

【原文】

　　绩，字无功，绛州龙门人①，文中子通之弟也②。年十五游长安，谒杨素③，一坐服其英敏，目为神仙童子。隋大业末，举孝廉高第④，除秘书正字。不乐在朝，辞疾，复授扬州六合县丞。以嗜酒妨政，时天下亦乱，遂托病风，轻舟夜遁。叹曰："网罗在天，吾将安之！"乃还故乡。

　　至唐武德中⑤，诏征以前朝官待诏门下省⑥。绩弟静谓绩曰："待诏可乐否？"曰："待诏俸薄，况萧索，但良酝三升，差可恋耳。"江国公闻之曰："三升良酝，未足以绊王先生。"特判日给一斗。时人呼为"斗酒学士"。贞观初，以疾罢归。

　　河渚间有仲长子光者，亦隐士也，无妻子。绩爱其真，遂相近结庐，日与对酌。君有奴婢数人，多种黍，春秋酿酒，养凫雁、莳药草自供⑦。以《周易》《庄》《老》置床头，无他用心也，自号"东皋子"。虽刺史谒见，皆不答。终于家。性简傲，好饮酒，能尽五斗，自著《五斗先生传》。弹琴、为诗、著文，高情胜气，独步当时。撰《酒经》一卷、《酒谱》一卷。李淳风见之曰："君酒家南董也⑧。"及诗赋等传世。

【注释】

①绛州：今山西省河津县。

②文中子通：即隋朝集儒、释、道三家为一身的大哲学家王通。"文中子"是王通的私人谥号。

③谒（yè）：拜见，拜会。杨素：字处道，具有杰出的军事才能，隋朝权臣、诗人，是辅助隋高祖杨坚建立大隋帝国、开创"开皇盛世"的得力辅弼。

④孝廉：指隋代科举中的孝悌廉洁科。

⑤武德：唐高祖年号。

⑥待诏：等待皇帝下诏书任命。门下省：官署名称，魏晋至宋的中央最高政府机构之一。隋朝和唐朝开始正式设立三省六部，其与尚书省、中书省共理国事。

⑦凫雁：泛指野鸭。莳（shì）：移植，栽种。

⑧南董：春秋时代齐史官南史、晋史官董狐的合称。二人都以直笔不讳著称。

【译文】

王绩，字无功，山西绛州龙门人，是当时大儒文中子王通的弟弟。他在十五岁那年到长安城游玩，前去拜见当朝权臣杨素，当时在座的人都称赞他聪慧机敏，把他看作神童。隋朝大业末年，王绩经人举荐参加考试高中孝廉，授任为秘书正字。他不喜欢在朝中为官，所以就以生病为由辞去官职，后来又被授以扬州六合县县丞的官职。他嗜酒如命，常因醉酒而妨害府衙政务，同时也因为当时天下大乱，于是就假借得了风病，乘着小船连夜偷偷逃走了。他站在船头不禁感叹道："天上张开罗网，我将到哪里安身啊！"于是就回到了家乡。

到唐高祖武德年中，皇帝下诏征用以前的朝廷官员在门下省等待任命诏书，王绩的弟弟王静对他说："等待诏书任命，是不是很开心呀？"王绩回答说："等待诏命薪俸微薄，何况此时境地萧瑟冷落，但也足够换来好酒三升，还是很值得留恋的。"江国公听到这些话之后说："三升好酒，不足以留住王先生。"于是特意命令每天给他一斗酒。当时的人因此称呼王绩为"斗酒学士"。贞观初年，他以患病为由辞官回家。

河渚附近有个叫仲长子光的人，也是一个隐士，没有妻子儿女。王绩喜欢他的真挚纯朴，于是就在与他相近的地方建了一个茅屋，每天与他相对而坐饮酒谈论。王绩有几个奴婢仆人，种了很多黄米，春秋两季取来酿黄米酒，而且饲养一些兔雁、种植一些药草供自家享用。他平时将《周易》《庄子》《老子》这些书籍放在床头，没有其他杂思所想了，自取别号"东皋子"。即使有刺史来拜见他，他都不加以酬答。最后在家中去世。王绩性格傲慢，喜好饮酒，一次能喝尽五斗酒，还为自己写了《五斗先生传》。他喜欢弹琴、写诗、作文，情趣高雅、气质不凡，堪称独步

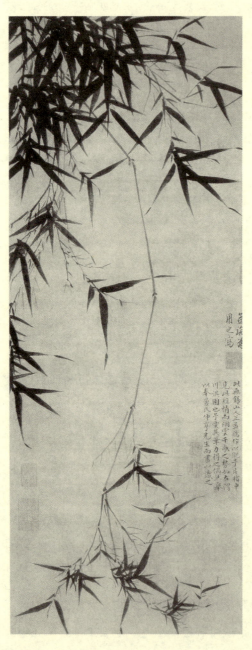

当时。他撰写了一卷《酒经》、一卷《酒谱》。太史令李淳风评价说："他就是酒家的南董啊。"以及诗赋等一些作品流传于世。

王勃

王勃（约650—676年），字子安，唐代诗人。出身儒学世家，与杨炯、卢照邻、骆宾王并称为"初唐四杰"，且为四杰之首。主要作品有《滕王阁序》《送杜少府之任蜀州》等。

【原文】

勃，字子安，太原人，王通之诸孙也。六岁善辞章。麟德初，刘祥道表其材①，对策高第②。未及冠，授朝散郎。沛王召署府修撰③。时诸王斗鸡，会勃戏为文檄英王鸡④，高宗闻之怒，斥出府。

勃既废，客剑南⑤，登山旷望，慨然思诸葛之功，赋诗见情。又尝匿死罪官奴，恐事泄，辄杀之⑥，事觉当诛，会赦除名。父福畤坐是左迁交趾令⑦。勃往省觐⑧，途过南昌。时都督阎公新修滕王阁成，九月九日，大会宾客，将令其婿作记，以夸盛事。勃至入谒，帅知其才，因请为之。勃欣然对客操觚⑨，顷刻而就，文不加点，满座大惊。酒酣辞别，帅赠百缣⑩，即举帆去，至炎方，舟入洋海溺死，时年二十九。

勃属文绮丽，请者甚多，金帛盈积，心织而衣，笔耕而食。然不甚精思，先磨墨数升，则酣饮，引被覆面卧，及寤，援笔成篇，不易一字，人谓之腹稿。尝言人子不可不知医，时长安曹元有秘方，勃尽得其术。又以虢州多药草⑪，求补参军。倚才陵藉⑫，僚吏疾之。有集三十卷，及《舟中纂序》五卷，今行于世。

【注释】

①刘祥道：字同寿，唐朝宰相。材：才华。

②对策：应考的人在殿试中对答皇帝有关政治经济的策问，是古代殿试中的一种形式。高第：成绩优秀，高中榜首之意。

③沛王：唐高宗第六子李贤。修撰（zhuàn）：官名，主事撰写、编纂。

④斗鸡：唐代贵族之中流行的一种以公鸡相斗的游戏。檄（xí）：古代官府用以征召或声讨的文书。英王：唐高宗第七子李显，就是后来继位的唐中宗。

⑤客：客居。剑南：剑南道，唐代时的一个划分区域名。

⑥辄（zhé）：就。

⑦福畤（zhì）：王福畤，是王勃的父亲，历任太常博士等职。坐：连坐，受牵连定罪之意。左迁：降职（古人以右为上）。交趾：古地名，今越南北部。

⑧省觐（xǐng jìn）：指探望父母或其他尊长。

⑨操觚（gū）：手持木简，意为写诗作文。觚：古代书写用的木简。

⑩缣（jiān）：双丝细绢，古时多用作赏赠酬谢之物。

⑪虢（guó）州：治所在今河南省。

⑫陵藉：欺压作践他人。

【译文】

王勃，字子安，山西太原人，是唐朝光禄大夫王通诸位孙子中的一个。王勃六岁时就擅长辞章。唐高宗麟德初年，宰相刘祥道曾递上奏章称赞他的才华，待到皇上召见殿试时对答如流，名列前茅。他还没到二十岁时，就被授为朝散郎。后来沛王把他招入府中担任修撰。各位王爷玩斗鸡的时候，适逢王勃开玩笑写了一篇讨伐英王斗鸡的檄文，被高宗知道了，高宗很生气，就将他赶出沛王府。

王勃被罢官以后，客居剑南道，登山望向空旷的远方，感慨之余想起了三国时期诸葛亮的功业，便赋诗表达情思。后来又因为曾经隐藏了一个犯了死罪的官奴，怕事情败露，就把这个官奴杀了，结果此事被发觉，本来应当获罪被处死，正赶上皇帝大赦天下就只罚他除去官名就了事了。他的父亲王福時因此事被牵连贬为交趾县令。王勃前往探望父亲，中途路过南昌。当时都督阎公新修成滕王阁，在九月九日这一天，大宴宾客，准备让他的女婿写一篇记文，以此来夸耀这一盛事。这时正巧王勃到此拜访，阎公知道他的才华，就请他来作记。王勃欣然接受，当着众位宾客的面手持木简，一会儿就写好了，全文没有加以修改，一气呵成，满座宾客大为惊奇。酒已喝得尽兴，王勃起身辞别，阎公赠送他一百匹缣作为酬谢，王勃就此扬帆而去。到了炎方时，可惜他所乘的船遇风暴沉入大海，王勃被淹死，那年才二十九岁。

王勃所写的诗文华丽，请他作文的人很多，因此家中堆满了金银锦帛。人说靠用心构思而有衣穿，靠笔耕写作而获得饮食。然而他却不用苦心思索，而是先磨好几升墨，然后就痛痛快快饮酒，喝完酒拉过被子蒙面大睡，等到醒来之后，提笔就能一气呵成，一个字也不用改动，人们称之为"腹稿"。他曾说做儿子的不能不懂点医术，当时长安有个叫曹元的医生手里有治病秘方，王勃就想办法将他的本领统统学到手。又因为听说虢州多产药草，王勃便请求去虢州补做参军。他仗着有才气作践他人，同僚官吏都嫉恨他。他一生留下集子三十卷，以及《舟中纂序》五卷，如今都在世上流传。

杨炯

杨炯（约650—693年），字令明，唐朝大臣、文学家，与王勃、卢照邻、骆宾王并称"初唐四杰"。他的诗作风格以突破齐梁"宫体诗风"为特色，在诗歌发展史上起到了承前启后的作用。主要作品有《从军行》《出塞》《战城南》等。

【原文】

炯，华阴人，显庆六年举神童，授校书郎。永隆二年①，皇太子舍奠②，表豪俊，充崇文馆学士。后为婺州盈川令③。卒。

炯恃才凭傲，每耻朝士矫饰，呼为"麒麟楦④"。或问之，曰："今假弄麒麟戏者，必刻画其形覆驴上，宛然异物，及去其皮，还是驴耳。"闻者甚不平，故为时所忌。初，张说以《箴》赠盈川之行，戒其苛刻，至官，果以酷称。

炯博学善文，与王勃、卢照邻、骆宾王以文辞齐名，海内称"四才子"，亦曰"四杰"，效之者风靡焉。炯尝谓："吾愧在卢前，耻居王后。"张说曰："盈川文如悬河，酌之不竭。耻王后，愧卢前，谦也。"有《盈川集》三十卷行于世。

【注释】

①永隆：唐高宗李治年号。

②舍奠：即释奠。陈设酒食以祭祀，是古代祭祀的一种。舍奠之礼，古时用于朝会、庙社、山川、征伐和学官中祭先圣先师等。

③婺（wù）州：位于今浙江中西部的金华地区。盈川令：盈川县令。

④麒麟楦：唐朝人称演戏时扮演假麒麟的驴子叫麒麟楦。比喻虚有其表没有真才的人。

【译文】

　　杨炯，华州华阴人，唐高宗显庆六年参加童子科考试，成绩优异被选举为神童，官授校书郎。永隆二年，皇太子李显行舍奠之礼，借此表彰文豪才俊之士，不久杨炯被充填崇文馆学士。再后来到婺州做了盈川县令，次年卒死在任上。

　　杨炯恃才傲物，常常讥笑朝廷官员谄媚造作、矫情夸饰的行为，称呼他们为"麒麟楦"。有人诘问他，他说："你看当今那些杂耍假麒麟的艺人，务必要刻画出麒麟的头角形状，装饰假皮毛，然后披在驴身上，那奇怪的样子好像真的麒麟一样，等到撕掉那张皮，还是一头驴而已。"听到这些话的人都愤愤不满，因此也遭到了当时诸多官员的忌恨。杨炯赴任盈川令之初，张说写了一篇《赠别杨盈川箴》

赠送他盈川之行，告诫他不要苛刻待人，但他到达官署后，结果又以严酷著称。

杨炯博学多才，善于作文，与王勃、卢照邻、骆宾王都以文辞著称，齐名天下，四海之内称他们为"四才子"，也称"四杰"，仿效他们文风的人风靡一时。杨炯曾说："我排在卢照邻之前感到很惭愧，排在王勃之后又感到耻辱。"张说评价说："杨盈川的文思如同高山悬泻而来的河水，饮之不竭。他说自己羞于位列王勃之后，惭愧排在卢照邻之前，是在谦虚啊。"杨炯有《盈川集》三十卷流行于世。

卢照邻

卢照邻（约637—约689年），字升之，自号"幽忧子"。唐代诗人。与王勃、杨炯、骆宾王并称"初唐四杰"。主要作品有《长安古意》《十五夜观灯》《元日述怀》等。

【原文】

照邻，字升之，范阳人①，调邓王府典签②，王爱重，谓人曰："此吾之相如也！"后迁新都尉，婴病去官③。居太白山草阁，得方士玄明膏饵之。会父丧，号恸④，因呕丹辄出，疾愈甚。家贫苦，贵宦时时供衣药，乃去具茨山下⑤，买园数十亩，疏颍水周舍，复豫为墓，偃卧其中。自以当高宗之时尚吏，己独儒；武后尚法，己独黄老；后封嵩山，屡聘贤士，己已废；著《五悲文》以自明。手足挛缓⑥，不起行已十年，每春归秋至，云壑烟郊，辄舆出户庭⑦，悠然一望。遂自伤，作《释疾文》，有云："覆焘虽广⑧，嗟不容乎此生；亭育虽繁⑨，恩已绝乎斯代。"与亲属诀⑩，自沉颍水。有诗文二十卷及《幽忧子》三卷行于世。

【注释】

①范阳：约在今北京市和河北省保定市北部。

②邓王：即唐高祖之子李元裕。典签：官名。处理文书的小吏。

③婴：被……所缠绕。

④号恸（tòng）：形容哀痛号哭。

⑤具茨山：也叫始祖山，位于河南新郑西南角。

⑥手足挛缓：手足麻痹，行动迟缓。

⑦舆（yú）：泛指车、轿。

⑧覆焘（tāo）：覆盖。这里借指天地之意。

⑨亭育：养育，培育之意。

⑩诀：诀别。

【译文】

卢照邻，字升之，范阳人，曾被调任邓王府典签，当时邓王非常欣赏并极力推重他，常对人说："这就是我的司马相如啊！"卢照邻后来升任新都尉，但因疾病缠身只好辞官居家养病。他居住在太白山草阁中，求得方士熬制的玄明膏服用医治。不久恰逢父亲去世，他悲恸号哭，因为痛哭而呕吐不止，结果丹药都被吐了出来，因此他的病就更加严重了。卢照邻家境贫苦，达官贵人时常送来衣服和药物接济他，于是他就变卖一些财产来到具茨山下，买了数十亩田园，疏引颍水环绕屋舍，又预先为自己修建了坟墓，睡卧在其中。照邻自认为在高宗时朝廷崇尚吏治，自己却只崇尚儒学；武后崇尚法家，自己却只崇尚黄老学说；武后封禅于嵩山之后，屡次征聘贤士，可怜自己却已经成为废人；于是便写了《五悲文》来表明心迹。卢照邻后来病情严重到手足麻痹，不能起立行走已有十年之久，每到春去秋来之时，旷野外云烟缭绕在山川沟壑，他就坐在车轿中由人抬出庭院，悠然远望。于是他为自己感到伤悲，提笔作一篇《释疾文》，其中写道："天地覆盖虽广，可叹啊却容不下我这一生；天地养育万物虽多，恩情却已在我这一代断绝。"照邻与亲属诀别后，自己投入颍水之中而死。如今他有诗文二十卷以及《幽忧子》三卷留传于世。

骆宾王

骆宾王（约638—684年），字观光，唐代诗人，与王勃、杨炯、卢照邻合称"初唐四杰"。他的诗音节宛转和谐，极富感染力，朗朗上口。主要作品有《咏鹅》《帝京篇》《咏蚕》等。

【原文】

宾王，义乌人。七岁能赋诗。武后时，数上疏言事①，得罪贬临海丞，鞅鞅不得志②，弃官去。文明中，徐敬业起兵欲反正③，往投之，署为府属。为敬业作檄传天下，暴斥武后罪，后见读之，矍然曰④："谁为之？"或以宾王对，后曰："有如此才不用，宰相过也！"及败亡命，不知所之。

后宋之问贬还，道出钱塘，游灵隐寺，夜月行吟长廊下，曰："鹫岭郁岧峣⑤，龙宫隐寂寥。"未得下联。有老僧燃灯坐禅，问曰："少年不寐⑥，而吟讽甚苦，何耶？"之问曰："欲题此寺，而思不属。"僧笑曰："何不道'楼观沧海日，门对浙江潮。'？"之问终篇曰："桂子月中落，天香云外飘。扪萝登塔远，刳木取泉遥⑦。云薄霜初下，冰轻叶未凋。待入天台寺，看余渡石桥。"僧一联，篇中警策也。迟明访之，已不见。老僧即骆宾王也。传闻桴海而去矣⑧。后中宗诏求其文，得百余篇及诗等十卷，命郄云卿次序之⑨，及《百道判集》一卷，今传于世。

【注释】

①上疏：在朝官员专门上奏皇帝事情的一种文书形式。

②鞅鞅（yāng）：因不平或心中不满而郁郁不乐的样子。

③徐敬业：唐代反抗武则天专政的军事首领。

④矍（jué）然：惊惧，惊视的样子。矍：左右惊顾。

⑤鹫岭（jiù lǐng）：鹫山，又名灵鹫峰。郁岧峣（yù tiáo yáo）：山势高峻陡峭的样子。

⑥不寐（mèi）：不睡觉。

⑦刳（kū）木：从中间破开再挖空的木头。

⑧桴（fú）：小竹筏或小木筏。矣：了。

⑨郄（qiè）云卿：唐中宗时期大臣，奉命整理骆宾王诗集。

【译文】

骆宾王，婺州义乌人。他在七岁时就能即兴赋诗。仪凤三年，入为侍御史，武后当政时期，他多次上疏朝廷直言不讳议论武后当政事，因此获罪入狱，出狱后贬为临海县丞，从此郁郁不得志，弃官而去。文明年中，徐敬业起兵想推翻武后政权恢复唐朝正室，骆宾王毅然投奔而去，在署中担任府属官。为徐敬业作声讨武则天的檄文传布天下，怒斥武后的罪行。武后看着檄文读完后，惊恐问道："这是谁写的？"有人禀告说是骆宾王所写，武后说："有这样的好文采不任用，这是宰相的过失啊！"直到徐敬业起兵失败，各自逃亡奔命，骆宾王不知所踪。

后来宋之问遭贬期满还朝，路过钱塘，游览灵隐寺，夜间出来赏月，漫步在长廊下吟咏诗兴，吟咏道："鹫岭郁岧峣，龙宫隐寂寥"，一时间想不出下联了。这时正好有一个老僧燃灯坐禅，看见后问道："这位少年不睡觉，却在这里冥思苦想吟诗，为何？"宋之问回答说："我想为此寺题诗，但思路受阻，想不出下联了。"只见老僧笑道："何不说'楼观沧海日，门对浙江潮'呢?"宋之问听后接着吟完整首诗道："桂子月中落，天香云外飘。扪萝登塔远，刳木取泉遥。云薄霜初下，冰轻叶未凋。待入天台寺，看余渡石桥。"纵观全诗，这老僧吟出的一联，正是全篇之中的警言佳句。等到天亮以后再去拜访他，早已不见了踪影。这老僧就是骆宾王。传说他已经驾着小船游海远去了。后来，唐中宗下诏征求骆宾王的诗文，只获得文章百余篇，以及诗歌等十卷，命令郄云卿按照顺序编撰成集并写上序文，另外还有《百道判集》一卷，如今都流传于世。

杜审言

杜审言（约645—约708年），字必简，是"诗圣"杜甫的祖父。杜审言所作的五言律诗格律谨严，号称唐代"近体诗"的奠基人之一。主要作品有《和李大夫嗣真奉使存抚河东》《春日江津游望》《和晋陵陆丞早春游望》等。后人辑有《杜审言诗集》。

【原文】

审言，字必简，京兆人，预之远裔①。咸亨元年宋守节榜进士，为隰城尉②。恃高才，傲世见疾。苏味道为天官侍郎③，审言集判，出谓人曰："味道必死。"人惊问何故，曰："彼见吾判，当羞死耳！"又曰："吾文章当得屈、宋作衙官④，吾笔当得王羲之北面⑤！"其矜诞类此⑥。坐事贬吉州司户⑦。乃武后召还，将用之，问曰："卿喜否？"审言舞蹈谢。后令赋《欢喜诗》，称旨，授著作郎，为修文馆直学士，卒。

初，审言病，宋之问、武平一往省候⑧，曰："甚为造化小儿相苦⑨，尚何言！然吾在，久压公等。今且死，但恨不见替人也。"

少与李峤、崔融、苏味道为"文章四友"。有集十卷，今不存，但传诗四十余篇而已。

【注释】

①预：杜预。裔（yì）：子孙后代。

②隰（xí）城：位于今山西省临汾市西北边缘。

③苏味道：唐代政治家、文学家。赵州栾城（今河北石家庄市栾城县）人，武则天时官居相位多年。天官：尚书省的吏部官员。

④屈、宋：此指战国时期屈原和宋玉。衙官：府衙官员。

⑤笔：书法。王羲之：字逸少，东晋时期著名书法家，有"书圣"之称。

⑥矜诞（jīn dàn）：指自大狂妄之意。类：相似，类似。

⑦吉州：今江西省吉安市的辖区。司户：州府主管民户的属官。

⑧武平一：名甄，以字行，武则天族孙，颍川郡王载德之子。

⑨造化小儿：这是对于命运的一种戏称。造化：指命运。小儿：小子，轻蔑的称呼。

【译文】

杜审言，字必简，京兆郡杜

陵县人，是西晋著名军事家杜预的后代。咸亨元年与状元宋守节同榜登第进士，官授隰城尉。他自恃才华出众，傲视一切而被世人所嫉恨。苏味道为天官侍郎时，杜审言被召集前去写判书，离开时他对别人说："苏味道必死无疑。"人们都惊问他是何原因，他说："他看见我所写的判令，应当羞愧而死了！"又说："我的文章能使屈原、宋玉做我的衙官，我的书法能令大书法家王羲之倾倒拜我为师！"杜审言狂妄自大起来就像这样不着边际。后来他因为受牵连而获罪被贬谪到吉州任司户。直到武则天当政以后才得以召回，并准备重用他，武后问道："爱卿高兴吗？"杜审言高兴得差点儿手舞足蹈连忙叩头谢恩。武后令他赋一首《欢喜诗》，武后看完十分满意，授他官为著作郎，成为修文馆直学士，直到去世。

杜审言患病之初，宋之问、武平一相约前去探望问候，他说："这些年被造化小儿捉弄得很是辛苦，还有什么可说的呢！然而只要有我在，就会长期压在你们头上。现在我要死了，只可惜至今还看不见能替代我的人啊。"

杜审言年轻的时候与李峤、崔融、苏味道合称"文章四友"。他曾有集十卷，但现在已经佚失了，只有流传下来的诗四十多篇而已。

沈佺期

沈佺期（约656—约715年），字云卿。唐代诗人。与宋之问齐名，合称"沈宋"。主要作品有《乐府杂曲·鼓吹曲辞·有所思》《杂诗三首》《夜宿七盘岭》《独不见》等。

【原文】

佺期，字云卿，相州人。上元二年郑益榜进士①。工五言。由协律、考功郎②。受赇③，长流驩州④。后召拜起居郎，兼修文馆直学士，常侍宫中。既侍宴，帝诏学士等为回波舞，佺期作弄辞悦帝，诏赐牙绯⑤。历中书舍人⑥。佺期尝以诗赠张燕公⑦，公曰："沈三兄诗清丽，须让居第一也。"诗名大振。

自魏建安迄江左⑧，诗律屡变。至沈约、鲍照、庾信、徐陵以音韵相婉附，属对精致。及佺期、之问，又加靡丽，回忌声病，约句准篇，著定格律，遂成近体，如锦绣成文，学者宗尚。语曰："苏、李居前，沈、宋比肩。"谓唐诗变体，始自二公，犹汉人五字诗始自苏武、李陵也。有集十卷，今传于世。

【注释】

①上元：唐高宗李治年号。

②协律：属于太常寺属官，主管校正乐律。考功郎：尚书省吏部属官。

③受赇（qiú）：接受贿赂。

④驩（huān）州：辖境相当今越南河静省境内。

⑤牙：牙笏（hù），指象牙手板，亦指朝笏。绯：绯服，具有身份象征的红色朝服。

⑥中书舍人：掌管起草诏令，参议政事及侍从、宣旨、慰劳等事。

⑦张燕公：指张说，唐朝大臣、文学家、学者。

⑧迄（qì）：到，至。江左：古时在地理上以东为左，江左也叫江东。

【译文】

沈佺期，字云卿，相州人。唐高宗上元二年与郑益同榜登进士第。擅长写五言诗。因此官拜协律、考功郎。由于在职期间接受贿赂被查处，判令长期流放驩州。后来遇大赦被召回朝廷官拜起居郎，兼修文馆直学士，每天侍从在宫中。有一次侍宴过后，皇帝下诏让学士们作"回波舞"曲，沈佺期写了一篇幽默诙谐的乐辞，皇帝看了很高兴，于是颁诏御赐一块象牙笏、绯红朝服一套以示奖励。历任中书舍人。沈佺期曾经以诗赠予张燕公，燕公说："沈三兄诗句清丽，应让沈君位居第一啊。"从此后他的诗名大振。

自曹魏建安年间到东晋南朝，诗律屡次变换不一。直到沈约、鲍照、庾信、徐陵以来，才将音韵调配和谐，婉约相附，对仗逐渐精致。到了沈佺期、宋之问这一代，要求更加靡丽，回避音韵声病，控制篇句，规定格律，于是才演化成近体诗，就像锦绣成文，深为学者所崇尚。人们都说："苏、李居前，沈、宋比肩。"意思是说唐诗体式的改变，起始于沈佺期、宋之问这两位，就像汉人盛行的五言诗从苏武、李陵开始首创一样。沈佺期今有集十卷，流传于世。

宋之问

宋之问（约 656 —约 712 年），字延清，又名少连，初唐时期官员、诗人，与沈佺期并称"沈宋"。主要作品有《陆浑山庄》《灵隐寺》《题大庾岭北驿》等。

【原文】

之问，字延清，汾州人，上元二年进士。伟貌辩给。甫冠①，武后召与杨炯分直习艺馆②，累转尚方监丞。后游龙门③，诏从臣赋诗，左史东方虬诗先成④，后赐锦袍。之问俄顷献⑤，后览之嗟赏，更夺袍以赐。后求北门学士⑥，以有齿疾不许，遂作《明河篇》，有"明河可望不可亲"之句以见志。谄事张易之⑦，坐贬泷州⑧。后逃归，匿张仲之家。闻仲之谋杀武三思⑨，乃告变，擢鸿胪簿⑩，迁考功郎，复媚太平公主⑪。以知举贿赂狼藉，下迁越州长史。穷历剡溪山水⑫，置酒赋诗，日游宴，宾客杂遝⑬。睿宗立，以无悛悟之心⑭，流钦州，御史劾奏赐死⑮。人言刘希夷之报也⑯。徐坚尝论其文"如良金美玉，无施不可"。有集行世。

【注释】

①甫：刚刚。冠：古代男子二十岁行冠礼，是成人仪式。

②习艺馆：官署名。唐武则天如意元年改内文学馆置，隶中书省。

③龙门：洛阳城南的龙门山，在此建有奉先寺，武则天常来此进香。

④左史：官名。唐代门下省起居郎别称。东方虬（qiú）：武则天时为左史，著有《春雪》等诗。

⑤俄顷（é qǐng）：片刻、一会儿的意思。

⑥北门学士：古代官职名。唐高宗武后时期，弘文馆直学士刘祎之等人以文词召为翰林院待诏，入禁中撰《列女传》《臣轨》等书，密令参预机要，以分宰相之权。因常于皇宫北门候进出，故称北门学士。

⑦诣：奉承、献媚的意思。事：侍奉之意。张易之：小字五郎，定州义丰（今河北省安国市）人。因其白皙貌美，兼善音律歌词，入宫后成为女皇武则天男宠，专权跋扈，百官畏惧，后被杀。

⑧泷（shuāng）州：广东省罗定市的旧称。

⑨仲之：张仲之，唐朝大臣，以学业著称。武三思：字承愿，是女皇武则天的侄子。武后掌权后，权倾朝野，遭人嫉恨，后被杀。

⑩擢（zhuó）：提拔，提升。鸿胪（hóng lú）：官署名。唐代的鸿胪寺是朝廷主管官署。

⑪媚：献媚，讨好。太平公主：唐高宗李治与武则天的小女儿，生平极受武则天的宠爱，权倾一时。

⑫剡（shàn）溪：浙江省绍兴市嵊州境内主要河流，曹娥江的上游。

⑬杂遝（tà）：亦作"杂杳"，纷乱繁杂的样子。

⑭睿宗：唐睿宗李旦。悛悟（quān wù）：悔悟之意。

⑮劾（hé）：审理，判决。

⑯刘希夷：唐朝诗人。字延之（一作庭芝），高宗上元二年进士，善弹琵琶。其诗以歌行见长。

【译文】

宋之问，字延清，汾州人，上元二年考中进士。他身材魁梧，能言善辩。刚过二十岁成人礼的年纪，就被武后召进宫，和杨炯分别在习艺馆任职。后来经过几次调转升任尚方监丞。武后到龙门山游览时，下旨让随从的群臣赋诗助兴，左史东方虬的诗最先写好，武后看完赏给他一件锦袍。过了一会儿，宋之问把诗献上，武后看过他的诗后叹赏不已，随后又令人将赐给东方虬的锦袍拿回来赐给了宋之问。后来，宋之问求任北门学士，武后以他患有齿疾为由，没被获准。于是宋之问就写了一首《明河篇》，诗中有"明河可望不可亲"一句，以表白其心志。宋之问因为媚附武则天的男宠张易之，被贬到泷州。后来他逃回来，躲在张仲之家中。有一天他听到张仲之想要谋杀权相武三思的消息，就偷偷跑去告密，因此被武三思提拔为鸿胪主簿，接着又迁任吏部考功郎，随后他又借机讨好太平公主。后来又因担任科举主考官时大肆收受贿赂名声败落，被降职为越州长史。宋之问在越州游遍了剡溪的山水名胜，整天饮酒赋诗，天天设宴，宾客络绎不绝，来自各阶层。唐睿宗即位后，因得知宋之问没有悔悟上进之心，便将他流放到岭南钦州，随后又有监察御史上书弹劾他，皇帝便下令赐他自杀谢罪。人们说这是宋之问迫害刘希夷所得的报应。徐坚曾评论宋之问的诗文"就像良金美玉一般，没有不能施用的地方"。宋之问死后有诗文集在世上流传。

陈子昂

陈子昂（约 661—702 年），字伯玉。唐代著名文学家、诗人，初唐诗文革新人物之一。世称"陈拾遗"。与司马承祯、卢藏用、宋之问、贺知章等人合称"仙宗十友"。其诗独具风骨，寓意深远。代表作有《登幽州台歌》《登泽州城北楼宴》等。

【原文】

子昂，字伯玉，梓州人。开耀二年许旦榜进士①。初，年十八时，未知书，以富家子，任侠尚气，弋博②，后入乡校感悔，即于州东南金华山观读书，痛自修饬③，精穷坟典，耽爱黄、老、《易·象》。光宅元年，诣阙上书，谏灵驾入京。武后奇其才，遂拜麟台正字，令云："地籍英华，文称昄晔④。"累迁拾遗。圣历初，解官归。会父丧，庐冢次。县令段简贪残，闻其富，造诈诬子昂，胁取赂二十万缗⑤，犹薄之，遂送狱。子昂自筮卦⑥，惊曰："天命不佑，

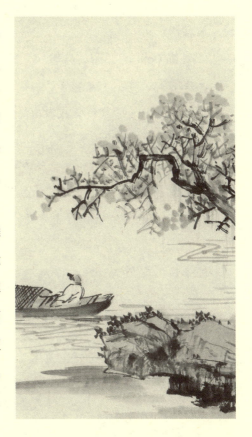

吾殆穷乎!"果死狱中,年四十三。

子昂貌柔雅,为性褊躁⑦,轻财好施,笃朋友之义。与游英俊,多秉钧衡。唐兴,文章承徐、庾余风,天下祖尚,子昂始变雅正。初,为《感遇诗》三十章,王适见而惊曰⑧:"此子必为海内文宗。"由是知名,凡所著论,世以为法,诗调尤工。尝劝后兴明堂、太学,以调元气。柳公权评曰:"能极著述,克备比兴,唐兴以来,子昂而已。"有集十卷,今传。

呜呼!古来材大,或难为用。象以有齿,卒焚其身。信哉!子昂之谓欤⑨?

【注释】

①开耀:唐高宗李治的年号,即公元681—682年。

②任侠尚气:凭借权威、勇力或财力等手段扶助弱小,行侠仗义。弋博:射猎博戏。

③修饬(chì):整治,修整。

④玮晔(wěi yè):光彩夺目的样子。常形容文辞瑰丽。

⑤缗(mín):古代穿铜钱用的绳子或者钓鱼绳。引申为成串的铜钱。

⑥筮(shì):古代用蓍草、龟甲占卦,常用来占卜吉凶。

⑦褊(biǎn)躁:性子急,不冷静。

⑧王适:与李白、孟浩然、王维等人合称"仙宗十友"。

⑨欤(yú):文言助词,表示疑问、感叹、反诘等语气。

【译文】

陈子昂,字伯玉,四川梓州人。唐高宗开耀二年与许旦同榜进士登第。起初,在他十八岁时,还不懂得读书的意义,喜欢凭借自己是富人家的子弟,出资帮助弱小,行侠仗义,嗜好射猎赌博。自从进入乡里的学校读书以后,逐渐才有所感悟,萌生了悔悟之心,随即到梓州东南的金华山道观读书,从此彻底改变了自己,开始加强自我修养,精心研究古代典籍，特别沉迷研读黄帝、老子学说以及《周易·象》。唐睿宗光宅元年，陈子昂到朝廷呈递奏折进谏皇上，规劝唐睿宗不要把先帝唐高宗的灵柩迁到京城。武则天见到陈子昂的奏折后，惊异于他的才华，认为他是个罕见的人才，于是就任命他为麟台正字，委任状上说："承蒙大地献上英俊才士，文才堪称光芒四射。"后来他经过几次累加升迁，官居拾遗。武则天称帝后的第十年初，陈子昂卸职回乡，当时因为父亲去世，故而在父亲墓旁搭建一间茅屋住了下来。当年的射洪县令段简贪婪残忍，听说陈子昂家里很富有，就蓄意捏造假案陷害他，以威胁手段获取陈家贿赂二十万缗，这还嫌太少，于是就把子昂送进了监狱。子昂悲愤之中为自己卜了一卦，看到卦相后大惊道："天命注定不保佑我，我只能在这里等死啊！"后来他果然死在狱中，终年四十三岁。

陈子昂面貌温和文雅，但为人心胸狭窄，性情偏执急躁，他轻视钱财，乐于施舍，对朋友忠诚仗义。与他交往的人都是英才俊士，多数都担负国家重任。唐朝兴建以来，文章依旧延续着徐陵、庾信留传下来的文风，天下人都以他们为鼻祖进行崇尚效法，后来陈子昂改变文风才开始变得典雅纯正。想当初，子昂作《感遇诗》三十首，王适看见后惊叹说："这个人将来一定会成为天下诗文的宗师。"子昂因为这件事而闻名天下，凡是他所著作的论述、诗文，都被世人作为典范去学习，崇拜他的诗调尤为精致工整。他曾经建议武后兴建明堂、太学，用来调养国家的元气。柳公权评论说："能穷尽精力著述文章理论，能够充分完备比兴之法，从唐朝建立以来，只有陈子昂一人。"陈子昂一生有诗文集十卷，流传至今。

可叹啊！自古以来，具有大才之人，有时候也难以被重用。好比是大象因为有象牙，最终毁了自己的生命。确实如此啊！这难道说的就是陈子昂吗？

李百药

李百药（约564—648年），字重规。隋唐时期官员、史学家、诗人，隋朝内史令李德林之子。为人品性耿直，直言上谏，曾作《封建论》；撰写《北齐书》。主要诗赋作品有《杂曲歌辞·妾薄命》《赋礼记》等。

【原文】

百药，字重规，定州人①。幼多病，祖母以"百药"名之。七岁能文。袭父德林爵②。会高祖招杜伏威③，百药劝朝京师，中道而悔，怒，饮以石灰酒，因大利几死④，既而宿病皆愈⑤。贞观中，拜中书舍人，迁太子庶子。尝侍帝，同赋《帝京篇》，手诏褒美⑥，曰："卿何身老而才之壮，齿宿而意之新乎⑦！"百药才行，天下推服⑧。好奖荐后进。翰藻沉郁⑨，诗尤所长。有集传世。

【注释】

①定州：今河北省定州市，由保定市代管。隋大业三年（607年），改定州为博陵郡。

②袭爵：指封建时代子孙承袭先代的爵位。秦以后的爵制（分赐爵与封爵）。袭：世袭，承袭。

③杜伏威：本名杜尧，字伏威。隋朝末期农民起义军领导者之一。武德二年，投降唐朝，授江淮以南安抚大使、吴王等爵位。

④大利：很严重的痢疾。利：通"痢"，痢疾。几：几乎，差不多。

⑤宿病：以前的病症。

⑥褒美：褒奖，赞美。

⑦齿宿：比喻年老。

⑧推服：赞许佩服。

⑨翰藻：文采，辞藻。沉郁：一种诗歌风格的评价。

【译文】

　　李百药，字重规，定州安平县人。从小就体弱多病，所以祖母就用"百药"为他取名。他七岁就会写诗文。父亲李德林去世后他承袭了安平县公的爵位。后来遇到唐高祖招降隋末起义军首领杜伏威，李百药极力劝说杜伏威到京都归顺朝廷。杜伏威听从他的建议到长安面圣，但杜伏威途中忽然反悔，盛怒之下写信密令辅公祏害死李百药，逼迫李百药喝下石灰酒，因此造成了严重的痢疾，差点儿死去，没想到痢疾止住后以前的老毛病竟都痊愈了。唐贞观年间，李百药官拜中书舍人，迁太子庶子。曾有一次伴随皇帝左右，同时作赋《帝京篇》，皇帝看后爱不释手，亲笔写下诏书褒奖赞美，说："爱卿为何身老而才气如此强壮，牙齿老了可诗意还能如此清新呢？"李百药的才华品行，得到天下人的共同赞许和佩服。他生平喜欢奖掖举荐后进之人。他的辞藻丰富，文采沉郁，尤其是特别擅长写诗。有诗集流传于世。

李峤

　　李峤（约 644—713 年），字巨山。唐朝时期宰相、诗人。他的文学造诣极深，对唐代律诗和歌行的发展有一定的作用和影响。主要作品有《风》《中秋夜》《送司马先生》等。

　　【原文】

　　峤，字巨山，赵州人 ①。十五通五经 ②，二十擢进士，累迁为监察御史。武后时同凤阁鸾台平章事 ③。后因罪贬庐州别驾 ④，卒。

　　峤富才思，有所属缀，人辄传讽。明皇将幸蜀 ⑤，登花萼楼，使楼前善《水调》者奏歌，歌曰："山川满目泪沾衣，富贵荣华能几时？不见只今汾水上 ⑥，惟有年年秋雁飞。"帝惨怆移时 ⑦，顾侍者曰："谁为此？"对曰："故宰相李峤之词也。"帝曰："真才子！"不待终曲而去。峤前与王勃、杨炯接，中与崔融、苏味道齐名，晚诸人没 ⑧，为文章宿老 ⑨，学者取法焉。今集五十卷，《杂咏诗》十二卷，《单题诗》一百二十首，张方为注，传于世。

　　【注释】

　　①赵州：今河北省石家庄市赵县。

　　②五经：指的是《诗经》《尚书》《礼记》《周易》《春秋》五部。

　　③同凤阁鸾台平章事：即为同中书门下平章事，也就是宰相。武则天时期将中书省、门下省改为凤阁、鸾台，所以也就有了同凤阁鸾台平章事的职称。

④庐州：今安徽省合肥市旧称。位于江淮之间，巢湖之滨，素以"三国战城，包公故里"闻名于世。别驾：官名，亦称别驾从事，简称"别驾"，为州刺史的佐官。

⑤幸：巡幸，指封建帝王到达某地巡查。蜀：蜀郡，今四川成都。

⑥汾水：即汾河。在山西省中部，是中国黄河第二大支流。

⑦惨怆：凄楚忧伤。

⑧没（mò）：同"殁"，终了，去世。

⑨宿老：老前辈。

【译文】

李峤，字巨山，赵州人。十五岁时就精通《五经》，二十岁时经推选考中进士，屡次升迁，官居监察御史。武后时期担任同凤阁鸾台平章事。后来因犯罪被贬为庐州别驾，直到死在任上。

李峤学识渊博，才思敏捷，只要有所著作，就会被人们传诵谈论。有一年唐明皇准备巡幸蜀郡，登览花萼楼时，让花萼楼前擅长演奏《水调》的人奏歌，当时歌中唱道："山川满目泪沾衣，富贵荣华能几时？不见只今汾水上，惟有年年秋雁飞。"皇帝听得凄楚忧伤准备离开时，回头询问侍从："这歌词谁写的？"侍从回答说："是旧时宰相李峤写的歌词。"皇帝说："这是真才子啊！"没等曲终就转身离去了。李峤前期与王勃、杨炯相接，在中期与崔融、苏味道齐名，晚年这些人都去世了，他便成为书写文章的老前辈，他的著作被天下学者拿来效法。如今有文集五十卷，《杂咏诗》十二卷，《单题诗》一百二十首，张方为他作注，如今全都流传于世。

张说

张说（约667—730年），字道济，一字说之，原籍范阳（今河北省涿州），后徙居洛阳。唐朝宰相，政治家、军事家，文学家。张说早年策论为天下第一，为开元初年一代文宗。主要作品有《相州冬日早衙》《幽州夜饮》等。

【原文】

说，字道济，洛阳人。垂拱四年①，举学综古今科，中第三等，考策日封进，授太子校书②。令曰："张说文思清新，艺能优洽③。金门对策，已居高科之首；银榜效官④，宜申一命之秩⑤。"后累迁凤阁舍人。睿宗时，兵部侍郎、同平章事。开元十八年⑥，终左丞相、燕国公。说敦气节⑦，重然诺。为文精壮，长于碑志。朝廷大述作，多出其手。诗法特妙，晚谪岳阳⑧，诗益凄婉，人谓得江山之助。今有集三十卷，行于世。子均，开元四年进士，亦以诗鸣。

【注释】

①垂拱：唐睿宗李旦的年号，但是实际上武则天操纵朝政，一般算作武则天的年号。使用于685—688年。

②太子校书：官名。北齐置。东宫官属，从九品上。主要职责是查校、勘正、整理太子官署中的典籍。

③优洽：卓异而广博。

④银榜：以银粉或银饰纸、木牌书写张贴的文告。效官：授官。

⑤一命之秩：西周之制，据《周礼》等文献资料，官自一命至九命，命数多者为高，如天子之三公八命，下士一命。秩：古代官吏的俸禄。

⑥开元：唐玄宗李隆基的年号。

⑦敦（dūn）：厚道，笃厚。

⑧谪（zhé）：封建时代特指官吏降职，调往边地。岳阳：今湖南岳阳。

【译文】

张说，字道济，河南洛阳人。唐睿宗垂拱四年，举学综古今科，中第三等，皇帝殿试对策当天封卷册封进官，授官太子校书。诏令上说："张说文思清新，艺能优洽。金门对策，已居高科之首；银榜效官，宜申一命之秩。"后来经过几次晋升，累迁凤阁舍人。唐睿宗时期，任兵部侍郎、同平章事。唐玄宗开元十八年病世，追赠太师，赐谥文贞。生前官至左丞相，册封燕国公。张说为人厚道，讲气节，重承诺。作文章语言精练豪壮，擅长撰写碑志。朝廷中的重大著述之作，多数出自于他的大手笔。他的诗法奇特绝妙，晚年被贬谪到岳阳为官，诗风更加沧桑凄婉，人们说那是得到了江山之助。现如今有集三十卷，流行于世。他的儿子张均，是开元四年进士，也是以诗好知名于世。"

孙逖

孙逖（696—761年），字子成，唐朝时期官员，诗人。曾在十五岁时，撰写《土火炉赋》，得到宰相崔日用称赞，是当时朝野尽知的少年状元。主要诗作品有《赠尚书右仆射》《宿云门寺阁》《晦日湖塘》等。

逖，博州人。幼而有文，属思警敏①，援笔成篇②。开元二年，举手笔俊拔、哲人奇士隐沦屠钓及文藻宏丽等科③，第一人及第④。玄宗引见，擢左拾遗、集贤殿修撰。改考功员外郎，迁中书舍人。与颜真卿、李华、萧颖士皆同时，称海内名士。仕终刑部侍郎。善诗，古调今格，悉其所长⑤。集二十卷，今传。

【注释】

①属思：构思。警敏：机警敏捷。

②援笔成篇：提笔一气呵成完成文章。

③手笔俊拔、哲人奇士隐沦屠钓及文藻宏丽等科：这并不是一个确定的科举名目，而是在正式的科举之外，皇帝为了招揽一些特殊人才而开设的临时科考名目，主要针对山野隐逸之人，或者具有特殊才能之人。隐沦：泛指隐居之人。屠钓：传说姜子牙在没遇到周文王之前，曾在朝歌屠牛，在渭水边钓鱼。所以后人用以形容尚未被发现的人才。

④第一人及第：指考中状元。及第：指科举考试应试中选，明清两代只用于殿试前三名。

⑤悉：全部，都是。

【译文】

孙逖（tì），山东博州人。幼年之时就已经写有文章，构思机警敏捷，一篇诗文无论长短，提笔就能一气呵成。开元二年，朝廷开辟手笔俊拔、哲人奇士隐沦屠钓及文藻宏丽等科，十九岁的孙逖以榜首第一人高中状元。得到唐玄宗亲自召见，提拔为左拾遗、集贤殿修撰。后来又改迁考功员外郎，迁升中书舍人。与颜真卿、李华、萧颖士都是同一时期名士，合称海内名士。孙逖官职到刑部侍郎去世。他的一生擅长作诗，无论古调，还是今格，都是他的专长。有诗文集二十卷，如今仍流传于世。

王湾

王湾，生卒年不详，洛阳（今河南洛阳）人。王湾的诗壮阔高朗，境象瑰奇，对盛唐诗坛产生了重要的影响。主要作品有《次北固山下》《奉使登终南山》等。

【原文】

湾，开元元年常无名榜进士①。与学士綦毋潜契切②。词翰早著③，为天下所称。往来吴、楚间，多有著述。如《江南意》一联云："海日生残夜，江春入旧年。"诗人以来，罕有此作。张燕公手题于政事堂④，每示能文，令为楷式⑤。曾奉使登终南山，有赋。志趣高远，识者不能弃焉⑥。

【注释】

①开元：唐玄宗李隆基的年号，共计29年。

②綦（qí）毋潜：字孝通，唐代著名诗人。契切：意气相投，关系密切。

③词翰：诗文，辞章。

④张燕公：指唐朝宰相张说。因封燕国公，故称。

⑤楷式：作为样板的法式。

⑥识者：有见识的人。

【译文】

王湾，开元元年与常无名同榜登进士第。王湾与大学士綦毋潜意气相投，关系密切。他的词翰早就著名，广为天下人所称道。他经常往来于吴、楚两地之间，写下了很多诗篇与著述。诸如《江南意》，其中有一联写道："海日生残夜，江春入旧年。"自从出现诗人以来，像他这样精美绝伦的诗句很少见到。张燕公亲手题写在政事堂前，常常展示给会写诗文的人看，让他们将此诗句作为写诗的样板法式。王湾曾受朝廷派遣登览终南山，并留有诗赋。他的志趣高远脱俗，有见识的人是永远不会忘记他的。

崔颢

崔颢（704—754年），字、号均不详。唐朝著名诗人。他的诗激昂豪放，气势恢弘，主要作品有《黄鹤楼》《行经华阴》《长干曲二首》《辽西作》（或名《关西行》）等。

【原文】

颢，汴州人①。开元十一年源少良榜下及进士第②。天宝中，为尚书司勋员外郎。少年为诗，意浮艳，多陷轻薄，晚节忽变常体③，风骨凛然。一窥塞垣④，状极戎旅⑤，奇造往往并驱江、鲍⑥。后游武昌，登黄鹤楼，感慨赋诗。及李白来，曰："眼前有景道不得，崔颢题诗在上头。"无作而去。为哲匠敛手云。然行履稍劣，好蒲博⑦，嗜酒。娶妻择美者，稍不惬⑧，即弃之，凡易三四。初，李邕闻其才名⑨，虚舍邀之。颢至献诗，首章云："十五嫁王昌。"邕叱曰："小儿无礼！"不与接而入。

颢苦吟咏⑩，当病起清虚⑪，友人戏之曰："非子病如此，乃苦吟诗瘦耳！"遂为口实⑫。天宝十三年卒。有诗一卷，今行。

【注释】

①汴州：今河南省开封市。

②源少良：河南安阳人，唐玄宗开元十一年（723年）癸亥科状元。文中原"源少良下及进士第"当为"源少良榜下及进士第"，已改正。即二人同年考中进士。

③晚节：晚年。

④窥：从小孔、缝隙或隐蔽处观看。塞垣：指北方边境地带。

⑤戎旅：军旅。

⑥江、鲍：南朝梁文学家江淹和南朝宋文学家鲍照的并称。

⑦蒲博（pú bó）：亦称"摴蒲"，古代的一种博戏。后亦泛指赌博。

⑧不惬（qiè）：不乐意，不称心。

⑨李邕（yōng）：字泰和，鄂州江夏人。唐朝大臣、书法家，文选学士李善之子。

⑩苦吟咏：反复吟咏，苦心推敲。比喻作诗极为认真。

⑪清虚：清瘦虚弱。

⑫口实：话柄，被人谈论的资料。

【译文】

崔颢（hào），汴州人。开元十一年与源少良同榜名下登科进士。唐天宝年间，官任尚书司勋员外郎。他在少年时期写诗，立意浮华妖艳，大多陷入轻薄浮华，晚年忽然改变平常的文体法式，变得风骨凛然，纵览全诗能窥见塞北风光，尽现军旅生涯现状，其诗奇绝的创造力往往可与南朝时期的江淹、鲍照并驾齐驱。后来他独自出游武昌，登览黄鹤楼，即兴感赋诗一首《黄鹤楼》。此后等到李白来登黄鹤楼时，不禁感叹说："眼前有景道不得，崔颢题诗在上头。"居然没能留下诗篇就离去了。可见崔颢那一首《黄鹤楼》竟让文学巨匠都不得不收手无诗可吟了。但是相比作诗，他的举止品行就略差了一些，他爱好赌博，嗜好饮酒，娶妻要选择漂亮的，稍有不称心，就抛弃她另娶，总共换了三四个。想当初，李邕听说他的才名很大，就特意留出空房间邀请他前来做客。崔颢如约而来并献诗答谢，第一首诗开篇就说："十五嫁王昌。"李邕听后厉声呵斥道："无礼小儿！"然后不再与他交谈就转身回到自己房间了。

崔颢作诗总是反复吟咏，苦心推敲，有一次当他刚刚病愈，身体看上去非常清瘦虚弱，友人开玩笑对他说："不是你病成这样，而是你整日苦吟诗累瘦了！"这句话很快就成为了别人谈论他的话柄。崔颢于天宝十三年去世。他留有诗一卷，如今流传于世。

祖咏

祖咏（699—746 年），字、号均不详。唐代诗人。他的诗多为状景咏物，宣扬隐逸生活的作品，且带有"诗中有画"的曼妙色彩，接近"大历十才子"的诗风。主要作品有《终南望余雪》《望蓟门》《七夕》等。

【原文】

咏，洛阳人。开元十二年杜绾榜进士，有文名。殷璠评其诗①："翦刻省静②，用思尤苦，气虽不高，调颇凌俗，足称为才子也。"

少与王维为吟侣③。维在济州④，寓官舍，赠祖三诗，有云："结交二十载，不得一日展。贫病子既深，契阔余不浅。"盖亦流落不偶⑤，极可伤也。后移家归汝坟间别业⑥，以渔樵自终⑦。有诗一卷，传于世。

【注释】

①殷璠：丹阳（今江苏镇江）人。唐文学家、诗选家。曾举进士，后辞官归隐，曾编《河岳英灵集》二卷。

②翦（jiǎn）刻：剪裁雕刻，形容文字工于雕琢。

③吟侣：吟咏的伴侣。即诗友。

④济州：治所在今山东省境内。

⑤盖：大概。不偶：不遇，不合。引申为命运不好。

⑥汝坟：指古汝水堤岸，出自河南梁县勉乡西天息山。别业：即别墅。指在住宅之外另置在郊野的住宿修养之所。

⑦渔樵：打渔砍柴的生活。借指田园生活。

【译文】

祖咏，洛阳人。开元十二年与杜绾同榜进士，很有文名。殷璠评论他的诗说："剪裁得体颖悟娴静，用心尤苦，气概虽不高，但格调颇为凌俗，足以称为才子了。"

祖咏年轻时与王维是默契的诗友。王维在济州时，住在官舍里，曾经写过三首诗赠给祖咏，其中有一首诗写道："结交二十载，不得一日展。贫病子既深，契阔余不浅。"大概也是因为流落他乡没有佳遇，极度感伤吧。后来祖咏全家移居到汝坟间的别墅，常年以打渔砍柴为生，直到生命终止。祖咏有诗一卷，流传于世。

储光羲

储光羲（约706—763年），字、号均不详，唐代官员、诗人，是田园山水诗派代表人物之一。储光羲出仕后曾贬居江南，故江南储氏多为光羲公后裔，尊其为"江南储氏之祖"。主要作品有《江南曲四首》《牧童词》《田家即事》等。

【原文】

光羲，兖州人①。开元十四年严迪榜进士。有诏中书试文章。尝为监察御史。值安禄山陷长安②，辄受伪署。贼平后自归，贬死岭南。

工诗，格高调逸，趣远情深，削尽常言，挟风雅之道，养浩然之气。览者犹聆韶濩音③，先洗桑濮耳④，庶几乎赏音也⑤。有集七十卷，《正论》十五卷，《九经分义疏》二十卷，并存。

【注释】

①兖（yǎn）州：今山东省济宁市兖州区。

②安禄山：唐朝时期藩镇、叛臣，天宝十四载（755年），以诛杀宰相杨国忠为名，发动"安史之乱"。陷：攻陷。

③聆：聆听。韶濩（hù）：殷汤乐名，后亦以指庙堂、宫廷之乐，或泛指雅正的古乐。

④桑濮（pú）：古人常以"桑间濮上"指代淫靡之音。语出《礼记·乐记》："桑间濮上之音，亡国之音也。"

⑤庶几：或许可以，表示希望或推测；差不多。

【译文】

储光羲，山东兖州人。开元十四年与严迪同榜进士及第。当时有诏书召至中书省笔试文章。曾官居监察御史。后来正赶上安禄山率领叛军攻陷长安，于是就被迫接受了安禄山府署的伪职。"安史之乱"平定以后主动回归朝廷请罪，被贬到岭南，直到死去。

储光羲擅长写诗，诗韵工整，格调高逸，志远情深，能够削尽寻常粗陋词语，尽携风雅之道，濡养浩然之气。观赏聆听他的诗歌之人犹如聆听古老美妙的韶濩之音，必先洗去耳中残留的淫靡之音，或许才有资格欣赏这美妙的音韵。储光羲至今有集七十卷，《正论》十五卷，《九经分义疏》二十卷，全都被保存下来。

卷二

綦毋潜

綦毋潜（约692—749年），字孝通，唐代著名诗人。安史之乱后归隐山林。他的诗风清丽典雅，恬淡自然。主要作品有《春泛若耶溪》《送崔员外黔中监选》等。

【原文】

潜①，字孝通，荆南人。开元十四年严迪榜进士及第。授宜寿尉，迁右拾遗，入集贤院待制，复授校书，终著作郎。与李端同时②。诗调屹崒峭蒨③，足佳句，善写方外之情④，历代未有。荆南分野⑤，数百年来，独秀斯人。后见兵乱，官况日恶⑥，挂冠归隐江东别业⑦。王维有诗送之，曰："明时久不达，弃置与君同。天命无怨色，人生有素风。"一时文士咸赋诗祖饯，甚荣。有集一卷，行世。

【注释】

①潜：綦（qí）毋（wú）潜。复姓綦毋，名潜，唐代著名诗人。

②李端：字正已，唐代诗人、官员。曾任秘书省校书郎、杭州司马等职。晚年辞官隐居湖南衡山，自号衡岳幽人。

③屹崒（yì zú）：亦作"屹崒"。高峻之意，常用来形容诗文风格雄劲。峭蒨（qiào qiàn）：高耸挺立。

④方外：意为世俗之外。

⑤荆南：荆州一带。亦泛指南方。

⑥官况：居官的境遇。

⑦挂冠：辞官。

【译文】

蓁毋潜，字孝通，荆南人士。开元十四年与严迪同榜进士及第。授官宜寿尉，迁任右拾遗，入集贤院待制，后来又授官校书郎，官终著作郎。蓁毋潜与李端同时。蓁毋潜的诗调雄劲挺拔，诗中总有充足的锦言佳句涌现，他善于抒写世俗之外的情怀，历代以来尚未有能超过他的人。自从荆州一带划分南方规制，数百年来，他是一枝独秀。后来天下出现反叛战乱，居官的境遇一天比一天险恶，于是他就辞官归隐到江东别墅。当时王维写诗赠给他，说："明时久不达，弃置与君同。天命无怨色，人生有素风。"一时间，文士们都赋诗为他饯行，非常壮观。蓁毋潜著有诗集一卷，至今流传于世。

王昌龄

王昌龄（698—756 年），字少伯，盛唐时期著名的边塞诗人、官员。王昌龄诗绪密而思清，与高适、王之涣齐名，被时人誉为"七绝圣手"。主要作品有《芙蓉楼送辛渐》《出塞》《闺怨》《塞上曲》《塞下曲》等。

【原文】

昌龄，字少伯，太原人。开元十五年李嶷榜进士①，授汜水尉②。又中宏辞，迁校书郎。后以不护细行，贬龙标尉。以刀火之际归乡里，为刺史闾丘晓所忌而杀③。后张镐按军河南④，晓愆期⑤，将戮之⑥，辞以亲老乞恕，镐曰："王昌龄之亲欲与谁养乎？"晓大惭沮⑦。

昌龄工诗，缜密而思清⑧，时称"诗家天子王江宁"，盖尝为江宁令。

与文士王之涣、辛渐交友至深，皆出模范，其名重如此。有诗集五卷，又述作诗格律、境思、体例，共十四篇，为《诗格》一卷，又《诗中密旨》一卷，及《古乐府解题》一卷，今并传。

自元嘉以还，四百年之内，曹、刘、陆、谢，风骨顿尽。逮储光羲、王昌龄，颇从厥迹，两贤气同而体别也。王稍声峻，奇句俊格，惊耳骇目。奈何晚途不矜小节，谤议腾沸，两窜遐荒，使知音者喟然长叹，至归全之道，不亦痛哉。

王昌龄，字少伯。山西太原人，开元十五年与李嶷同榜进士及第，官授氾水尉。接着又考中博学宏辞科，改任校书郎。后来因为不注意处事细节，被贬为龙标尉。在战乱四起之时，王昌龄请求回归故乡，刺史闾丘晓嫉妒他的才华，王昌龄被刺史设计杀害。后来张镐的军队驻扎在河南，闾丘晓因为延误军期，张镐准备将他处斩，闾丘晓连忙以父母年老为托辞请求宽恕，张镐愤怒地说："你因为父母需要奉养请求宽恕，那王昌龄的父母将托付谁去奉养呢？"闾丘晓顿时大为惭愧沮丧。

王昌龄擅长写诗，构思精密，格调清新，当时的人们都尊称他是"诗家天子王江宁"，这大概是因为他曾做过江宁令。他和诗人王之涣、辛渐交情很深，都是当时文人中出类拔萃的榜样，他的名气也确实是如此之大。王昌龄著有诗集五卷，又有论述诗词格律、意境、体例的文章十四篇，收为《诗格》一卷，还有《诗中密旨》一卷，《古乐府解题》一卷，现在都在世上流传。

自南朝宋元嘉年间以来，至今四百多年里，在曹植、刘桢、陆机、谢灵运等人之后，建安风骨的风格几乎没有了。直到储光羲、王昌龄出现，才稍稍从昏闭绝迹中苏醒过来，逐渐有了那种诗风的痕迹，这两位诗人的诗风相同但体例还是有所区别的。王昌龄的诗声调高峻，诗句奇伟俊逸，能震惊人的耳目。只可惜晚年仕途不注意小节，以致于招来沸沸扬扬的诽谤议论，甚至因此被两次流放荒僻之地，让更多知道这些音信的人无不感

慨叹息，到死也没能学会保全自身之道，不也是令人感到万分悲痛和惋惜吗？

常建

常建（约708—765年），字、号不详，祖籍邢州，久居长安（今陕西西安）。唐代诗人。常建现存的文学作品不多，主要作品有《题破山寺后禅院》《送李十一尉临溪》等。

【原文】

建，长安人。开元十五年与王昌龄同榜登科。大历中，授盱眙尉①。仕颇不如意，遂放浪琴酒，往来太白、紫阁诸峰，有肥遁之志②。尝采药仙谷中，遇女子，遍体毛绿，自言是秦时宫人，亡入山采食松叶③，遂不饥寒，因授建微旨④，所养非常。后寓鄂渚⑤，招王昌龄、张偾同隐⑥，获大名当时。集一卷，今传。

古称高才而无贵仕，诚哉是言。曩刘桢死于文学，鲍照卒于参军，今建亦沦于一尉，悲夫！建属思既精，词亦警绝，似初发通庄，却寻野径，百里之外，方归大道。旨远兴僻，能论意表，可谓一唱而三叹矣。

【注释】

①盱眙（xū yí）：古县名，属于今江苏省淮安市下辖县。

②肥遁（dùn）：退隐避世之意。遁：同"遁"。

③亡入：逃入。

④微旨：精深微妙的意旨。此指微妙的养生之道。

⑤鄂渚：治所在今湖北武昌。

⑥张偾（fèn）：唐代文人。

【译文】

常建，长安人。开元十五年与王昌龄同榜登科。大历年中，官授盱眙县尉。常建感到仕途很不如意，于是就开始放浪形骸，弹琴饮酒，往来于太白、紫阁诸多山峰之间，有退隐山林的意愿。曾有一次他到山谷中采药，遇到一个女子，浑身长着绿毛，自我介绍说是先秦时期的宫中人，逃亡到山林之中，每天采摘松叶当食物吃，于是就不感到饥饿寒冷了，因此，传授给常建这精深微妙的养生秘诀，常建感觉所授养生之道非比寻常。后来他住在鄂渚的时候，便招引王昌龄、张偾一同来此隐居，在当时曾一度获得很大的名气。常建有集一卷，流传至今。

古人说高才而无贵仕，这句话确实可信。以往刘桢死于五官中郎将文学任上，鲍照卒死在参军任上，如今常建也沦落为一个小小县尉，可悲啊！常建写诗构思精巧，作词也是警策绝伦，就像刚一出发的时候走上了通天大道，不知不觉中找到的是一条山野小路，走出百里之外，又回归到大道之上。如此旨意深远，兴致孤僻，能论意表，可谓是一唱三叹了。

贺兰进明

贺兰进明，复姓贺兰，生卒年不详，河南洛阳人。唐朝时期官员、诗人。主要作品有《古意二首》《杂曲歌辞·行路难五首》等。

【原文】

进明，开元十六年虞咸榜进士及第。仕为御史大夫。肃宗时，出为河

南节度使。时禄山群党未平①，尝帅师屯临淮备贼，竟亦无功。

进明好古博雅，经籍满腹②，其所著述一百余篇，颇究天人之际。又有古诗乐府等数十篇，大体符于阮公，皆今所传者云③。

【注释】

①禄山：即安禄山。天宝年间发动"安史之乱"，后失败，被自己儿子所杀。

②经籍满腹：犹满腹经纶，形容才识丰富。

③皆：都是。

【译文】

贺兰进明，开元十六年与虞咸同榜进士及第。出仕后官居御史大夫。唐肃宗时期，被派遣出京担任河南节度使。当时叛贼安禄山的余党还没有被彻底平息，贺兰进明常常奉命率领军队到临淮屯兵，准备迎战反贼，谁知还是没有立下战功。

贺兰进明好古博雅，满腹经纶，他所著述的文章有一百多篇，都是倾向于研究人与自然关系的文章。还有古诗乐府等数十篇，大体符合于阮籍的风格，这些都是当今大力推崇传扬他的人所说的。

陶翰

陶翰，生卒年不详，字、号不详，官宦之家出身。唐代诗人，他所作诗文以五言为主，多为古意苍劲的悲壮风格，主要作品有《古塞下曲》《燕歌行》《送朱大出关》等。

【原文】

翰，润州人①。开元十八年崔明允下进士及第，次年中博学宏辞，与郑昉同时②，官至礼部员外郎。为诗，词笔双美，既多兴象，复备风骨。三百年以前，方可论其裁制③。大为当时所称。今有集相传。

【注释】

①润州：位于江苏省镇江市区西南部，是中国历史文化名城。

②郑昉（fǎng）：一作郑防。开元十九年，博学宏辞科及第。累迁监察御史、主客员外郎等职。

③裁制：体裁，风格。

【译文】

陶翰，润州人。开元十八年在状元崔明允榜下进士及第，并在第二年考中博学宏辞科，与郑昉同时，官至礼部员外郎。陶翰写诗和作文章都很精美，既有丰富的比兴意象之美，又具有独特的风骨。只有在三百年以前，才可以评价这样的体裁风格。因此陶翰被当时文人所称颂。如今有集相传于世。

王维

王维（约701—761年），字摩诘，号摩诘居士，唐朝官员、著名诗人、画家。王维参禅悟理，学庄信道。他与孟浩然合称"王孟"，有"诗佛"之称。著作有《王右丞集》《画学秘诀》。主要代表诗作有《相思》《山居秋暝》等。

【原文】

维，字摩诘，太原人。九岁知属辞，工草、隶，闲音律。岐王重之①。维将应举，岐王谓曰："子诗清越者，可录数篇，琵琶新声，能度一曲，同诣九公主第②。"维如其言。是日，诸伶拥维独奏，主问何名，曰："《郁轮袍》③"。因出诗卷。主曰："皆我习讽。谓是古作，乃子之佳制乎！"延于上座④，曰："京兆得此生为解头⑤，荣哉！"力荐之。开元十九年状元及第，擢右拾遗，迁给事中。贼陷两京⑥，驾出幸，维扈从不及⑦，为所擒，服药，称喑病⑧。禄山爱其才，逼至洛阳，供旧职，拘于普施寺。贼宴凝碧池⑨，悉召梨园诸工合乐，维痛悼，赋诗曰："万户伤心生野烟，百官何日再朝天？秋槐花落空宫里，凝碧池头奏管弦。"时闻行在所。贼平后，授伪官者皆定罪，独维得免。仕至尚书右丞。

维诗入妙品上上，画思亦然。至山水平远，云势石色，皆天机所到，非学而能。自为诗云："当代谬词客，前身应画师。"后人评维"诗中有画，画中有诗"，信哉！客有以《按乐图》示维者，曰："此《霓裳》第三叠最初拍也⑩。"对曲果然。笃志奉佛，蔬食素衣。丧妻不再娶，孤居三十年。别墅在蓝田县南辋川⑪，亭馆相望。尝自写其景物奇胜，日与文士丘丹、裴迪、崔兴宗游览赋诗，琴樽自乐⑫。后表请舍宅以为寺。临终，作书辞亲友，停笔而化。代宗访维文章，弟缙集赋诗等十卷上之⑬，今传于世。

【注释】

①岐王：唐睿宗赐封他的儿子李隆范（后改名李范）为岐王，为中国历史上第一次分封岐王。

②诣：到。九公主：唐睿宗的第九个女儿玉真公主。第：府第。

③郁轮袍：此为王维所作的曲名。

④延：援引，请。

⑤解头：即解元。唐代考状元要由地方政府先进行考试选拔，第一名

的称作解元，或解头。

⑥贼：反贼，指安禄山及其叛军。陷：攻陷。两京：西京长安和东都洛阳。

⑦扈从（hù cóng）：随驾，指皇帝出巡时的护卫侍从人员。

⑧喑（yīn）病：指说话声音嘶哑，甚至不能发音的病症。

⑨凝碧池：洛阳禁苑中的池苑，皇帝的娱乐场所。

⑩霓裳（ní cháng）：《霓裳羽衣曲》的简称。唐代乐曲名，相传为唐玄宗所制作。最早出现在《楚辞·九歌·东君》："青云衣兮白霓裳，举长矢兮射天狼。"

⑪南辋（wǎng）川：在陕西省蓝田县南，源出秦岭北麓，北流至县南入灞水。唐诗人王维曾置别业于此。

⑫樽（zūn）：古代盛酒的器具。

⑬缙（jìn）：王缙，字夏卿，太原祁县（今山西祁县）人。唐朝中期宰相、书法家，尚书右丞王维的弟弟。

【译文】

王维，字摩诘，山西太原人。

九岁就懂音韵会写文辞，草书、隶书写得都很好，另外还熟习音律。岐王李隆范十分推重他。王维将要去应试科举，岐王对他说："你的诗清新悠扬，有超凡脱俗之气，可以摘录几篇，配上琵琶新乐，最好是再谱写一支曲子，然后跟我一起到九公主的府第。"王维果真按照他所说的去做了。这一天，来到公主府上，几个伶人围在王维身边起舞，王维单独演奏了一首新谱的曲子，九公主问是什么曲名，王维回答说："这是《郁轮袍》。"王维顺势拿出诗卷呈递上去。公主说："这些都是我平常讽诵的诗作，一直以为是古人之作，竟然都是你的佳作啊！"于是连忙请王维到上座，说："京城能得到你这样的书生为解元，真是荣幸之事！"随后公主极力举荐他。开元十九年王维应试考取状元。之后提拔为右拾遗，又迁升为给事中。不久叛贼安禄山攻陷长安和东都洛阳，皇上出逃，王维奉命随从护驾，可惜没追上队伍，被叛军所擒获，王维不肯效命叛军，就吃下药丸，谎称自己得了哑病不能说话。安禄山欣赏他的才华，所以就逼迫他到洛阳依旧担任原来的官职，并将他拘禁在普施寺。叛军在凝碧池设宴庆贺，召来全部梨园乐工在这里合奏娱乐，王维思念旧朝悲痛万分，便赋诗道："万户伤心生野烟，百官何日再朝天？秋槐花落空宫里，凝碧池头奏管弦。"当时这首诗也传到了皇上的行在所。反贼平定后，被安禄山授予伪官的人都被治罪，只有王维得以赦免。并且事后官至尚书右丞。

王维的诗被列入妙品之中的上上等，他的画作构思也是这样绝妙。至于他画中山水平旷深远的意境，云彩的情势、山石的颜色，都是他卓越的天赋才能达到的，并不是谁都能学来的。他自我戏谑吟诗说："当代谬词客，前身应画师。"后人评论王维"诗中有画，画中有诗"，确实如此啊！有个客人拿来《按乐图》给王维看，王维说："这是《霓裳》第三叠最初的节拍。"那人对照乐曲一看，果真如此。王维为人忠诚，诚心信奉佛教，平时都吃蔬菜，穿朴素衣服，妻子死后也没有再娶，就这样独居三十年。

他的别墅建在蓝田县南辋川，亭馆相对而望。他常常描写那里的景物奇胜，天天与文士丘丹、裴迪、崔兴宗游览山水，吟诗作赋，弹琴对饮，自得其乐。王维年老后上表朝廷，请求把自己的住宅改为佛寺。临终前，他提笔写信辞别亲友，刚停下笔就坐化升天了。唐代宗慕名寻访王维的诗赋文章，派遣他的弟弟王缙奉命收集他的诗赋文章等作品编纂成集共十卷，献给皇上，至今流传于世。

刘长卿

刘长卿（约726—约786年），字文房。唐代著名诗人、官员。刘长卿工于诗，长于五言，人称"五言长城"。他的诗多感慨时世，以及山水隐逸闲情，主要作品有《新年作》《逢雪送芙蓉山主人》《秋日登吴公台上寺远眺》等。

【原文】

长卿，字文房，河间人。少居嵩山读书①，后移家来鄱阳最久②。开元二十一年徐徵榜及第③。至德中，历监察御史，以检校祠部员外郎出为转运使判官，知淮西岳鄂转运留后④。观察使吴仲孺诬奏⑤，非罪系姑苏狱⑥。久之，贬潘州南巴尉。会有为辩之者，量移睦州司马⑦，终随州刺史。

长卿清才冠世，颇凌浮俗，性刚，多忤权门⑧，故两逢迁斥，人悉冤之。诗调雅畅，甚能炼饰。其自赋，伤而不怨，足以发挥风雅。权德舆称为"五言长城⑨"。长卿尝谓："今人称前有沈、宋、王、杜，后有钱、郎、刘、李。李嘉祐、郎士元何得与余并驱？"每题诗不言姓，但书"长卿"，以天下无不知其名者云。灞陵碧涧有别业⑩。今集诗赋文等传世。淮南李穆，有清才，公之婿也。

【注释】

①嵩山：位于河南省西部。

②鄱（pó）阳：古称鄱阳县，在今江西省东北部。

③徐徵（zhēng）：开元二十一年状元，入仕后卷入宫廷争斗之中，被奸相李林甫所害而死。

④知：掌管，执掌。岳鄂：约在今湖北和湖南一带。留后：官名。唐代节度使、观察使缺位时设置的代理职称。

⑤观察使：官名。唐代后期出现的地方军政长官，全称为观察处置使。诬奏：诬告。

⑥姑苏：今苏州的别称。

⑦量移：多指官吏因罪远谪，遇赦酌情调迁近处任职。睦州：在今浙江建德西北。司马：唐代司马和长史合称为"上佐"，是个地方小官，但在一般情况下，司马并无具体职任。

⑧忤（wǔ）：逆，不顺从。

⑨权德舆：字载之。唐朝文学家、宰相，起居舍人权皋之子。

⑩灞陵（bà líng）：旧址在今陕西省西安市东。

【译文】

刘长卿，字文房，河间人。少年时期居住在嵩山学院读书，后来全家移居到鄱阳住的时间最长。开元二十一年刘长卿与状元徐徵同榜及第。唐肃宗至德年间，历任监察御史，以检校祠部员外郎的身份出任转运使判官，知淮西岳鄂转运留后。由于观察使吴仲孺的诬告，刘长卿无罪也被关进了姑苏监狱。就这样过了很久，接着又被贬为潘州南巴县尉。幸遇一个为他极力辩护的人，才得以酌情迁移到近处为睦州司马，最后调任随州刺史，直到去世。

刘长卿才华盖世，颇凌浮俗，性情刚直，多有忤逆权门之事，故而两次遭逢贬谪迁斥之难，人们都替他感到冤屈不平。他的诗调高雅流畅，很会锤炼修饰。他的诗赋，感伤而不哀怨，足以发挥风雅。权德舆称赞他是"五言长城"。刘长卿曾感叹说："今人都说前有沈、宋、王、杜，后有钱、郎、刘、李。李嘉祐、郎士元凭借什么与我并驾齐驱？"他每次题诗都不说明姓氏，只写"长卿"二字，认为天下没有不知道他全名的。他在灞陵碧涧有一处别墅。如今他的诗、赋、文等作品编撰成集流传于世。主动做这件事的是淮南李穆，也有清逸的才华，他就是长卿公的女婿。

阎防

阎防，生卒年不详，字、号不详。唐代诗人。他的诗精炼朴素，气魄清爽，诗风具有独到之处。主要作品有《与永乐诸公夜泛黄河作》《百丈溪新理茅茨读书》等。

【原文】

防，河中人。开元二十二年李琚榜及第①。颜真卿甚敬爱之②，欲荐于朝，不屈。

为人好古博雅，诗语真素，魂清魄爽，放旷山水，高情独诣③。于终南山丰德寺结茅茨读书④，百丈溪是其隐处⑤，题诗云："浪迹弃人世，还山自幽独。始傍巢由踪，吾其获心曲。"又云："养闲度人事，达命知止足。不学鲁国儒，俟时劳伐辐。"后信命，不务进取，以此自终。有诗集行世。

【注释】

①李琚（jū）：顿邱（今河南清丰）人。开元二十二年状元。

②颜真卿：字清臣，别号应方，唐代名臣、书法家。敬爱：敬重，欣赏。

③独诣：指学养上有独到之处。

④茅茨（cí）：茅草盖的屋顶。亦指茅屋。

⑤百丈溪：古地名，在今重庆市巫溪镇。

【译文】

　　阎防，河中人。开元二十二年与状元李琚同榜进士及第。颜真卿非常敬重欣赏他的才华，想推荐他到朝中为官，但他耿直不肯屈从他人，最终没有结果。

　　阎防为人清逸，喜好古物，学识广博高雅，诗句纯真朴素，意境魂清魄爽，喜欢放旷山水，高情独诣。年轻时曾在终南山丰德寺搭建茅草屋读书学习，年老后百丈溪是他的归隐之处，曾有题诗说："浪迹弃人世，还山自幽独。始傍巢由踪，吾其获心曲。"又说："养闲度人事，达命知止足。不学鲁国儒，俟时劳伐辐。"后来他很相信命中注定，不再务实进取，从此自生自灭，直到生命终止。今有诗集流传于世。

孟浩然

　　孟浩然（689—740 年），字浩然，因他未曾入仕，自号"孟山人"，世称"孟襄阳"，是唐代著名的山水田园派诗人。他善于发掘自然和生活之美，故而作品具有独特的诗歌美学。诸如《夏日南亭怀辛大》《宿建德江》《夜归鹿门歌》《过故人庄》《春晓》等名篇广为流传。

【原文】

浩然，襄阳人①。少好节义，诗工五言。隐鹿门山②，即汉庞公栖隐处也③。四十游京师，诸名士间尝集秘省联句，浩然曰："微云淡河汉，疏雨滴梧桐。"众钦服④。张九龄、王维极称道之。维待诏金銮⑤，一旦私邀入，商较风雅⑥。俄报玄宗临幸，浩然错愕，伏匿床下⑦，维不敢隐，因奏闻。帝喜曰："朕素闻其人而未见也。"诏出，再拜。帝问曰："卿将诗来耶？"对曰："偶不赍⑧。"即命吟近作。诵至"不才明主弃，多病故人疏"之句，帝慨然曰："卿不求仕，朕何尝弃卿，奈何诬我！"因命放还南山。后张九龄署为从事⑨。开元末，王昌龄游襄阳，时新病起，相见甚欢，浪情宴谑，食鲜疾动而终⑩。

古称祢衡不遇，赵壹无禄。观浩然磬折谦退⑪，才名日高，竟沦明代⑫，终身白衣⑬，良可悲夫！其诗文采丰茸⑭，经纬绵密，半遵雅调，全削凡近。所著三卷，今传。王维画浩然像于郢州，为浩然亭。咸通中，郑诚谓贤者名不可斥⑮，更名曰"孟亭"，今存焉。

【注释】

①襄阳：位于今湖北省西北部，汉江中游平原腹地。

②鹿门山：在今湖北襄阳城东南约15公里处，是中国历史文化名山。

③庞公：即东汉庞德公，襄阳人，躬耕于襄阳岘山之南，曾拒绝刘表礼请，隐居鹿门山而终。后成为隐士的典故。

④钦服：钦敬佩服。

⑤金銮（luán）：金銮殿，唐代宫殿名。它是皇帝登基和举行大典的地方，在唐代也是文人学士的待诏之所。

⑥商较：亦作"商校"。研究比较。风雅：《诗经》分为风、雅、颂。

⑦临幸：指帝王亲临。错愕（è）：受到惊吓，仓促间感到惊愕。伏匿：隐藏；躲藏。

⑧赍（jī）：带着。指拿东西给人。

⑨张九龄：字子寿，唐朝韶州曲江人，世称"张曲江""文献公"。唐朝开元年间名相，诗人。

⑩食鲜疾动：原意是说，因为贪吃鲜鱼美食，而使疾病复发。据说，当时孟浩然患有痈疽（一种毒疮），将要治愈了，医生嘱咐他不要吃鱼类鲜品。但好友相见甚欢，孟浩然上了一道襄阳人宴客时必备的河鲜美味，就是汉江中盛产的"查头鳊"，结果杯觥交错，欢声笑语过后，吃了河鲜的孟浩然发病而亡。

⑪磬折（qìng shé）：磬本意是一种打击乐器，用石或玉制成，形状像曲尺。磬折泛指人身、物体或自然形态曲折如磬。表示谦恭之态。

⑫明代：清明的时代。

⑬白衣：古代平民穿白色衣服。因此泛指平民，亦指没有考取功名、入仕途为官之人。

⑭丰茸：此处形容文采浓郁美好。

⑮郑诚（xián）：字申虞。福州闽县（今福建闽侯）人。唐代散文家。咸通四年任鄞州刺史。

【译文】

孟浩然，湖北襄阳人。年少时就好交游、重义气，五言诗写得特别好。隐居在鹿门山，就是汉代大隐士庞德公隐居栖息的地方。四十岁那年游览京都长安，当时有很多文人名士时常聚集在秘书省联句交流，孟浩然联了一句说："微云淡河汉，疏雨滴梧桐。"众人听后都钦服不已。张九龄、王维也对他极为称赞。那时候王维在金銮殿待诏，有一天私下里邀请孟浩然来到金銮殿，共同探讨《诗经》风雅。不一会儿有人通报说"皇上驾到"，孟浩然吓得惊慌失措，连忙爬到坐床后边躲藏起来，王维不敢隐瞒皇上，因此上前禀奏给皇上听。唐玄宗听后高兴地说："朕素闻其人还没见过他呢。"于是赦他无罪叫了出来，孟浩然出来后叩头再拜。玄宗帝问道："你带诗来了吗？"孟浩然回答说："恰逢今日臣没带，请皇上恕罪。"随即皇上让他吟诵近日新作。当他吟诵到"不才明主弃，多病故人疏"这两句的时候，唐玄宗脸色一沉慨然道："是你不求仕途为官，朕何尝抛弃于你，为何如此污蔑我！"因此下令放他回南山。后来张九龄请他到府署中成为从事。开元末年，王昌龄出游襄阳，当时孟浩然患病刚刚好起来，此刻有朋自远方来自然是相见甚欢，于是大摆宴席，忘情畅饮，一派欢声笑语，但令人惋惜的是，孟浩然大病初愈忽视了医嘱，吃过河鲜之后引起疾病复发而亡。

古人说，祢衡没有遇到明主，赵壹终生不得俸禄。如今看孟浩然满腹才华恭敬谦让，才名与日同高，竟然沦落到在那清明的时代，却终身未入仕途，真是可悲啊！他的诗文丰沛，浓郁茂美，构思绵密，纵横经纬，半遵雅调，全削凡近。他的著作有三卷，在当今流传。王维曾在郢州为孟浩然画像，并建造"浩然亭"。咸通年间，郑诚看后说贤者的名字不可指斥，于是更名为"孟亭"，这亭子至今仍然留存在那里。

丘为

丘为（约694—789年），字、号不详。唐代官员，诗人。其诗以五言居多，格调清幽淡逸，多写田园风物，为盛唐"山水田园诗派"诗人之一。主要作品有《左掖梨花》《泛若耶溪》《题农父庐舍》《寻西山隐者不遇》等。诸如"冷艳全欺雪，余香乍入衣"堪称绝世佳句。

【原文】

为，嘉兴人。初累举不第，归山读书数年。天宝初刘单榜进士。王维甚称许之①，尝与唱和。初，事继母孝，有灵芝生堂下。累官太子右庶子，时年八十余，母犹无恙②，给俸禄之半。及居忧③，观察使韩滉以为致仕官给禄④，所以惠养老臣，不可在丧为异，唯罢春秋羊酒。

初还乡，县令谒之，为候门磬折⑤，令坐，乃拜，里胥立庭下⑥，既出，乃敢坐⑦。经县署，降马而过⑧，举动有礼。卒年九十六。有集行世。

【注释】

①称许：称赞嘉许。

②无恙：平安，没有疾病。

③居忧：是指居父母之丧。

④韩滉（huàng）：字太冲，京兆长安人。唐朝中期政治家、画家。致仕官：因年老或衰病而辞去职务的官员。

⑤磬折：意思是弯腰。表示谦恭。

⑥里胥：古代管理一里的官长。

⑦乃：才。

⑧降马：下马。

【译文】

丘为，苏州嘉兴人。起初几次参加科举都没及第，只好回到山中学院继续学习多年。终于在天宝年初与状元刘单同榜进士。王维非常赞许他的才华，经常与他唱和诗赋。当初，丘为侍奉继母孝敬，他的孝心感动天地，有人发现竟有灵芝长在他家堂下。后来屡次升官成为太子右庶子，他八十多岁那年，他的继母仍然身体很健康，当时朝廷只给他一半的俸禄。在他给继母居丧期间，观察使韩滉认为退休回家的官员也应该足额发放俸禄，以此用来加恩抚养老臣，不应该在丧期间就有所不同，只是停止供应春秋羊酒就可以了。

他退休还乡之初，县令前来拜访他，他为此站在门口弯腰谦恭迎候，县令坐下，他就以礼相拜，里胥站立在庭下，出去以后，他才敢入座。经过县署的时候，他总是下马走过去，一举一动都显示出彬彬有礼。丘为去世那年九十六岁。有诗集流行于世。

李白

李白（约701—762年），字太白，号"青莲居士"，又号"谪仙人"，唐代伟大的浪漫主义诗人，他对我国"七古"和"七绝"诗体的进一步规范有巨大贡献，被后人誉为"诗仙"。主要作品有《望庐山瀑布》《行路难》《蜀道难》《将进酒》等。

【原文】

白，字太白，山东人。母梦长庚星而诞①，因以命之。十岁通五经。自梦笔头生花，后天才赡逸②。喜纵横，击剑为任侠③，轻财好施。更客任城④，与孔巢父、韩准、裴政、张叔明、陶沔居徂徕山中⑤，日沉饮，号"竹溪六逸"。

天宝初，自蜀至长安，道未振，以所业投贺知章，读至《蜀道难》，叹曰："子，谪仙人也⑥！"乃解金龟换酒⑦，终日相乐。遂荐于玄宗。召见金銮殿，论时事，因奏颂一篇。帝喜，赐食，亲为调羹，诏供奉翰林⑧。尝大醉上前，草诏，使高力士脱靴⑨。力士耻之，摘其《清平调》中飞燕事⑩，以激怒贵妃。帝每欲与官，妃辄沮之。白益傲放，与贺知章、李适之、汝阳王琎、崔宗之、苏晋、张旭、焦遂为"饮酒八仙人"。恳求还山，赐黄金，诏放归。

白浮游四方，欲登华山，乘醉跨驴经县治，宰不知，怒，引至庭下曰："汝何人，敢无礼！"白供状不书姓名，曰："曾令龙巾拭吐⑪，御手调羹，贵妃捧砚，力士脱靴。天子门前尚容走马；华阴县里不得骑驴？"宰惊愧，拜谢曰："不知翰林至此。"白长笑而去。尝乘舟与崔宗之自采石至金陵⑫，著宫锦袍坐，旁若无人。禄山反，明皇在蜀，永王璘节度东南⑬。白时卧庐山，辟为僚佐⑭。璘起兵反，白逃还彭泽。璘败，累系浔阳狱。初，白游并州，见郭子仪⑮，奇之，曾救其死罪。至是，郭子仪请官以赎，诏长流夜郎⑯。白晚节好黄、老，度牛渚矶，乘酒捉月，沉水中。初，悦谢家青山，今墓在焉。有文集二十卷，行世。

【注释】

①长庚星：又叫启明星。每天傍晚太阳落山，天快黑的时候，出现在天空西南方的叫长庚星，同时把早晨出现最早的那颗很亮的星星叫金星，古时也叫太白金星。

②天才赡逸：形容天赋充盈，超越一般人。逸：高逸，超出。

③任侠：以侠义自任。任：承担、承受。

④任城：现在山东济宁。

⑤陶沔（miǎn）：唐朝诗人，生卒不详，开元年间任任单县县尉。与李白、孔巢夫等交好。曾一起隐居于徂徕山，纵酒酣歌，时称竹溪六逸。徂徕（cú lái）：山名，亦作"徂来"。在今山东省泰安县东南。

⑥谪仙人：原意是被贬谪下凡尘的神仙。常用来赞誉才华超凡之人。

⑦金龟：唐代官员的一种佩饰。三品以上龟袋用金饰，四品用银饰，五品用铜饰。

⑧供奉翰林：官名。唐玄宗开元年初改为翰林待诏置，以文学之士充任，与集贤殿书院学士分掌制诏书敕。因随时听候皇上使唤，亦称供奉翰林。

⑨高力士：本名冯元一，祖籍潘州（今广东省高州市），幼年入官，唐玄宗时期为当权宦官，被称为千古贤宦第一人。

⑩飞燕：汉成帝赵皇后。赵飞燕虽然花容月貌，但德行不好，惑乱后宫，最后被废自杀。高力士挑拨杨贵妃，说李白在词牌中将杨贵妃比作赵飞燕，有侮辱轻蔑之意。

⑪龙巾拭吐：传说李白有一次喝醉酒，偏巧唐玄宗要他去写诗，他当场吐了，唐玄宗掏出龙巾为他擦呕吐物。

⑫采石：即采石矶。位于安徽省境内，是国家重点风景名胜区的核心景区，与南京燕子矶、岳阳城陵矶并称"长江三大名矶"。

⑬永王璘：永王李璘，初名李泽，唐玄宗第十六子。安史之乱时，唐玄宗下诏封李璘为"四道"节度使、江陵郡大都督，镇守江陵。后因分兵割据自立失败，被杀。

⑭僚佐：官署中协助办事的官吏。

⑮郭子仪：唐代政治家、军事家。早年一直未受重用，安史之乱爆发后，率军收复多处失地，战功显赫，以功加司徒，封代国公。追赠太师，

谥号忠武。

⑯夜郎：又称夜郎国，是中国汉朝时所谓西南夷中的一个国家，大约位置在今贵州六盘水毕节一带。

【译文】

李白，字太白，崤（xiáo）山以东人氏。他母亲梦见长庚星出现而生下了他，因此就用"白"为他取名，并以"太白"为表字。李白十岁时就通晓五经，他自己梦见笔头长出花来，此后他天赋过人，才华高逸。李白生性洒脱，喜欢纵横天下，练习剑术只为行侠仗义，他不看重钱财，乐于施舍救助穷人。甚至还离开家客居任城，与孔巢父、韩准、裴政、张叔明、陶沔隐居在徂徕山中，天天设宴畅饮，吟诗作对，号称"竹溪六逸"。

唐天宝初年，李白从蜀地来到京城长安，当时他的名气尚未惊动四方，他把自己所作的诗投递给贺知章看，当贺知章读到《蜀道难》时，不禁赞叹道："你，简直就是谪居到人间的仙人啊！"于是就解下自己身上的金龟饰物拿去换酒，与李白整天饮酒赋诗为乐。之后又向唐玄宗举荐李白。唐玄宗很快在金銮殿召见了李白，与他谈论时局国政，李白为此献上颂文一篇。唐玄宗看完非常高兴，当即赐给他美味御膳，并亲手为他调匀羹汤，下诏封李白为供奉翰林。后来曾有一次李白在皇上面前大醉，受命起草诏书时，李白让高力士为自己脱靴。高力士认为受到耻辱，于是就趁机摘录李白所写《清平调》中引用赵飞燕的典故，故意歪解词意以此来激怒杨贵妃。从此后，皇帝每次想要赐官给李白，杨贵妃总是出面阻止这件事。李白志不得舒，更加傲慢放诞，与贺知章、李适之、汝阳王李琎、崔宗之、苏晋、张旭、焦遂并称为"饮酒八仙人"。后来他恳求回归山野，唐玄宗便赏赐他大笔黄金，颁诏放他回家。

李白从此云游四方，打算登览华山，这一天他醉醺醺地跨在驴身上路过县衙门口居然不下驴，县宰不认识李白，大怒，派人把李白押解到公堂上责问："你是什么人，竟敢如此无礼！"李白在供词中不写姓名，只写道："曾令龙巾拭吐，御手调羹，贵妃捧砚，力士脱靴。天子门前尚容走马，华阴县里不得骑驴？"县宰一看，又惊讶又惭愧，连忙行礼道歉说："不知是翰林大人到此。"李白大笑着扬长而去。李白曾乘船与崔宗之一起从采石矶到金陵，他身穿宫廷锦袍坐在船头，悠然自得，旁若无人。安禄山发动叛乱时，唐明皇避难逃到蜀中，委任永王李璘为统管东南地区的节度使。那时候李白正高枕无忧地隐居在庐山饮酒作乐，不久后被李璘招聘为军中幕僚。后来李璘起兵造反，李白不想随从就潜逃回到彭泽。李璘起兵失败被杀后，李白受牵连被关进浔阳监狱。在此之前，李白漫游到并州时，见到过郭子仪，感到此人是个奇才，后来曾解救过郭子仪的死罪。现在郭子仪知道李白因受牵连无辜入狱，为此郭子仪向皇上请求解除自己的官职来赎免李白的死罪，于是皇帝下诏将李白改判为长期流放夜郎。李白晚年喜欢黄帝、老子的道家学说，有一次乘船夜渡牛渚矶，乘着酒兴想要捕捉月亮，结果掉进水中淹死了。想当初，李白喜欢谢家青山，如今他的墓就在那里。现在有文集二十卷，流行于世。

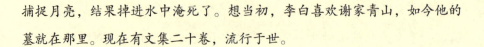

杜甫

杜甫（约712—770年），字子美，自号少陵野老，世称"杜拾遗"，唐代伟大的现实主义诗人，与李白合称"李杜"。被后人称为"诗圣"。他的诗被称为"诗史"。主要作品有《春望》《绝句》《茅屋为秋风所破歌》，还有堪称史诗的"三吏"和"三别"等。

【原文】

甫，字子美，京兆人。审言生闲①，闲生甫。少贫不自振，客吴、越、齐、赵间。李邕奇其材，先往见之。举进士不中第，困长安。天宝十载，玄宗朝献太清宫、飨庙及郊②。甫奏赋三篇，帝奇之，使待诏集贤院，命宰相试文章。擢河西尉，不拜，改右卫率府胄曹参军。数上赋颂，高自称道，且言："先臣恕、预以来③，承儒守官十一世，迨审言以文章显④。臣赖绪业，自七岁属辞，且四十年，然衣不盖体，常寄食于人，窃恐转死沟壑，伏惟天子哀怜之⑤。若令执先臣故事，拔泥涂久辱，则臣之述作，虽不足鼓吹六经，先鸣数子，至沉郁顿挫，随时敏给，扬雄、枚皋⑥，可企及也。有臣如此，陛下其忍弃之？"会禄山乱，天子入蜀，甫避走三川。肃宗立，自鄜州羸服欲奔行在⑦，为贼所得。

至德二年，亡走凤翔⑧，上谒，拜左拾遗。与房琯为布衣交，琯时败兵，又以琴客董廷兰之故罢相，甫上疏言："罪细，不宜免大臣。"帝怒，诏三司杂问。宰相张镐曰："甫若抵罪，绝言者路。"帝解，不复问。时所在寇夺，甫家寓鄜，弥年艰窭⑨，孺弱至饿死，因许甫自往省视。从还京师，出为华州司功参军⑩。关辅饥，辄弃官去。客秦州，负薪拾橡栗自给。流落剑南，营草堂成都西郭浣花溪。召补京兆功曹参军，不至。会严武节度剑南西川⑪，往依焉。武再帅剑南，表为参谋，检校工部员外郎。武以世旧，待甫甚善，亲诣其家。甫见之，或时不巾，而性褊躁傲诞⑫，常醉登武床，瞪视曰："严挺之乃有此儿！"武中衔之。一日，欲杀甫，集吏于门，武将出，冠钩于帘者三，左右走报其母，力救得止。崔旰等乱⑬，甫往来梓、夔间⑭。大历中，出瞿塘，溯沅、湘以登衡山。因客耒阳⑮，游岳祠，大水暴至，涉旬不得食，县令具舟迎之，乃得还。为设牛炙白酒，大醉，一夕卒，年五十九。

甫放旷不自检，好论天下大事，高而不切也。与李白齐名，时号"李杜"。数尝寇乱，挺节无所污。为歌诗，伤时挠弱⑯，情不忘君，人皆怜之。坟在岳阳。有集六十卷，及润州刺史樊晃纂《小集》，今传。

能言者未必能行，能行者未必能言。观李、杜二公，崎岖板荡之际⑰，语语王霸，褒贬得失，忠孝之心，惊动千古，骚雅之妙，双振当时，兼众善于无今，集大成于往作，历世之下，想见风尘。惜乎长辔未骋⑱，奇才并屈，竹帛少色，徒列空言，呜呼哀哉！昔谓杜之典重，李之飘逸，神圣之际，二公造焉。观于海者难为水，游李、杜之门者难为诗，斯言信哉！

【注释】

①审言：杜审言，字必简，晋征南将军杜预的远裔，诗圣杜甫的祖父。闲：杜闲，唐修文馆直学士杜审言幼子，杜甫的父亲。

②朝献太清宫：古代祭礼仪节之一。唐宋时期天子亲自祭告太清宫、景灵宫或太庙。飨（xiǎng）庙：帝王祭祖庙。

③恕：杜恕，三国魏散骑黄门侍郎、幽州刺史。预：杜预，西晋驸马都尉，镇南大将军。二人都是杜甫祖先。

④迨（dài）：等到，待到。

⑤伏惟：表示伏在地上想，下对上陈述时的表敬之辞。

⑥扬雄：字子云，汉朝时期辞赋家、思想家，博览群书，长于辞赋。枚皋（gāo）：字少孺，汉赋大家枚乘庶子，也是有名的汉赋作家。

⑦鄜（fū）州：位于今陕西北部，延安市南部。羸服：穿着破旧的衣服。行在：专指天子巡行所到之地。

⑧凤翔：古地名。今隶属于陕西省宝鸡市。

⑨艰窭（jù）：艰苦，贫困。

⑩华州：中国古代行政区划名，在今陕西省渭南市。

⑪严武：字季鹰。华州华阴（今陕西华阴）人。唐朝中期大臣、诗人，中书侍郎严挺之之子。两次镇蜀，以军功封郑国公。与杜甫是世交，也是"忘年交"，对杜甫多方关照。

⑫褊躁傲诞：形容性格急躁，气量狭小，又傲慢放肆。

⑬崔旰（gàn）：严武的爱将，时任西山都知兵马使。

⑭梓、夔（kuí）：梓州、夔州。治所都在四川地界。

⑮耒阳（lěi yáng）：耒阳市位于中国湖南省东南部，耒水中游。

⑯挠弱：懦弱无能的样子。

⑰崎岖板荡：形容政局动荡，社会不安定。

⑱长辔（pèi）：比喻卓越的才能。未骋：尚未有驰骋的机会。

【译文】

杜甫，字子美，京兆府人。杜审言生养杜闲，杜闲生养杜甫。由于家道中落，杜甫年轻时家贫如洗难以维持生活，无法自我振奋，只能流浪在吴、越、齐、赵等地客居度日。李邕看重杜甫奇伟的文才，杜甫就先去拜谒他。杜甫考进士没考中，又没有路费回家，被困在长安城中。天宝十载，唐玄宗到太清宫举行朝献大礼，祭祀宗庙，并到郊外祭天。杜甫借此机会呈献皇上赋颂三篇，皇上看后惊奇他的才华，就让他在集贤院待诏，命令宰相考试他写文章的能力。事后提拔杜甫为河西县尉，尚未到职，又改授右卫率府胄曹参军。杜甫多次献上赋颂，高调称道自己，并且说："从先臣杜恕、杜预以来，我祖上传承儒业保持官职已有十一代了。到祖父杜审言时以文章卓绝称显于世。我依靠祖宗所传下来的事业，从七岁起就开始作诗，并且一直坚持近四十年，然而如今贫寒交迫，衣不遮体，常常寄居在别人家中才有饭吃，私下里唯恐哪一天会辗转死于荒郊沟壑，如今我伏拜天子脚下恳求哀怜微臣。倘若皇上垂怜，能让我操起先祖旧业，将我从长久屈辱的困境中解脱出来，那么微臣的述说之作，虽然不足以宣扬六经，超过诸子，至于深沉蕴积、抑扬有致，顺应时势、思维敏捷，达到扬雄、枚皋那样的水平还是可以做到的。有这样的臣子，陛下怎能忍心抛弃他呢？"不久恰逢安禄山发动叛乱，唐玄宗入蜀避难，杜甫逃到三川避难。得知肃宗即位后，杜甫身穿破旧平民衣衫，从鄜州想要投奔到唐肃宗所在的行宫，结果途中被叛军俘获。

至德二年，杜甫逃出叛军营地逃到凤翔，终于拜谒到皇上，被任命为左拾遗。杜甫和宰相房琯是过命的贫贱之交，房琯当时打了败仗，又因窝藏琴师董廷兰之事被罢免了宰相之职，为此杜甫呈上奏章说："罪行轻微，不应该免去大臣的职务。"肃宗太怒，下旨让三司共同审理，叛杜甫同罪。宰相张镐进谏皇上说："此番若让杜甫抵罪，就会堵塞进谏之人的言路了。"肃宗明白其中含义，就不再追究了。当时叛军到处抢掠，杜甫的家寄居在鄜州，长年生活贫寒困苦，妻子和年幼的孩子都快饿死了，于是朝廷准许杜甫自行回家看望亲人。回来后杜甫随从朝廷迁回到京城，又被外派到华州出任司功参军。那时候关中和三辅地区到处闹饥荒，死尸遍野，杜甫痛心疾首又无力回天就弃官而去。他旅居秦州，靠背柴禾、拾橡粟为生。后来流落到剑南，在成都西郊浣花溪搭建了一个草堂居住。不久朝廷召令杜甫出任京兆功曹参军，他没去上任。恰逢严武任剑南西川节度使，杜甫就连忙前去投奔他。在严武第二次出任剑南节度使时，上表朝廷推荐杜甫为参谋，兼任检校工部员外郎。严武因为与杜甫是世交故旧，对待杜甫十分友好和善，亲自到杜甫家中接济探望。而杜甫去见严武，有时连头巾也不戴，而且显露出脾气急躁，气量狭小，又傲慢放肆的性格，常常喝醉酒以后用脚登着严武的床，瞪圆了眼睛看着严武说："严挺之竟然有你这样的儿子！"严武为此怀恨在心。有一天，他想杀掉杜甫，就在门口召集官吏，严武刚要出门，他的帽子就被门帘钩住了，前后有三次，旁边的人赶紧跑去报告严武的母亲，他母亲极力劝阻才算罢休。崔旰等人叛乱时，杜甫往来于梓州、夔州之间。大历年间，杜甫出了瞿塘峡，然后顺着长江溯流而上到沅江、湘江，再登上衡山。因此客居在耒阳，游览南岳庙时，突然发大水，十多天找不到食物吃，耒阳县令备船来迎接他，才得以回还。县令为他摆设酒宴，席间有美味烤牛肉、大坛白酒，杜甫喝得大醉，一夜之间就去世了，享年五十九岁。

杜甫旷达不拘礼俗，喜欢谈论天下大事，调子虽高却不切实际。他与李白齐名，当时号称"李杜"。杜甫多次身经叛乱，但能坚守节操不被玷污。他所作的诗歌，感伤时局又懦弱无为，感情上念念不忘君主，人们都很同情他。杜甫的墓在岳阳。他有诗集六十卷，以及润州刺史樊晃编纂的《小集》，都流传到今天。

能说者未必能行动，能行动者未必能说。从李、杜二人的身世经历来看，在时事动荡的年代，句句讲王霸之事，褒贬得失，忠孝之心，惊动千古，骚雅之妙，双振当时，兼顾众善于无古无今，集大成于古人所作所为，历朝历代以来，都想洞见风尘。可惜啊！骏马未必得以驰骋，奇才总会受到委屈，竹帛能褪色，理想只会留下空言，哎！真是可惜啊！昔日都说杜甫之典雅厚重，李白之潇洒飘逸，神圣的境界，都是这二人所缔造出来的。见过大海的人很难看得上其他河流，游走于李白、杜甫之门的人难于作诗，这些话确实如此啊！

高适

高适（约704—约765年），字达夫、仲武，唐代官员、著名的边塞诗人。其诗义气豪情，具有独特风骨。主要作品有《燕歌行》《别董大》《题李别驾壁》等。

【原文】

适，字达夫，一字仲武，沧州人①。少性拓落②，不拘小节，耻预常科③，隐迹博徒，才名便远。后举有道，授封丘尉。未几，哥舒翰表掌书记④。后擢谏议大夫。负气敢言，权近侧目。李辅国忌其才⑤。蜀乱，出为蜀、彭二州刺史，迁西川节度使。还为左散骑常侍。永泰初卒⑥。

适尚气节，语王霸，衮衮不厌⑦。遭时多难，以功名自许。年五十始学为诗，即工，以气质自高，多胸臆间语。每一篇已，好事者辄传播吟玩。尝过汴州⑧，与李白、杜甫会，酒酣登吹台，慷慨悲歌，临风怀古，人莫测也。中间唱和颇多。今有诗文等二十卷，及所选至德迄大历述作者二十六人诗，为《中兴间气集》二卷⑨，并传。

【注释】

①沧州：地处河北省东南，东临渤海，北靠天津。

②拓落：胸怀宽广；放荡旷达。

③常科：唐朝科举通常分为常科和制举。常科的科目有秀才、明经、进士、俊士、明法等五十多种科目。

④哥舒翰：复姓哥舒，安西龟兹（今新疆库车县）人，唐朝名将，文武双全，仗义重诺，屡次打败吐蕃，战功显赫。

⑤李辅国：宦官，唐肃宗时期专权朝政，飞扬跋扈，朝臣敢怒不敢言。

⑥永泰：唐代宗年号。卒：死。

⑦衮（gǔn）衮不厌：形容说话滔滔不绝的样子。

⑧汴（biàn）州：中国古代行政区划。指的是今河南省开封市。

⑨《中兴间气集》：唐诗多人选集。由唐代高仲武编选，共有诗集2卷，选录了唐肃宗至德初到代宗大历末之间诗人的作品，计26人诗130多首。因此集为安史乱后唐朝"中兴"时期所编，故名。

【译文】

高适，字达夫，一字仲武，河北沧州人。年轻时就胸怀宽广，光明磊落，处事不拘小节，耻于参预常科考试获得功名，常混身于博戏赌徒之中逍遥快乐，但才名早已远扬。后来他考中有道科，授官为封丘尉。没过多长时间，哥舒翰上表朝廷聘请他为幕府掌书记。后来又提拔为谏议大夫。

高适为人以气节自负，敢于直言，有权势的近臣都不敢正眼看他，唯恐露出马脚。宠臣李辅国忌妒他的才华。正值蜀地发生叛乱，于是就派他出任蜀、彭二州刺史，迁任西川节度使。还朝后官拜左散骑常侍。永泰年初去世。

高适的一生崇尚气节，谈论王霸事业，总是滔滔不绝不厌其烦。遇到多难之时，总以功名自许。五十岁那年，才开始学作诗，很快就能写得很工整，凭借自我高格的风骨，诗中多是抒发心中慷慨激昂的话语。他每写完一篇，一些好事者就会拿去传播吟诵。他曾到过汴州，与李白、杜甫聚会，畅饮尽兴后乘醉登上吹台，慷慨悲歌，临风怀古，他这个人真是高深莫测啊。他的人生当中唱和作品很多。如今有诗文等二十卷，以及从至德年间到大历年间有所著述的共有二十六人的诗，都被编入《中兴间气集》共二卷，一并流传于世。

卷三

岑参

　　岑参（约715—770年），字、号不详，唐代官员、著名边塞诗人。岑参工诗，长于七言歌行，其诗风格与高适相近，被后人并称为"高岑"。主要作品有《寄左省杜拾遗》《白雪歌送武判官归京》等。

【原文】

　　参，南阳人，文本之后。天宝三年赵岳榜第二人及第。累官左补阙①、起居郎②，出为嘉州刺史。杜鸿渐表置安西幕府③，拜职方郎中，兼侍御史，辞罢。别业在杜陵山中。后终于蜀。

　　参累佐戎幕，往来鞍马烽尘间十余载，极征行离别之情，城障塞堡，无不经行。博览史籍，尤工缀文④，属词清尚，用心良苦。诗调尤高，唐兴罕见此作。放情山水，故常怀逸念，奇造幽致，所得往往超拔孤秀⑤，度越常情。与高适风骨颇同，读之令人慷慨怀感。每篇绝笔，人辄传咏。至德中，裴休、杜甫等尝荐其识度清远，议论雅正，佳名早立，时辈所仰，可以备献替之官⑥。未及大用而谢世，岂不伤哉！有集十卷行于世。杜确为之序云。

【注释】

　　①左补阙：唐武则天垂拱元年始置，从七品上，分为左右补阙，掌供奉讽谏、举荐人才，隶属门下省。

　　②起居郎：掌管记录皇帝日常行动与国家典礼、朝廷政务等国家大事的官员。

③杜鸿渐：字之巽，濮州濮阳（今河南濮阳）人，唐朝宰相。

④缀文：指写文章，作文。

⑤超拔孤秀：形容文章超凡脱俗，独树一帜。

⑥献替之官：敢于直言的诤谏之官。献替：即"献可替否"，简称"献替""献可"。就是对君主进谏，劝善规过。亦泛指议论国事兴革。

【译文】

岑参，南阳人，唐太宗时功臣岑文本的后代。岑参于唐玄宗天宝三年状元赵岳同榜第二人进士及第。历任官职为左补阙、起居郎，出任嘉州刺史。宰相杜鸿渐曾上表朝廷将他安置到安西幕府，官任职方郎中，兼侍御史，后来岑参请辞罢官归隐。岑参有座别墅建在杜陵山中。最后他在四川去世。

岑参多次担任军营幕僚的副职，驰骋疆场往来于战火狼烟之中十多年，尝尽了征夫行军边塞的离别之苦，峰峦叠嶂，边塞城堡，没有不经历过的。他博览历史典籍，尤为擅长作文，用词清新雅尚，用心良苦。他的诗情格调也很高超，自唐朝兴建以来很少见到他这样的作品。他喜欢放情山水，所以常常怀有隐逸山林的念头，作文时造语雄奇有致，所成诗文往往超凡脱俗，独树一帜。诗风与高适的风骨颇为相同，读之令人无限感怀、慷慨激昂。他每写完一篇，人们就会拿去传咏。至德年间，裴休、杜甫等人常常推荐说他识度清远，议论雅正，佳名早立，被时人所敬仰，可以储备为朝中诤谏之官。然而他还没等到得以重用就去世了，这岂不令人伤悲啊！今有《岑参集》十卷流行于世。杜确为此集作序言。

王之涣

王之涣（688—742 年），字季陵，唐代官员、盛唐时期的著名诗人。他生性豪放不羁，常击剑悲歌，其诗多被当时乐工制曲歌唱。他的诗以善于描写边塞风光著称。主要作品有《登鹳雀楼》《凉州词》等。

【原文】

之涣，蓟门人 ①。少有侠气，所从游皆五陵少年 ②，击剑悲歌，从禽纵酒。中折节工文，十年名誉日振。耻困场屋，遂交谒名公。为诗情致雅畅，得齐、梁之风。每有作，乐工辄取以被声律。与王昌龄、高适、畅当忘形尔汝 ③。尝共诣旗亭 ④，有梨园名部继至 ⑤。昌龄等曰："我辈擅诗名，未定甲乙。可观诸伶讴诗 ⑥，以多者为优。"一伶唱昌龄二绝句，一唱适一绝句。之涣曰："乐人所唱皆下俚之词 ⑦"。须臾 ⑧，一佳妓唱曰："黄河远上白云间，一片孤城万仞山。羌笛何须怨杨柳，春风不度玉门关。"复唱二绝，皆之涣词。三子大笑。之涣曰："田舍奴 ⑨，吾岂妄哉！"诸伶竟不谕其故 ⑩，拜曰："肉眼不识神仙。"三子从之酣醉终日。其狂放如此云。有诗传于今。

【注释】

①蓟（jì）门：泛指蓟州，位于天津市最北部，地处京、津、唐、承四市之腹心。

②五陵少年：汉代高帝、惠帝、景帝、武帝、昭帝五帝陵在长安西，后迁皇戚和豪贵居住在五陵地区，故而世人常称富贵人家子弟为"五陵

少年"。

③尔汝：互称"你我"，表示不拘小节，亲密无间。

④诣：到。旗亭：指酒楼。

⑤梨园名部：中国唐代训练乐工的机构。俗称唱曲儿的戏班子。

⑥讴诗：唱诵诗歌。

⑦下俚：卑下鄙俗之意。

⑧须臾（xū yú）：一会儿，表示时间很短。

⑨田舍奴：乡巴佬。这里指戏谑之词。

⑩不谕：不知道，不明白。

【译文】

王之涣，蓟门人氏。年少时就有侠肝义胆之气，跟他一起交游玩耍的都是富家子弟，他们一起击剑悲歌，射猎畅饮。中年时改变了平时的志趣，开始写作诗文，十年之间，声名一天比一天响亮。但他耻于关在考场之中埋头考试，于是就开始交往拜谒一些当朝的名公贤士。他所写的诗情调雅畅，大有齐、梁之风。每当写有新作，就会被乐工们拿去谱上乐曲传唱。当时他与王昌龄、高适、畅当交往甚密，常常不拘礼节地以你我相称。曾有一次一起到酒楼喝酒，随后相继有一批名伶歌妓来到酒宴前。王昌龄等一会儿说："我们都擅长写诗，有了诗名，但尚未分出先后。今日可以观赏诸位伶人唱词，以被演唱

最多者为优胜。"其中一个伶人唱起了王昌龄的两首绝句，另一个人唱了高适的一首绝句。王之涣说："这些乐人唱的都是卑下鄙俗之词。"过一会儿，一个优雅的上等歌妓唱道："黄河远上白云间，一片孤城万仞山。羌笛何须怨杨柳，春风不度玉门关。"接着又唱了两首绝句，都是王之涣的诗中词。三人听完大笑。王之涣说："乡巴佬儿，难道是我在胡说吗！"那几个伶人完全不知道其中缘故，吓得连忙叩拜说："恕小奴肉眼不识神仙。"三人又是一阵大笑，欢快地与伶人们开怀畅饮了整整一天。可以说，王之涣就是这样无拘无束狂放不羁。他有很多诗作流传至今。

贺知章

贺知章（约659—约744年），字季真，晚年自号"四明狂客"。唐代著名诗人、书法家。贺知章诗以绝句见长，其诗风格独特，清新高逸。代表作有《回乡偶书》《送人之军》《咏柳》《相和歌辞·采莲曲》等。

【原文】

知章，字季真，会稽人。少以文词知名，性旷夷①，善谈论笑谑②。证圣初③，擢进士超拔群类科。陆象先在中书④，引为太常博士。象先与知章最亲善，常曰："季真清谈风韵，吾一日不见，则鄙吝生矣⑤。"当时贤达，皆倾慕之。为太子宾客。开元十三年，迁礼部侍郎兼集贤院学士。晚年尤加纵诞⑥，无复礼度，自号"四明狂客"，又称"秘书外监"。遨游里巷。又善草隶，每醉辄属辞，笔不停辍，咸有可观，每纸不过数十字，好事者共传宝之。天宝三年，因病，梦游帝居，及寤⑦，表请为道士，求还乡里，即舍住宅为千秋观。上许之，诏赐镜湖剡溪一曲⑧，以给渔樵。

帝赋诗及太子、百官祖饯⑨。寿八十六。集今传。

【注释】

①旷夷：旷达坦荡。

②笑谑：开玩笑，嬉笑戏谑。

③证圣：武则天的年号，使用于公元 695 年。

④陆象先：本名陆景初，吴郡吴县（今江苏苏州市）人。唐朝宰相，门下侍郎陆元方之子。

⑤鄙吝：指庸俗，鄙俗。心胸狭隘之意。

⑥纵诞：恣肆放诞；放纵荒诞。

⑦寤（wù）：醒，睡醒。

⑧剡溪（shàn xī）：是浙江省绍兴市嵊州境内主要河流。

⑨祖饯：古代一种隆重的饯行仪式，祭路神后，在路上设宴为人送行。

【译文】

贺知章，字季真，吴地会稽人。年少时以文词卓群而知名，性情旷达坦荡，善于谈论，爱开玩笑。武则天证圣元年，考中超拔群类科进士。当时陆象先在中书省任职，引荐他为太常博士。陆象先与贺知章关系最为亲近，陆象先常说："季真清谈风韵，我一日不见，就会心情郁闷顿生鄙俗之心。"当时的贤士达官，都很倾慕他。不久贺知章成为太子宾客。开元十三年，贺知章升迁礼部侍郎兼集贤院学士。贺知章晚年更加恣肆放诞，而且更加不讲礼节法度，自号"四明狂客"，又称"秘书外监"。整天在里巷里休闲游荡。他还擅长书法，草书、隶书写得都很好，每当喝醉酒就写文辞，大笔一挥不知停止，都很有观赏价值，每张纸都不会超过数十个字，有好事的人相互传阅，都将它们视为珍宝。天宝三年，因患病在床，恍惚中梦游天帝宫殿，等到醒来后，便上表朝廷请求做道士，要求回到乡里，回到家后就将自己的住宅献出去作为千秋观。皇上准许了他的申请，并下诏赐给他镜湖剡溪附近的一小片地方，供他打渔砍柴保障日常生活所需。皇上亲自赋诗一首并和太子、文武百官一起为他饯行。贺知章活到八十六岁寿终正寝。有诗集流传在今世。

包何

包何，生卒年不详，字幼嗣，包融之子，唐代著名诗人，与其弟包佶并称"二包"。主要作品有《江上人家》《送乌程王明府贬巴江》等。

【原文】

何，字幼嗣，润州延陵人①，包融之子也②。与弟佶③，俱以诗鸣，时称"二包"。天宝七年杨誉榜及第。曾师事孟浩然，授格法。与李嘉祐相友善④。大历中，仕终起居舍人。诗传者可数，盖流离世故，率多素辞。大播芳名，亦当时望族也。

【注释】

①润州延陵：今江苏金坛。

②包融：润州延陵（今江苏省丹阳市）人，唐朝著名诗人。与于休烈、贺朝、万齐融为"文词之友"。开元初，与贺知章、张旭、张若虚合称"吴中四士"。

③佶（jí）：包佶，包融的次子。

④李嘉祐：唐代诗人，字从一。天宝七载登进士第，授秘书省正字。

【译文】

包何，字幼嗣，润州延陵人，大理司直包融的长子。与弟弟包佶，都是以诗名惊人，时人称兄第二人为"二包"。天宝七年与状元杨誉同榜进士及第。曾师从孟浩然学习写诗，教授给他格律法式。包何与李嘉祐相友好。大历年间，官至起居舍人。他的诗作流传下来的屈指可数，大概是世事动荡流失的缘故，毕生所作诗文多是质朴的语言。包氏父子三人才华横溢大播芳名，也是当时的名门望族。

殷遥

殷遥，生卒年均不详，约唐玄宗开元二十三年（735 年）前后在世。唐代诗人，主要作品有《塞上》《友人山亭》等。

【原文】

遥，丹阳人①。天宝间，尝仕为忠王府仓曹参军。与王维结交，同慕禅寂②，志趣高疏，多云岫之想③。而苦家贫，死不能葬，一女才十岁，日哀号于亲爱，怜之者赗赠④，埋骨石楼山中。工诗，词彩不群，而多警句，杜甫尝称许之⑤。有诗传于今。

【注释】

①丹阳：今隶属江苏省管辖。

②禅寂：佛教语，此处借指思虑寂静。

③云岫（xiù）：指云雾缭绕的峰峦。

④赗（fèng）赠：因助办丧事而赠送财物。

⑤称（chēng）许：称赞嘉许，表示赞同认可之意。

【译文】

殷遥，丹阳人士。天宝年间，曾官为忠王府仓曹参军。殷遥与王维结交为好朋友，都是追慕思虑寂静，志趣高远疏旷之人，都有隐居深山的想法。然而清苦一生，家境贫寒，殷遥死后竟因为没钱而不能安葬，当时他有一个女儿才十岁，每天对着乡亲哀号啼哭，前去帮助操办丧事的人可怜他的境遇，纷纷赠送财物，最后殷遥才得以埋葬在石楼山中。殷遥善于写诗，格律工整，词彩卓尔不群，而且多有警句蕴含其中，杜甫曾对他高度称赞嘉许。殷遥有诗篇流传至今。

元结

元结（719—772年），字次山，号漫叟、聱叟、浪士、漫郎，唐代文学家、道家学者。主要作品有《贼退示官吏（并序）》《招孟武昌》等。

【原文】

结，字次山，武昌人，鲁山令元紫芝族弟也①。少不羁，弱冠始折节读书。天宝十三年进士。礼部侍郎杨浚见其文曰："一第愿子耳②。"遂擢高品。后举制科③。会天下乱，沉浮人间，苏源明荐于肃宗，授右金吾兵曹，累迁御史，参山南来瑱府，除容管经略使。

始隐于商山中，称"元子"。逃难入猗玕洞④，称"猗玕子"。或称"浪士"，渔者或称"聱叟"⑤，酒徒呼"漫叟"。及为官，呼"漫郎"。皆以命所著。性梗僻，深憎薄俗，有忧道闵世之心。《中兴颂》一文，灿烂金石，清夺湘流。作诗著辞，尚聱牙⑥。天下皆知敬仰。复嗜酒，有句云："有时逢恶客。"自注："非酒徒即恶客也。"有《文编》十卷，及所集当时人诗为《箧中集》一卷，并传。

【注释】

①元紫芝：即元德秀，字紫芝，河南人。曾任鲁山令。

②恩（hùn）：玷辱，侮辱。

③擢（zhuó）：提升，提拔。高品：高的官阶或品级。制科：唐代的一种科举制度。

④琦（qí）玕（gān）洞：又名飞云洞。在湖北境内。

⑤聱叟（áo sǒu）：元结的别号。

⑥聱牙（áo yá）：借指文章读起来不顺口。

【译文】

元结，字次山，武昌人，是鲁山令元紫芝的同族弟弟。元结在年少时放浪不羁，到了二十岁才开始改变旧习发奋读书。天宝十三年考中进士。礼部侍郎杨浚看见他写的文章说："这样的人才不占第一名是一种侮辱啊。"于是就将他提升为最高品级。后来举制科。正逢天下大乱，就此沉浮于人间，后来苏源明将他推举给唐肃宗，授官为右金吾兵曹，连续几次升迁为御史，后来又到山南道节度使来瑱的府中担任参谋，出任容管经略使。

他一开始隐居的地方在商山之中，自称"元子"。逃难时到了琦玗洞，自称"琦玗子"。有时候号称"浪士"，有时候渔翁称他"聱叟"，酒徒叫他"漫叟"。到他做官时，称呼他"漫郎"。这些都被他用为著作诗文的命名。他的性格耿直寡合，特别憎恶习俗的浮华浅薄，大有忧虑世道、怜悯世人之心。他所撰写的《中兴颂》一文，灿烂如金石，清越超过湘江之水。他写诗作文，崇尚深邃拗口之词。天下人都很敬仰他。他还很爱喝酒，曾写有诗句说："有时逢恶客。"自注："不是酒徒，就不是最好的客人。"元结有《文编》十卷，以及所收集当时人的诗编撰成《箧中集》一卷，一并流传下来。

郎士元

郎士元（约727—780年），字君胄。唐代官员、诗人。与钱起齐名，世称"钱郎"。主要作品有《柏林寺南望》《送王司马赴润州》《郢城秋望》等。

【原文】

士元，字君胄，中山人也。天宝十五载卢庚榜进士①。宝应初，选京畿县官②。诏试政事中书，补渭南尉，历左拾遗，出为郢州刺史③。与员外郎钱起齐名。时朝廷自丞相以下，出牧奉使，无两君诗文祖饯，人以为愧，其珍重如此。二公体调大抵欲同，就中郎君稍更闲雅，逼近康乐④，珠联玉映，不觉成编，掩映时流，名不虚矣。有别业在半日吴村⑤，王季友、钱起等皆见题咏，每夸胜绝。诗集今传于世。

【注释】

①卢庚：唐玄宗天宝十五年（756年）丙申科状元及第。

②京畿（jī）：是指国都及其附近的地区。

③郢州（yǐng zhōu）：治所在今武汉市武昌。

④康乐：即谢灵运，本名公义，字灵运，我国东晋至刘宋时期大臣、佛学家、旅行家，著名诗人，被尊称为"山水诗派鼻祖"。

⑤半日吴村：朗士元的别墅所在。

【译文】

郎士元，字君胄，中山人。天宝十五年与状元卢庚同榜进士及第。宝应年初，选任为京畿县官。应诏在中书省应试政事中书，补任为渭南尉，后来又历任左拾遗，出京城外任郢州刺史。郎士元盛名一时，与员外郎钱起齐名。当时朝廷自丞相以下，外任或者奉命出使去异地，临行前倘若没有这两个人的诗文相赠饯行，人们就会感到惭愧，他们二人当时都受到这样的珍重。这两个人的文体和韵致美不胜收，大致相同，只是其中郎士元的文风稍微显得更加闲雅，与东晋康乐公接近，宛如珠联玉映，自然成篇，与当时的名流相互辉映，堪称是名不虚传了。郎士元有一个别墅建在半日吴村，诗人王季友、钱起等人的题咏诗句都呈现在那里，人人都夸赞那里是绝佳的胜境。今有郎士元诗集流传于世。

皇甫冉

皇甫冉（约716—769年），字茂政。唐朝大臣，"大历十才子"之一。其诗清新飘逸，多有飘泊之感。《全唐诗》录存其诗二卷，主要作品有《酬张继》《春思》等。

冉，字茂政，安定人。避地来寓丹阳，耕山钓湖①，放适闲淡。或云秘书少监彬之侄也。十岁能属文，张九龄一见，叹以清才。天宝十五年卢庚榜进士。调无锡尉，营别墅阳羡山中。大历初，王缙为河南节度，辟掌书记②，后入为左金吾卫兵曹参军，仕终拾遗、左补阙。公自擢桂礼闱③，便称高格。往以世道艰虞④，遂心江外，故多飘薄之叹。每文章一到朝廷，而作者变色，当年才子，悉愿缔交⑤，推为宗伯。至其造语玄微⑥，端可平揖沈谢⑦，雄视潘张⑧。惜乎长辔未骋，芳兰早凋，良可痛哉！有诗集三卷，独孤及为序，今传。

【注释】

①耕山钓湖：在山上耕种，在湖里钓鱼。指从事农业劳动的田野生活。

②辟：征辟，指君主征招授予官职。

③擢（zhuó）桂：犹折桂，指科举及第。礼闱（wéi）：指古代科举考试中的会试，因为考试由礼部主办，故称礼闱。

④艰虞（yú）：世道艰难，此指战乱频繁的年月。

⑤悉：都，全部。缔交：结交。

⑥玄微：深远微妙；深远微妙的义理。

⑦端：真正。平揖：指双方地位相等，各拱手而不跪拜。沈谢：南朝梁沈约与南朝宋谢灵运的并称。两人都是我国著名文学家。

⑧潘张：指西晋文学家潘岳和张氏三兄弟（张载、张协、张亢，都以文学著称，时称"三张"）。

【译文】

皇甫冉，字茂政，安定人。当年皇甫家因躲避战乱举家逃到丹阳定居，从此在山上耕种，在湖里钓鱼，开始了疏放闲适、悠闲恬淡的山野生活。有人说皇甫冉是秘书少监皇甫彬的侄子。皇甫冉十岁时就会写文章，当时张九龄一见到他写的文章，就赞叹他是一个难得的清才。天宝十五年，皇甫冉与状元卢庚同榜进士及第。调任无锡尉，便在阳羡山中营建了别墅。大历年初，王缙担任河南节度使，征辟皇甫冉为掌书记，后来又升任为左金吾卫兵曹参军，最后官居拾遗、左补阙为止。皇甫冉自科举及第礼部会试以来，就一直被称为高品格人才。以前因为连年战乱世道艰难，于是就寄情于江外，所以他的诗中多是漂泊慨叹的韵味。每当他的文章一传到朝廷，就会使那些作诗文的人都变成敬畏之色，当年的才子，都愿意与他结交，推举他为文章宗伯。至于他措辞造句彰显深远微妙的义理，真可以平揖南北朝的文学家"沈谢"，雄视西晋名流"潘张"了。只可惜啊他那卓尔不群的才华还没有得以施展，就像芳香的兰花一样凋谢了，实在是令人痛心啊！皇甫冉有诗集三卷，独孤及为之作序，如今都流传于世。

独孤及

独孤及（725—777年），字至之。唐朝大臣、散文家。著有《毗陵集》三十卷。主要作品有《诣开悟禅师问心法次第寄韩郎中》《仙掌铭》《古函谷关铭》《风后八阵图记》等。

【原文】

及，字至之，河南人。丱角时诵《孝经》①，父试之曰："尔志何语？"曰："立身行道，扬名于后世。"天宝末，以道举高第②，代宗召为左拾遗。迁礼部员外郎，历濠③、舒、常三州刺史。

及性孝友，喜鉴拔④，为文必彰明善恶，长于议论。工诗，格调高古，风尘迥绝⑤，得大名当时。有集传世。

【注释】

①丱角（guàn jiǎo）：头发束成两角形。旧时多为儿童或少年人的发式。

②道举：唐代帝王崇尚道学、继承南北朝制设立崇玄馆和道学校。道举考试《老子》《文子》《列子》《庄子》，合格及第者称道学举士。

③濠（háo）：濠州，治所在今安徽省境内。

④鉴拔：鉴识和选拔人才。

⑤迥绝（jiǒng jué）：远远隔绝。指格调超群卓绝。

【译文】

独孤及，字至之，河南洛阳人。童年时诵读《孝经》，父亲试问他："说说你的志向是什么？"独孤及回答说："立身做事，推行道义，在后世扬名。"天宝末年，独孤及参加道举科考时以高分及第，于是被唐代宗召为左拾遗。后来又迁任礼部员外郎，历任濠、舒、常三州刺史。

独孤及天性孝顺，忠实朋友，喜欢鉴识选拔人才，写文章时一定要彰明善恶，擅长就事发表议论。他还擅长写诗，格调高古，超凡脱俗，在当时享有盛名。今有集流传于世。

秦系

秦系（约720—810年），字公绪，自号东海钓客、南安居士。唐代文学家，不爱仕途，喜欢隐居过着"不逐时人后，终年独闭关"的生活。著有《道德经注》《诗集》一卷。主要作品有《答泉州薛播使君重阳赠酒》《早秋宿崔业居处》等。

【原文】

系，字公绪，会稽人。天宝末，避乱剡溪①，自称"东海钓客"。北都留守薛兼训奏为仓曹参军②，不就。客泉州，南安九日山中有大松百余章③，俗传东晋时所植，系结庐其上，穴石为研，注《老子》，弥年不出。时姜公辅以直言罢为泉州别驾④，见系辄穷日不能去，筑室与相近，遂忘流落之苦。公辅卒，妻子在远，系为营葬山下，每好义如此。张建封闻系不可致⑤，请就加校书郎。与刘长卿、韦应物善，多以诗相赠答。权德舆曰："长卿自以为五言长城，系用偏师攻之矣。"虽老益壮，年八十余卒。南安人思之，号其山为"高士峰"，今有"丽句亭"在焉。集一卷，今传。

【注释】

①剡（shàn）溪：在今浙江省绍兴市嵊州境内。

②薛兼训：唐朝河东人。初为李光弼部大将。肃宗宝应中，自殿中监兼御史中丞授越州刺史、浙东节度使。后来发生战乱，聘为北都留守。

③南安：古郡名。雅称武荣，今为福建省泉州市下辖的县级市。

④姜公辅：字德文，唐朝宰相。他曾因发生叛乱时护驾、献策有功，升为谏议大夫，同中书门下平章事。后因谏言触犯了皇上，随后被罢相，贬为泉州别驾。

⑤张建封：字本立，邓州南阳县人，寓居兖州（今山东兖州）。唐朝中期名臣、诗人。

【译文】

秦系，字公绪，会稽人。天宝末年，因躲避战乱隐居在剡溪一带，自称"东海钓客"。北都留守薛兼训奏请朝廷授任秦系为幕府中的仓曹参军，秦系没去赴任。此后他漂泊客居在泉州，当年南安九日山中有百余棵大松树，民间传说是东晋时期所种植，于是他就在这山中搭建草庐住了下来，每天上山研究岩石和洞穴，注解《老子》学说，终年不出九日山。这期间适逢姜公辅因为直言进谏触犯皇上，被罢相成为泉州别驾，姜公辅到泉州与秦系见面后非常投缘，总是交谈了一整天也不舍得离去，于是就在秦系茅庐附近的东峰筑室，与秦系对峰而居，这样一来，也就忘记了贬谪流落他乡之苦。后来姜公辅去世，他的妻子儿女都在远方不能前来奔丧，于是

秦系就将他安葬在东峰南麓，秦系常常就是这样讲义气。张建封听说秦系志在隐居不愿接受薛兼训招致赴任，就请求朝廷加授秦系为校书郎。秦系与刘长卿、韦应物关系友好，大多时候都用写诗的形式相互赠答。权德舆打趣说："刘长卿自以为擅长五言诗而堪称'五言长城'，可是秦系使用偏师就能攻破你了。"秦系虽然年老，但身体很健壮，活到八十多岁才去世。南安人都非常想念他，称呼他所隐居的山为"高士峰"，现在还有"丽句亭"留存在那里呢。秦系有诗集一卷，流传至今。

严维

严维，字正文，生卒年不详，约 756 年前后在世。中唐时期诗人、文学家。主要作品有《丹阳送韦参军》《送房元直赴北京》《酬刘员外见

寄》等。

【原文】

维，字正文，越州人。初，隐居桐庐，慕子陵之高风①。至德二年，江淮选补使、侍郎崔涣下以词藻宏丽进士及第，以家贫亲老，不能远离，授诸暨尉②，时已四十余。后历秘书郎。严中丞节度河南，辟佐幕府。迁余姚令③。仕终右补阙。

维少无宦情，怀家山之乐。以儒素从升斗之禄，聊代耕耳④。诗情雅重，挹魏晋之风⑤，锻炼铿锵⑥，庶少遗恨⑦。一时名辈，孰匪金兰⑧。诗集一卷，今传。

【注释】

①子陵：即东汉隐士严光，又名遵，字子陵，会稽余姚（今浙江省余姚市）人。严光与东汉光武帝刘秀是同学。刘秀即位后，多次延聘严光，但他隐姓埋名退居在富春山不肯入朝为官，直到去世。

②诸暨（zhū jì）：古县名。位于今浙江省绍兴市，是古代的越国，也是美女西施的故乡。

③余姚：隶属于浙江省宁波市。余姚秦时置县，至今已有两千多年建县历史。

④聊：姑且，勉强，凑合。代耕：旧时官吏不用去耕作就有食禄，因此称做官食禄为代耕。耳：而已，罢了。

⑤挹（yì）：引领，牵引。魏晋之风：特指魏晋时期名士们所具有的那种率直任诞、清俊通脱的行为风格，是古往今来儒生学子所倡导的一种名士风范。

⑥铿锵（kēng qiāng）：形容诗词文曲声调响亮，节奏明快。

⑦庶（shù）：几乎。

⑧孰：谁，哪个。匪：非，不是。

【译文】

严维，字正文，越州人。起初，严维隐居在桐庐县的深山之中，因为他一直追慕东晋时期著名隐士严光的高风亮节。至德二年，时任江淮选补使、黄门侍郎的崔涣担任主考官的时候，严维以优异的成绩在"词藻宏丽科"进士及第，但又因为自己家中贫困、双亲年老体弱，不能远离父母，所以朝廷准许他回乡并授他为诸暨县尉，那时候他已经四十多岁了。后来又历任秘书郎。严中丞出任河南节度使期间，征辟严维为幕府副官，后来又迁任余姚县令。最后官终右补阙。

严维年轻的时候就没有做官的念头，他的心中怀有家乡山水之乐。当初以儒生雅士的德行操守去屈从俸禄低微的小官，只不过是姑且用以代替耕田养家罢了。严维的诗情雅正深厚，继承率真清逸的魏晋之风，锻字炼句力求慷慨激昂，几乎很少留下遗憾。当时的名家同辈，哪个不是他志同道合的朋友呢？严维留有诗集一卷，如今在世上流传。

于良史

于良史，生卒年、籍贯均不详，唐代官员、诗人。工于五言诗，其诗清丽超逸，对仗工整。主要作品有《春山望月》《宿蓝田山口奉寄沈员外》等。

【原文】

良史，至德中仕为侍御史①。诗体清雅，工于形似，又多警句②。盖其珪璋特达③，早步清朝。兴致不群，词苑增价。虽平生似昧④，而篇什多传。

【注释】

①至德：唐肃宗年号。

②警句：指简洁而含义深刻动人的句子，蕴含某些道理，给人以醒悟，也叫醒句。

③珪璋特达（guī zhāng tè dá）：比喻有才德的人不用别人推荐也会有成就。出自《礼记·聘义》。珪和璋是玉器，多用于祭祀，或者诸侯朝见天子时所用的礼器。

④平生似昧：平生似乎不被人了解。平生：平素、往常。昧：不了解。

【译文】

　　于良史，唐肃宗至德年间官拜侍御史。他擅长写诗，他的诗风清丽淡雅，工于形似，不但意象明晰，栩栩如生，而且带有很多警言佳句。他就像一块光彩照人的美玉，所以他很早就一步入朝为官。他写诗作文的韵致卓尔不群，词苑造诣与日俱增。虽然他的平生似乎不被人所了解，但他所写的篇章却被广为流传。

陆羽

　　陆羽（约733—约804年），字鸿渐（一作字季疵），号竟陵子、桑苎翁、东冈子，又号“茶山御史”。唐代著名的茶学家，被誉为“茶仙”，尊为“茶圣”，祀为“茶神”。陆羽编撰了世界上第一部茶叶专著《茶经》。其他作品还有《陆羽自传》《谑谈》等。

【原文】

　　羽，字鸿渐，不知所生。初，竟陵禅师智积得婴儿于水滨，育为弟子。及长，耻从削发，以《易》自筮①，得《蹇》之《渐》曰②：“鸿渐于陆，其羽可用为仪。"始为姓名。有学，愧一事不尽其妙。性诙谐，少年匿优人中，撰《谈笑》万言。天宝间，署羽伶师，后遁去。古人谓"洁其行而秽其迹"者也。

上元初，结庐苕溪上③，闭门读书。名僧高士，谈宴终日。貌寝，口吃而辩。闻人善，若在己。与人期，虽阻虎狼不避也。自称"桑苎翁"，又号"东岗子"。工古调歌诗，兴极闲雅。著书甚多。扁舟往来山寺，唯纱巾藤鞋，短褐犊鼻④，击林木，弄流水。或行旷野中，诵古诗，裴回至月黑，兴尽恸哭而返⑤。当时以比接舆也⑥。与皎然上人为忘言之交。有诏拜太子文学。

羽嗜茶，造妙理，著《茶经》三卷，言茶之原、之法、之具，时号"茶仙"，天下益知饮茶矣。鬻茶家以瓷陶羽形⑦，祀为神，买十茶器，得一鸿渐。初，御史大夫李季卿宣慰江南，喜茶，知羽，召之。羽野服挈具而入⑧，李曰："陆君善茶，天下所知。扬子中泠水又殊绝。今二妙千载一遇，山人不可轻失也。"茶毕，命奴子与钱。羽愧之，更著《毁茶论》。

与皇甫补阙善。时鲍尚书防在越，羽往依焉，再送以序曰："君子究孔释之名理，穷歌诗之丽则。远野孤岛，通舟必行；鱼梁钓矶⑨，随意而往。夫越地称山水之乡，辕门当节钺之重⑩。鲍侯知子爱子者，将解衣推食，岂徒尝镜水之鱼，宿耶溪之月而已。"集并《茶经》今传。

【注释】

①筮（shì）：筮卜。古代人常用蓍草占卦，预测吉凶。

②蹇（jiǎn）：蹇卦，《周易》中一种卦象名称。

③苕溪（tiáo xī）：位于浙江省北部，是浙江省八大水系之一。

④短褐：用兽毛或粗麻布做成的短上衣。指平民的衣着。犊鼻：是犊鼻裈（kūn）的简写。即短裤（一说围裙），形状像犊鼻。

⑤恸（tòng）哭：放声痛哭。

⑥接舆（yú）：指春秋时代楚国著名隐士。姓陆，名通，字接舆。因为不想出仕做官，假装疯狂。

⑦鬻（yù）：卖。

⑧挈（qiè）：用手提着。

⑨鱼梁：筑堰拦水捕鱼的一种设施。钓矶（jī）：钓鱼时坐的岩石。

⑩辕门：古时军营的门或官署的外门。钺（yuè）：古代一种兵器。形状像板斧，有手执长杆。

【译文】

陆羽，字鸿渐，不知道他是谁所生。当初，竟陵禅师智积在水岸边捡到一个婴儿，就把他当作弟子去养育。等他长大后，他不愿意跟从智积禅师削发为僧，就拿出《易经》为自己卜卦，卜得《蹇》卦中的《渐》卦，卦上说："鸿渐于陆，其羽可用为仪。"从此他才开始用陆羽作自己的姓名。陆羽有了学问，只要有一件事没能做得尽善尽美他就会感到羞愧。陆羽生性诙谐，少年时就混迹于卖艺的伶人之中，撰写了上万字的《谈笑》集锦。天宝年间，陆羽被官府任命为优伶的老师，后来他又逃走了。大概这就是古人所说的"品行高洁而行迹污秽"的人吧。

上元初年，陆羽在苕溪上游修建房屋，开始闭门读书。有时候他也和有名的得道高僧、隐士相聚一堂，一整天都在喝酒闲谈。陆羽相貌丑陋，说话结巴，但很善辩，他听到别人的美德，就像自己具有这种美德一样高兴。与别人约会，即使虎狼当道也不会逃跑失约。他自称"桑苎翁"，又号称"东岗子"。他精通古调歌诗，兴致极为安闲高雅，著作有很多。他时常驾驶一只小船往来于山寺之间，他总是头戴纱巾，脚穿草鞋，身穿粗布短衣，腰系围裙，时而敲打着林间树木，时而拨弄潺潺流水。他有时独行在旷野之中，吟咏古诗，来往徘徊直到月亮下山，甚至兴致尽了痛哭一场才回家。当时的人们都把他比作春秋时期楚国的狂人接舆。陆羽与僧人皎然上人是最好的朋友。皇上曾下诏任命陆羽为太子文学。

陆羽嗜好喝茶，创制了茶道的精妙理论，著有《茶经》三卷，其中论述了茶道的根源、茶道的方法、茶道的器具，被当时人称为"茶仙"，普天下人之人从此才开始逐渐懂得喝茶的文化。卖茶的店家用瓷土陶制出陆羽的塑像，奉为神仙去祭祀，客人们每买十件茶具，就送一具陆羽的塑像。当初，御史大夫李季卿到江南出任宣慰使，李季卿平时就喜欢喝茶，知道陆羽的名声以后，就派人召陆羽过来参见。只见陆羽身穿山野村夫那样的衣服，提着茶具就走进了衙门。李季卿说："陆先生精于茶道，天下人都知道。这扬子江的中冷泉水又是极为绝妙，如今这两个绝妙碰到一起，千载难逢，陆先生可不能错过这个机会啊。"喝完茶，李季卿命令家奴付给陆羽茶钱，陆羽感到很羞愧，改著《毁茶论》一篇。

陆羽与补阙皇甫冉交情深厚，当时尚书鲍防在越中，陆羽前去投靠他。皇甫冉送给他一篇序言说："君子推究孔子儒家、佛学的名理，穷尽诗歌的丽则，遥远的别馆，孤零的岛屿，有船通行的地方就一定要去；有鱼梁钓矶之处，都可以随意前往。那越州之地堪称是灵山秀水的原乡，辕门承担着朝廷节钺的重任。鲍尚书是了解你爱惜你的人，将会对你解衣推食，倍加关照，先生此去怎能是仅仅品尝镜湖的鱼，观赏若耶溪的月而已呢？"后来陆羽的诗文集和《茶经》一直流传至今。

顾况

顾况（约727—约816年），字逋翁，号华阳真逸（隐），唐代大臣、诗人、画家、鉴赏家。主要作品有《华阳集》《画评》《文论》等著作。代表诗作有《题山顶寺》《险竿歌》等。

【原文】

况，字逋翁，苏州人。至德二年，天子幸蜀，江东侍郎李希言下进士。善为歌诗，性诙谐①，不修检操②，工画山水。初为韩晋公江南判官。德宗时，柳浑辅政，荐为秘书郎。况素善于李泌③，遂师事之，得其服气之法，能终日不食。及泌相，自谓当得达官，久之，迁著作郎。及泌卒，作《海鸥咏》嘲诮权贵④，大为所嫉，被宪劾贬饶州司户，作诗曰："万里飞来为客鸟，曾蒙丹凤借枝柯。一朝凤去梧桐死，满目鸱鸢奈尔何！"遂全家去，隐茅山，炼金拜斗⑤，身轻如羽。

况暮年一子即亡，追悼哀切，吟曰："老人丧爱子，日暮泣成血。老人年七十，不作多时别。"其年又生一子，名非熊，三岁始言，在冥漠中闻父吟苦⑥，不忍，乃来复生。非熊后及第，自长安归庆，已不知况所在。或云，得长生诀仙去矣。今有集二十卷传世，皇甫湜为之序⑦。

【注释】

①诙谐：谈话风趣，容易引人发笑。

②不修检操：为人随性，不修边幅。

③李泌：字长源。唐朝中期政治家、谋臣、学者。

④嘲诮：嘲弄讥诮。

⑤炼金：炼金丹。拜斗：道教术语。是一种为人消灾解厄、祈福延寿之科仪。

⑥冥漠（míng mò）：隐约，朦胧之中。闻：听，听到。

⑦皇甫湜（shí）：字持正。唐朝时期大臣，宰相王涯外甥，引发"牛李党争"的人物之一。曾师从韩愈，倡导古文运动。

【译文】

顾况，字逋翁，苏州人。至德二年，天子巡幸蜀地，顾况在江东侍郎李希言知贡举时进士及第。顾况擅长作歌行体诗，说话风趣，为人随性不修边幅，精于绘画山水。起初，韩滉在江南出任润州刺史时将他召为幕府判官。唐德宗刚继位时，柳浑辅政，顾况被举荐为秘书郎。顾况以前就与李泌很友善，于是就拜他为师事奉在身边，天长日久便学到了李泌的服气之法，能一整天不吃食物。到李泌当了宰相，顾况认为自己应当也能当上大官，很久以后，才迁任著作郎。到李泌死后，顾况作《海鸥咏》嘲讽那些权臣贵胄，引起大家极度嫉恨，随后被宪官弹劾贬为饶州司户，顾况因此作诗说："万里飞来为客鸟，曾蒙丹凤借枝柯。一朝凤去梧桐死，满目鸱鸢奈尔何！"随后就带着全家人离去，隐居在茅山，整天专心于炼金拜斗之术，后来竟练得身轻如毛羽。

顾况老年时有一个儿子突然死亡，他无比哀痛，思情凄切，悲吟道："老人丧爱子，日暮泣成血。老人年七十，不作多时别。"那一年他又生一子，取名非熊，这孩子三岁才开始会说话，说是在朦胧之中听到父亲痛苦悲吟，不忍心，才回来再次投生。顾非熊长大后进士及第，从长安回到家乡庆贺，但已经不知道顾况的去向了。有人说，顾况已经练成长生之术诀别凡尘成仙去了。如今顾况留有诗集二十卷传世，皇甫湜为诗集作的序。

戎昱

戎昱（约744—800年），中唐著名现实主义诗人。他的诗既能哀婉清新，又能沉郁雄放，对当时的社会矛盾有着深刻的反应。主要作品有《塞下曲六首》《苦战行五首》《入剑门》等。

【原文】

昱，荆南人。美风度，能谈。少举进士不上，乃放游名都。虽贫士而轩昂，气不消沮①。爱湖湘山水，来客。时李夔廉察桂林②，寓官舍，月夜闻邻居行吟之音清丽，迟明访之，乃昱也。即延为幕宾，待之甚厚。崔中丞亦在湖南③，爱之，有女国色，欲以妻昱，而不喜其姓戎，能改则订议。昱闻之，以诗谢云："千金未必能移姓，一诺从来许杀身。"自谓李大夫恩私至深，无任感激。初事颜平原，尝佐其征南幕，亦累荐之。卫伯玉镇荆南，辟为从事。历虔州刺史④。至德中，以罪谪为辰州刺史。后客剑南，寄家陇西数载⑤。

宪宗时，边烽累急⑥，大臣议和亲。上曰："比闻一诗人姓名稍僻者为谁？"宰相对以冷朝阳、包子虚，皆非。帝举其诗，对曰："戎昱也。"上曰："尝记其《咏史》云：'汉家青史上，拙计是和亲。社稷依明主，安危托妇人。岂能将玉貌，便拟净沙尘？地下千年骨，谁为辅佐臣！'"因笑曰："魏绛何其懦也！此人如在，可与武陵桃花源足称其清咏。"士林荣之。昱诗在盛唐格气稍劣，中间有绝似晚作。然风流绮丽，不亏政化，当时赏音，喧传翰苑，固不诬矣！有集今传。

【注释】

①消沮：消沉沮丧。

②李夔（kuí）：当为"李昌夔（kuí）"，因为大历间（767—779年），李昌夔以御史中丞出任桂州刺史兼桂管观察防御使，招戎昱为幕僚，而且公元774年，戎昱在桂管李昌夔幕府，有诗《桂州腊月》为证。而据记载，李夔与戎昱并没有交集。

③崔中丞：崔瓘，字汝器，曾迁任潭州刺史、兼御史中丞，充湖南都团练观察处置使。

④虔州：治所在今江西赣州。

⑤陇西：治所在今甘肃陇西。

⑥边烽：边疆报警的烽火。指代边境上的战事。

【译文】

戎昱，荆南人。面容俊美风度翩翩，能说会道。年轻时参加进士考没考上，于是就纵情山水游览天下名城。他虽然是贫穷之士，但气宇轩昂，从不消沉沮丧。戎昱喜爱湖泊、湘江的山山水水，便来到湘中客居。当时桂管观察使李昌夔到桂林视察路过此地，住在官家的客馆里。月朗星稀的夜色中他听见隔壁有人行走吟诗，声音清新悦耳，等到天亮后去寻访，原来是戎昱。欣喜之余，李昌夔当即就聘请戎昱为府中幕僚，对他待遇十分优厚。御史中丞崔瓘当时也住在湖南，非常喜爱戎昱，他有个女儿极为漂亮，崔瓘想把女儿嫁给戎昱，但他不喜欢戎昱的姓氏，因为

"戎"有"北戎"之意，所以他声称如果戎昱能把姓改了就可以议定婚事。戎昱听说这件事，就写诗谢绝说："千金未必能移姓，一诺从来许杀身。"戎昱自认为李大夫对他个人的恩情最深，不胜感激。戎昱当初跟随颜平原，曾在其征南军中任幕僚，颜平原也多次举荐过他。卫伯玉镇守荆南担任荆南节度使时，曾征召戎昱为属下从事。后来戎昱担任虔州刺史。至德年间，戎昱因罪被贬为辰州刺史。后来客居剑南，全家连续客居在陇西好几年。

唐宪宗时，边疆烽火不断，多次告急，大臣们商议与对方以联姻方式讲和。皇上说："近来听说有一个姓名比较生僻少见的诗人是谁？"宰相回答说是冷朝阳、包子虚，但都不是。皇上列举那个人的诗，宰相回答说："这人是戎昱啊。"皇上说："朕曾记得他在《咏史》中写道：'汉家青史上，拙计是和亲。社稷依明主，安危托妇人。岂能将玉貌，便拟净沙尘？地下千年骨，谁为辅佐臣！'"于是笑道："魏绛是多么懦弱无能啊！写这诗的人如果还在，可以让他做武陵刺史，武陵的桃花源足以配得上他的好诗了。"文士们都以戎昱为荣。戎昱的诗在盛唐诗坛中，虽然格调气质稍差些，其中有些诗篇酷似晚唐之作。但是他的诗风流绮丽，无损于政事教化，当时极为欣赏他的知音者，在文坛上传颂得热闹喧腾，这固然不是假话啊！戎昱今有诗集流传于世。

古之奇

古之奇（约620—688年），籍贯不详，唐代官员、诗人。古之奇擅长古体诗，在艺苑中名望很高，主要作品有《秦人谣》等。

【原文】

之奇，宝应二年礼部侍郎洪源下及第，与耿湋同时。尝为安西幕府书记。与李司马端有金兰之好①。工古调，足幽闲淡泊之思②，婉而成章，得名艺圃，不泛然矣。诗集传于世。

【注释】

①金兰之好：古代人因为情投意合，进而结为异生兄弟或姐妹，称结金兰。形容友情契合，友谊深厚。

②幽闲：悠闲自得；清静闲适。淡泊：对于名利淡漠，不看重。

【译文】

古之奇，宝应二年在礼部侍郎洪源榜下进士及第，与耿湋同时登科。古之奇曾担任安西都护府幕下掌书记，与司马李端是志同道合的金兰之交。古之奇精通古体诗，他的诗充满清静闲适、淡泊寡欲的脱俗意趣，娴静中婉转成篇，早就在艺苑中享有很高的名声，自然不是一般的浮泛之作了。如今，古之奇的诗集广泛流传于世。

苏涣

苏涣（？—775 年）出生年不详，唐代官员、诗人。主要作品有《变律诗》十九首、《赠零陵僧》等。

【原文】

涣，广德二年杨栖梧榜进士。本不平者，往来剽盗①，善用白弩，巴賨商人苦之②，称曰"白跖③"。后自知非，折节从学，遂成名。累迁侍御史。湖南崔中丞瓘辟为从事。瓘遇害，继走交、广，煽动哥舒晃跋扈④，如蛟龙见血，本质彰矣。居无何，伏诛⑤。

初尝为《变律诗》十九首，上广州节度李勉，其文意长于讽刺，亦有陈拾遗一鳞半甲⑥，故加待之。或曰："此子羽冀婴臣⑦，侵败王略，今尚其文，可欤？"勉曰："汉策载蒯通说辞⑧，皇史录祖君檄草，此大容细者。善恶必书，《春秋》至训；明言不废，孔子格谈。涣其庶乎⑨，岂但存雕虫小技⑩，亦以深惩贼子也。"时以为名言。杜甫有与赠答之诗，今悉传。

【注释】

①剽盗：强悍的盗贼。此指抢劫财物。

②巴賨（cóng）：指四川巴中地带，亦泛指巴蜀地区。

③白跖（zhí）：使用白弩的大盗。这是唐代巴蜀商人对苏涣的称呼。

④哥舒晃：是唐代突骑施部落哥舒部人。在唐代宗大历八年举兵反叛，杀死岭南节度使吕崇贲。两年后，哥舒晃兵败出逃，被杀于泔溪。跋扈（bá hù）：专横暴戾，独断专行。

⑤伏诛：伏法被杀。指犯罪的人被逮捕依照法律惩罚，处以死刑。

⑥陈拾遗：指陈子昂，曾官居拾遗，故称。一鳞半甲：原指

龙在云中，东露一鳞，西露半爪，看不到它的全貌。借指呈现一星半点儿之意。

⑦嬖臣（bì chén）：指受宠幸的近臣。

⑧蒯（kuǎi）通：本名蒯彻。秦末汉初辩士。善于陈说利害，堪称辩才无双，曾为韩信谋士，先后献灭齐之策和三分天下之计。

⑨庶（shù）乎：近似，差不多。

⑩雕虫小技：比喻小计谋或微不足道的技能。

【译文】

苏涣，广德二年与状元杨栖梧同榜进士及第。他原本是个爱打抱不平的人，后来当了强盗，到处抢劫财物，他平时喜欢使用一种白色的弓弩，巴蜀地区的商人们都被他害苦了，暗地里称呼他"白跖"。后来苏涣自我意识到行为错误，痛改前非，开始跟随老师刻苦学习，于是就成就了功名。屡次升迁为侍御史。湖南御史中丞崔瓘见他是个人才，便招聘他为幕府从事。崔瓘遇害身亡后，苏涣紧接着跑到交州、广州，煽动哥舒晃起兵造反，就像蛟龙见到鲜血，本性暴露无遗。没过多久，苏涣被官府抓住处死了。

苏涣当初曾写过十九首《变律诗》，献给上司广州节度使李勉，这些诗的内容以讽刺见长，也有一星半点儿陈子昂诗的风格，所以李勉对他更加优待。有人对李勉说："这个人是宠臣的羽翼，协助叛臣分裂国土，如今还去崇尚他的诗文，可以吗？"李勉回答说："汉朝的史册记载了蒯通的言论，皇朝的史籍记录了祖君彦的檄文，这都是宽宏大量容纳琐碎细小的实例。善恶必书，是《春秋》至高无尚的训导；嘉言不废，是孔子的格言高论。苏涣不也近似于这种情况吗？这岂只是录存了他的雕虫小技，也是在用来深刻惩戒乱臣贼子啊。"当时的人都把李勉的这番话作为名言。杜甫曾有过赠给苏涣的相互赠答诗，这些诗都流传至今。

卷四

吉中孚

吉中孚，生卒年均不详，唐代宗大历年间在世，时称"大历十才子"之一。他擅长诗歌，与卢纶、钱起等齐名。主要作品有《送归中丞使新罗册立吊祭》《咏柳絮》等。

【原文】

中孚，楚州人①。居鄱阳最久②。初为道士，山阿寂寥，后还俗。李端赠诗云："旧山连药卖，孤鹤带云归。"卢纶送诗云③："旧箓藏云穴④，新诗满帝乡。"来长安，谒宰相⑤，有荐于天子，日与王侯高会，名动京师。无几何，第进士，授万年尉，除校书郎。又登宏辞科，为翰林学士，历谏议大夫、户部侍郎、判度支事。贞元初卒。

初，拜官后，以亲垂白在堂⑥，归养至孝，终丧复仕⑦。中孚神骨清虚，吟咏高雅，若神仙中人也。集一卷，今传。

【注释】

①楚州：中国隋朝时设置的州，在今江苏省淮安境内。

②鄱（pó）阳：位于今江西省东北部。

③卢纶：字允言，唐代诗人，《大历十才子》之一。

④箓（lù）：道教用以记录有关天官功曹、十方神仙名属，召役神吏，施行法术的牒文。

⑤谒：拜谒。

⑥垂白：意思是白发下垂。比喻年老。

⑦复仕：重新踏入仕途为官。

【译文】

　　吉中孚，楚州人。他在鄱阳居住的时间最长。起初他是一个素衣道士，因为受不了山中空旷寂寞的生活，后来就还俗了。李端曾赠诗说："旧山连药卖，孤鹤带云归。"卢纶也赠诗给他说："旧箓藏云穴，新诗满帝乡。"吉中孚来到长安以后，登门拜谒宰相，成为宰相元载府上的嘉宾，有幸被元载推荐保奏给天子，每天可与王侯将相高端会晤，吟咏唱和，一时间名动京师。没过多久，吉中孚会试进士及第，授官为万年尉，征召为朝中校书郎。后来又登榜博学宏辞科，成为翰林学士，历任谏议大夫、户部侍郎、判度支事。吉中孚在贞元初年去世。

　　当初，吉中孚拜官后，因为双亲年老，决定归乡奉养父母致以最高的孝心，等到为父母服丧完毕才重新入朝为官。吉中孚仙风道骨，清高淡泊，深沉吟咏，举止高雅，就像降落人间的神仙一般。今有诗集一卷，广为流传。

耿湋

　　耿湋，字洪源，生卒年不详，约公元 763 年前后在世。唐代诗人，与钱起、卢纶、司空曙等人齐名，是唐代"大历十才子"之一。主要作品有《邠州留别》《朝下寄韩舍人》等。

【原文】

　　湋①，河东人也。宝应二年洪源榜进士。与古之奇为莫逆之交②。初为大理司法，充括图书使来江淮，穷山水之胜。仕终左拾遗。诗才俊爽③，意思不群④。似湋等辈，不可多得。诗集二卷，今传。

【注释】

　　①湋（wéi）：耿湋。

　　②莫逆之交：指非常要好或情投意合的朋友。莫逆：没有抵触，感情融洽之意。

　　③俊爽：雄健敏捷。

　　④不群：不平凡，高出于同辈。

【译文】

　　耿湋，河东（今山西永济）人。宝应二年与洪源同榜进士。跟古之奇是情投意合的好朋友。起初官职为大理司法，后来担任括图书使来到江淮一带，期间游遍这里的山水胜景。最后做官做到左拾遗。耿湋诗才雄健敏捷，思想境界高出于同辈。像耿湋这样的人才，不可多得。他有诗集二卷，至今流传于世。

钱起

钱起（约 722—780 年），字仲文，唐代官员、诗人，被誉为"大历十才子"之冠。主要作品有《谷口书斋寄杨补阙》《省试湘灵鼓瑟》《赠阙下裴舍人》等。

【原文】

起，字仲文，吴兴人。天宝十年李巨卿榜及第。少聪敏，承乡曲之誉①。初从计吏至京口客舍②，月夜闲步，闻户外有行吟声③，哦曰："曲终人不见，江上数峰青。"凡再三往来，起遽从之④，无所见矣，尝怪之。及就试粉闱⑤，诗题乃《湘灵鼓瑟》，起辍就，即以鬼谣十字为落句，主文李暐深嘉美⑥，击节吟味久之，曰："是必有神助之耳。"遂擢置高第。释褐授校书郎⑦。尝采箭竹，奉使入蜀，除考功郎中。大历中为太清宫使、翰林学士。

起诗体制新奇，理致清赡，芟宋齐之浮游⑧，削梁陈之嫚靡⑨，迥然独立也。王右丞许以高格，与郎士元齐名，士林语曰："前有沈、宋，后有钱、郎。"集十卷，今传。子徽能诗，外甥怀素善书，一门之中，艺名森出，可尚矣。

【注释】

①乡曲：乡里，亦指穷乡僻壤。

②计吏：代州郡掌簿籍并负责上计的官员。

③行吟：边行走边吟唱诗赋。

④遽（jù）：急忙，仓促。

⑤粉闱（wéi）：尚书省的别称。

⑥李暐（wěi）：唐代宗室。玄宗天宝间，任兵部员外郎、郎中、吏部郎中。后来又历任中书舍人知贡举，迁礼部侍郎、户部侍郎等。

⑦释褐：脱掉平民衣服，比喻做官。

⑧芟（shān）：删除。浮游：虚浮不实。

⑨嫚靡：亦作"靡嫚"。引申为轻艳卑弱；奢侈淫靡。

【译文】

　　钱起，字仲文，吴兴人。天宝十年与状元李巨卿同榜进士及第。钱起年少时就非常聪明机敏，在乡里享有美好的声誉。当初，他跟随州郡计吏赴京应试，来到京口的旅馆里住宿，闲暇时在月光下散步，听到窗外有人边走边吟诗的声音，只听那人吟哦道："曲终人不见，江上数峰青。"那人在窗外总共来回行吟了三次，钱起急忙出来顺着声音查找，却怎么也看不到那个人了，钱起曾觉得这事儿挺怪异。等他到了尚书省参加考试时，应试标题是《湘灵鼓瑟》，钱起提笔放下

之间一会儿就写完了，当时就是以那天夜里所听到鬼吟的那十个字作为诗的最后两句，主考官李暐看后高度赞美，并且打着拍子吟咏品味了很久，说："这诗句一定是得到神仙的帮助了。"于是就把钱起提升为高名次进士及第。钱起及第后被授官职为校书郎。他曾为朝廷采运箭竹，奉命出使到蜀地，出任考功郎中。大历年间，担任太清宫使、翰林学士。

钱起的诗结构新颖奇伟，义理情致清新丰富，除去宋、齐时期的虚饰浮夸，削尽梁、陈两朝的轻艳绮靡，可谓是格调高远独立于世了。右丞相王维曾用"高格"称许他的诗，说他与郎士元齐名。当时在文士中流传一句话说："前有沈、宋，后有钱、郎。"钱起的诗集存有十卷，流传至今。他的儿子钱徵很会作诗，他的外甥怀素擅长书法，钱氏一门之中，才子名人层出不穷，可以说是非常值得敬仰了。

司空曙

司空曙（约720—790年），唐代官员、诗人，是唐朝"大历十才子"之一。代表作有《贼平后送人北归》《江村即事》等。

【原文】

曙，字文明，广平人也。磊落有奇才。韦皋节度剑南①，辟致幕府。授洛阳主薄，未几，迁长林县丞。累官左拾遗，终水部郎中。与李约员外至交。性耿介②，不干权要。家无儋石③，晏如也。尝病中不给，遣其爱姬，亦自流寓长沙。迁谪江右，多结契双林，暗伤流景。《寄暕上人》诗云："欲就东林寄一身，尚怜儿女未成人。柴门客去残阳在，药圃虫喧秋雨频。近水方同梅市隐，曝衣多笑阮家贫。深山兰若何时到，羡与闲云作

111

四邻。"闲园即事，高兴可知。属调幽闲，终篇调畅，如新花笑日，不容熏染。锵锵美誉④，不亦宜哉？有诗集二卷，今传。

【注释】

①韦皋：字城武。京兆府万年县（今陕西省西安市）人。唐朝中期名臣、诗人。

②耿介：形容光大圣明，正直不阿。

③甔（dān）石：亦作"儋石"，指少量的粮食。

④锵锵美誉：高亢响亮的赞美。

【译文】

司空曙，字文明，广平人。他为人光明磊落，不拘小节，有非凡才华。韦皋担任剑南西川节度使的时候，征召他到幕府任职。官授洛阳主簿，不久后迁任长林县丞。几次迁官到左拾遗，官终水部郎中。司空曙与李约员外郎是最好的朋友。司空曙秉性正直不阿，不奢求权利富贵。家境清贫粮食稀少，但依然能安然处之。他曾因在病中无钱供养，忍痛遣散自己心爱的姬妾，自己也不得不漂泊旅居在长沙。他被贬官到江西时，多数时间都用于结交僧人，暗自悲伤流逝的光阴。他在《寄暕上人》一诗中写道："欲就东林寄一身，尚怜儿女未成人。柴门客去残阳在，药圃虫喧秋雨频。近水方同梅市隐，曝衣多笑阮家贫。深山兰若何时到，羡与闲云作四邻。"这一首闲园即事诗，一看便知他闲居田园时高雅的情致。他写诗的情调深幽安闲，通篇韵调畅达，如同刚刚绽放的鲜花在阳光下微笑，容不得半点儿烟尘熏染。如今他的诗获得高亢响亮的赞美，不也是很适宜的吗？司空曙留有诗集二卷，流传至今。

苗发

苗发，生卒年均不详，唐代官员、诗人。曾于大历年间被誉为"大历十才子"之一，主要作品有《送孙德谕罢官往黔州》《送司空曙之苏州》等。

【原文】

发，潞洲人也①，晋卿长子②。初为乐平令，授兵部员外，迁驾部员外郎，仕终都官郎中。虽名齿才子③，少见诗篇。当时名士，咸与赠答云④。

【注释】

①潞洲：古代地名。北周宣政元年设置，治所在襄垣县（今山西襄垣县北）。

②晋卿：苗晋卿，字元辅，潞州壶关（今山西省壶关县）人。唐朝宰相。

③齿：并列。

④咸：都；普遍都。

【译文】

苗发，潞洲人士，是唐朝宰相苗晋卿的长子。苗发起初为乐平县令，后来授任兵部员外郎，随后又迁任驾部员外郎，官终都官郎中。苗发虽然名列唐朝才子，但很少看见他所写的诗篇。其实当时的名流贤士，普遍都与他有过相互赠送酬答的诗作。

崔峒

崔峒，生卒年不详。唐代诗人。大历年间被称为"大历十才子"之一。主要作品有《送丘二十二之苏州》《客舍书情寄赵中丞》《江上抒怀》等。

【原文】

峒，博陵人。工文有价。初辟潞府功曹，后历左拾遗，终右补阙。词彩炳然①，意思方雅②，时人称其句为披沙拣金，往往见宝。诗集一卷，今行于世。

【注释】

①炳然：光彩耀目。

②意思：指思想；意味。

【译文】

崔峒，博陵人。他擅长写诗文，获得评价很高。当初崔峒应召为潞府功曹，后来历任左拾遗，最后官居右补阙。崔峒的诗文词彩飞扬，光彩耀目，思想境界端方雅正，时人称他的诗句为"披沙拣金，往往见宝"。崔峒留有诗集一卷，如今流传于世。

夏侯审

夏侯审，生卒年不详，约公元 779 年前后在世。唐代诗人，"大历十才子"之一。夏侯审吟诗颇多，但多有流失，今有《咏被中绣鞋》传世。

【原文】

审，建中元年①，礼部侍郎令狐峘下试军谋越众科第一②。释褐授校书郎③，又为参军，仕终侍御史。初，于华山下多买田园为别墅，水木幽閟④，云烟浩渺。晚岁退居其下，讽吟颇多⑤。今稍零落，时见一二，皆锦制也。

【注释】

①建中：唐德宗的年号。

②军谋越众科：唐代制举科目之一，属于制举中的武科。榜首为武状元。

③释褐：脱去平民衣服。指始任官职。

④幽閟（bì）：幽深。

⑤讽吟：吟咏讽诵，即为作诗吟诵之意。

【译文】

夏侯审，唐德宗建中元年，在礼部侍郎令狐峘主考"军谋越众科"时获取第一名的武状元。始任官职为校书郎，又历任参军，最后官居侍御史。当初，他在华山下购买了大量田地建成田园别墅，那里的溪水与秀林相映成趣，曲径幽深，云烟浩渺。他在晚年退休时居住在这里，吟咏讽诵的佳作很多。如今这些诗作略微有散失，偶尔看见一二首，都是锦绣般华美的上乘之作了。

窦叔向

窦叔向，字遗直，生卒年不详，唐代官员、诗人。窦叔向擅长五言诗，在当时同代人中享有盛名。主要作品有《贞懿皇后挽歌》《夏夜宿表兄话旧》等。

【原文】

叔向，字遗直，扶风平陵人也①。有卓绝之行，登第于大历初，远振嘉名，为文物冠冕②。诗法谨严，又非常格。一流才子，多仰飙尘③。少与常衮同灯火④，及衮相，引擢左拾遗、内供奉。及坐贬，亦出为溧水令⑤。卒，赠工部尚书。五子：常、牟、群、庠、巩，俱能诗，咄咄有跨灶之誉⑥，当时羡之。《艺文志》载《叔向集》七卷，今存诗甚寡，盖零落之矣。

【注释】

①扶风：治所在今陕西凤翔。平陵：汉代旧县名，在今陕西咸阳西北。

②冠冕：比喻受人拥戴或出人头地。

③多仰飙（biāo）尘：很多人对他飞驰而去的车马扬起的尘土都很敬仰。形容极其仰慕之意。

④常衮（gǔn）：字夷甫，京兆人。状元登第，唐德宗时期宰相。同灯火：一同在灯下学习。

⑤溧（lì）水：位于江苏省南京市南部。

⑥咄咄（duō）：形势发展迅速，气势逼人。跨灶之誉：儿子超过父亲才华的美誉。

【译文】

窦叔向，字遗直，扶风平陵县人。窦叔向具有卓然超群的品行，在大历初年科举及第，一时间美名远扬，受人拥戴，成为文人之冠。他的诗法度严谨缜密，而且不是寻常的格调笔法。当时的名流才子，也都对他仰慕不已，自叹望尘莫及。窦叔向少年时与常衮一同在灯下学习，到常衮当上宰相时，引荐提拔窦叔向为左拾遗、内供奉。后来到常衮因罪被贬时，窦叔向也被牵连获罪，外放为溧水县令。窦叔向去世后，被追封为工部尚书。窦叔向有五个儿子：分别是窦常、窦牟、窦群、窦庠、窦巩，他们都擅长作诗，而且成长速度飞快，大有逼人之势，有超越父亲的美誉，当时的人们都很羡慕他们。《新唐书·艺文志》记载《窦叔向集》七卷，如今保存下来的诗很少，大概都已经散落遗失了。

康洽

康洽，生卒年不详，肃州酒泉人，属于西域少数民族。唐朝诗人、音乐家。擅长乐府诗歌，可惜作品没能流传下来。

【原文】

洽，酒泉人①，黄须美丈夫也。盛时携琴剑来长安，谒当道②，气度豪爽。工乐府诗篇，宫女梨园，皆写于声律。玄宗亦知名，尝叹美之。所出入皆王侯贵主之宅，从游与宴，虽骏马苍头如其已有③。观服玩之光，令人归欲烧物，怜才乃能如是也。后遭天宝乱离，飘蓬江表④。至大历间，年已七十余，龙钟衰老，谈及开元繁盛，流涕无从。往来两京，故侯馆谷空⑤，咸阳一布衣耳⑥。于时文士愿与论交。李端逢之，赠诗云："声名常压鲍参军，班位不过扬执戟。"又云："同时献赋人皆尽，共壁题诗君独在。"后卒杜陵山中。文章不得见矣。

【注释】

①酒泉：治所在今甘肃省西北部。

②谒：拜谒，拜见。当道：当权之人。

③苍头：指奴仆。

④飘蓬：飘飞的蓬草，比喻飘泊无定。江表：指长江以南的地区，地处长江之外的南方六朝都泛称江表。

⑤侯馆：泛指接待过往官员或外国使者的驿馆。

⑥布衣：泛指平民百姓。

【译文】

康洽，酒泉人，是个黄胡须的美男子。盛唐时期，他带着琴和剑来到长安，专门拜见当权的人，气度豪爽。他擅长乐府诗歌，宫女和梨园艺人，都为他所写的乐府诗赋谱曲。就连皇帝唐玄宗也知道康洽的名字，常常赞美他的才华。康洽在京城所出入的地方都是王侯贵胄的宅院，他跟随主人一同出游、赴宴，即使是骏马、奴仆，他也当成自己的去任意使用。当时的人看到康洽穿着的服饰、玩物都是光彩照人，令人回家后恨不得想烧掉自己的衣物，这都是因为王侯贵胄爱怜康洽的诗，才这样对待他的。后来遭逢天宝年间的战乱，康洽只得离开京城飘泊到江南一带。到大历年间，康洽已经七十多岁了，一副老态龙钟，但一谈到开元年间的繁华盛况，就忍不住泪流满面。他来往于长安、洛阳之间，过去繁华的侯馆空空如也，他现在只是咸阳城里的一个平民罢了。不过好在此时文士们都愿和他交朋友。李端遇到他，赠诗给他说："声名常压鲍参军，班位不过扬执戟。"又说："同时献赋人皆尽，共壁题诗君独在。"康洽后来在杜陵山中去世。如今他的诗文已经见不到了。

冷朝阳

冷朝阳，生卒年不详。唐代著名文学家。其诗大多亡佚。主要诗作品有《登灵善寺塔》《送唐六赴举》《立春》等。

【原文】

朝阳，金陵人①。大历四年齐映榜进士及第。不待调官，言归省觐②。自状元以下，一时名士大夫及诗人李嘉祐、李端、韩翃、钱起等，大会赋诗攀饯③。以一布衣，才名如此，人皆羡之。

朝阳工诗，在大历诸才子，法度稍弱④，字韵清越不减也⑤。有集传世。

①金陵：南京的古称。

②省觐（xǐng jìn）：指探望父母或其他尊长。

③饯：饯行。意为设酒食为他人送行。

④法度：方法；法式规矩。

⑤清越：高超出众；清秀拔俗。

【译文】

冷朝阳，金陵人。大历四年与齐映同榜进士及第。他还没等到朝廷释褐授官的诏令，就说要回家省亲。那一天自状元齐映以下的同榜进士，和当时有名的士大夫以及诗人李嘉祐、李端、韩翃、钱起等，聚集在一起举行盛大宴会为他赋诗送行。冷朝阳以一个平民百姓的身份，才名如此之高，人人都很羡慕他。

冷朝阳善于作诗，在大历年间诸多才子之中，他的诗虽然法式气度略显薄弱一些，但遣词用韵清秀拔俗，一点儿也不弱于他人。如今冷朝阳有诗集流传于世。

章八元

章八元，字虞贤，生卒年不详。唐代诗人，因其诗赋精绝，人称"章才子"。章八元写诗善于描摹山水状貌、写景状物，主要作品有《题慈恩寺塔》《新安江行》等。

【原文】

八元，睦州桐庐人①。少喜为诗，尝于邮亭偶题数语②，盖激楚之音也。宗匠严维到驿，见而异之，问八元曰："尔能从我授格乎？"曰："素所愿也。"少顷遂发③，八元已辞亲矣。维大器之，亲为指谕④，数岁间，诗赋精绝。大历六年王溆榜第三人进士⑤。居京既久，床头金尽，归江南，访韦苏州，待赠甚厚。复来都应制科。贞元中调句容主簿，况薄辞归。时有清江上人善诗，与八元为兄弟之好。初，长安慈恩寺浮图⑥，前后名流诗版甚多，八元亦题，有云："却怪鸟飞平地上，自惊人语半天中。"后元微之、白乐天至塔下遍览⑦，因悉除去，惟存八元版在，吟咏久之，曰："名下无虚士也。"其警策称是⑧。有诗集传于世，一卷。

【注释】

①睦州：相当于今浙江淳安、桐庐二县地。桐庐：今浙江省杭州市下辖县。

②邮亭：古时传递文书的人沿途休息、收寄邮件的处所。

③少顷：一会儿；片刻。

④指谕：指点讲解明白。

⑤王溆（xù）：唐代宗大历六年的状元，当时同科进士榜有章八元等。

⑥浮图：对佛或佛教徒的称呼，也指佛塔。

⑦元微之：即元稹，字微之，唐代著名诗人，曾被贬为通州司马。白乐天：即白居易，字乐天，是唐代伟大的现实主义诗人，唐代三大诗人之一。

⑧警策：形容文句精炼扼要而含义深切动人。亦指精炼扼要而含义深切动人的文句。

【译文】

章八元，睦州桐庐人。他小时候就喜欢写诗，曾经偶尔在邮亭馆驿的墙壁上题写几句，体现出高亢凄清的音调。当时的诗坛宗师严维来到驿馆时，看到这些诗句后感到很惊奇，就对章八元说："你愿意跟我学习写诗之道吗？"章八元回答说："这正是我平素里的心愿啊。"过了一会儿，两人就出发了，而此前章八元早已辞别过父母双亲了。严维非常看重章八元，亲手为他指点讲解，几年之间，章八元的诗赋达到了精妙绝伦的程度。大历六年章八元在状元王溆同榜名下以第三名的成绩考取了进士。此时的他在京城已经住了很久，床头的金钱已经用尽，只好回到江南，然后去拜访了韦应物，受到优厚的款待和丰厚的钱财馈赠。后来章八元又来到京城参加了应制科考试。贞元年间他被任命为句容县主簿，由于薪水微薄，就辞职回乡了。当时有一位叫清江的僧人，善于作诗，他与章八元有兄弟一般的友情。当初，在长安慈恩寺塔上，历朝历代的社会名流在此题诗的诗牌很多，章八元也曾在此题诗，其中有两句写道："却怪鸟飞平地上，自惊人语半天中。"后来元微之、白居易来到塔下遍观众人的诗句，于是就把别人的诗牌全部除掉，只留下了章八元的。吟咏了很久，说道：

"盛名之下没有不真实的诗人。"章八元诗中的警策之句大致与此相当。章八元有诗集流传世上，共编撰成一卷。

畅当

畅当，生卒年不详，是唐朝户部尚书畅璀之子，属于官宦世家，与其弟弟畅诸都以写诗闻名。代表作有《登鹳雀楼》《南充谢郡客游澧州留赠宇文中丞》等。

【原文】

当，河东人。大历七年张式榜及第。当少谙武事①，生乱离间，盘马弯弓，抟沙写陈②，人曾伏之。时山东有寇，以子弟被召参军。贞元初，为太常博士，仕终果州刺史。与李司马、司空郎中有胶漆之契③。多往来嵩、华间，结念方外，颇参禅道，故多松桂之兴，深存不死之志。词名藉甚，表表凌云。有诗二卷，传于世。同时有郑常，亦鸣诗。集一卷，今行。

尝观建安初，陈琳、阮瑀数子④，从戎管书记之任，所得经奇，英气逼人也。承平则文墨议论，警急则橐鞬矢石⑤，金羁角逐⑥，珠符相照，草檄于盾鼻，勒铭于山头，此磊磊落落⑦，通方之士，皆古书生也。容有郁志窗下，抱膝呻吟，而曰时不我与，人不我知耶？大道无窒，徒自为老夫耳。唐间如此特达甚多，光烈垂远，慨然不能不以之兴怀也。

【注释】

①谙（ān）：熟悉，精通。武事：指与军队或战争有关的事情。

②抟（tuán）沙写陈：堆积沙盘排兵布阵。抟：把散碎的东西捏聚成

团。陈：同"阵"。

③李司马：指李端。曾任杭州司马。司空郎中：指司空曙，本书有传。胶漆之契：形容彼此意气相投，感情如胶似漆般友好。契：指意气相投。

④阮瑀（ruǎn yǔ）：字元瑜，是东汉末年文学家，"建安七子"之一。阮瑀所作章表书记很出色，当时书写檄文，多以阮瑀和陈琳作品为参照。

⑤橐（tuó）：弓箭鞬盒的外皮囊。鞬（jiān）：马背上装弓箭的器具。矢石：指箭和礌（léi）石，均为古代守城的武器。

⑥金羁角逐：形容骑上战马驰骋疆场奋勇交战。金羁：金饰的马络头。借指战马。

⑦磊磊落落：形容胸怀坦荡，志节分明。语出《晋书·石勒载记下》。

【译文】

畅当，河东人。大历七年间与状元张式同榜考中进士。畅当年少时就熟知军队作战之事，他出生在兵荒马乱的年代，时常练习骑马射箭的本领，堆积沙盘排兵布阵，那时的人们曾无比佩服他。正当山东地区发生叛军作乱的时候，畅当因为是官宦子弟被招募去参军戍守。贞元初年，畅当担任太常博士，官终果州刺史。畅当与杭州司马李端、郎中司空曙意气相投，是如胶似漆般的好友。畅当经常往来于嵩山、华山之间，心思专注于世俗之外，而且特别喜欢探究佛家道家的义理，因此常有吟咏松柏桂花的雅兴，以及隐居山林之念，心中深切盼望能长生不老。畅当的诗词享有盛名，堪称卓异突出，名震云霄。畅当留有诗集二卷流传于世。与畅当同时代的还有郑常，他也是因为诗写得好而闻名于世。郑常也有诗集一卷流传至今。

我曾考查汉代建安初年的典籍，当时有陈琳、阮瑀等几个人，他们都曾在军中掌书记之职，所写诗文不同寻常，堪称是英气逼人啊。他们在太平无事时就习文泼墨议论时事，军情紧急时则拿起弓箭礌石披挂上阵，骑着战马驰骋疆场奋勇交战，横刀立马，珠符相照，以盾牌为砚起草檄文，在山顶立碑刻石铭记功勋，这些胸怀坦荡，志节分明，通晓方略的为政之士，都是古代的书生。岂能容忍那种在窗下愁眉不展，抱着膝盖痛苦呻吟，却说"时局不给我机会，没人了解我"的读书人呢？其实人生的大路本无障碍，只是空把自己当成老头子罢了。唐朝时期，像畅当这样杰出超众的书生很多，他们的光辉业绩远远可以垂范后世，我不禁感慨万分，不能不因此抒发情怀啊！

于鹄

于鹄，生卒年不详，唐代诗人。他的诗语言朴实，清新动人，曾隐居汉阳，所以大多描写隐逸生活，宣扬禅心道风之作。主要作品有《巴女谣》《江南曲》等。

【原文】

鹄，初买山于汉阳高隐①，三十犹未成名②。大历中，尝应荐历诸府从事，出塞入塞，驰逐风沙。有诗甚工，长短间作。时出度外，纵横放逸③，而不陷于疏远，且多警策云。集一卷，今传。

【注释】

①汉阳：地处武汉市西南部，与汉口、武昌隔江鼎立构成武汉三镇。

②犹未：还没有。

③纵横放逸：豪放不羁，奔放洒脱之意。

【译文】

于鹄（hú），当初在汉阳买了一块山地常年隐居在那里，直到三十岁还没有成名。大历年间，于鹄曾答应别人的举荐先后历任几个府署的幕僚，后来常常跟随主人出塞入塞，奔走在风沙之中。他写的诗非常工整，无论长篇短诗时常有新作品问世。他的作品经常出人意料之外，奔放洒脱，挥洒自由，却不流于粗疏松散，而且有很多含义深刻且富有哲理性的警言佳句被时人所传颂。于鹄留有诗集一卷，如今在世上流传。

韦应物

韦应物（737—791年），字义博。唐朝时期大臣、藏书家、诗人，著有《韦江州集》《韦苏州集》。主要作品有《滁州西涧》《送杨氏女》《长安遇冯著》等。

【原文】

应物，京兆人也。尚侠，初以三卫郎事玄宗。及崩①，始悔，折节读书。为性高洁，鲜食寡欲，所居必焚香扫地而坐，冥心象外②。天宝时，扈从游幸③。永泰中，任洛阳丞，迁京兆府功曹④。大历十四年，自鄠县令制除栎阳令⑤，以疾辞归，寓善福寺精舍。建中二年，由前资除比部员外郎，出为滁州刺史⑥。居顷之，改江州刺史，追赴阙，改左司郎中。或娼其进⑦，媒蘗之⑧。贞元初，又出为苏州刺史。大和中，以太仆少卿兼御史中丞，为诸道盐铁转运江淮留后。罢居永定，斋心屏除人事。

初，公豪纵不羁，晚岁逢杨开府，赠诗言事曰："少事武皇帝，无赖恃恩私。身作里中横，家藏亡命儿。朝持樗捕局⑨，暮窃东邻姬。司隶不敢捕，立在白玉墀⑩。骊山风雪夜⑪，长杨羽猎时。一字都不识，饮酒肆顽痴。武皇升仙去，憔悴被人欺。读书事已晚，把笔学题诗。两府始收迹，南宫谬见推。非才果不容，出守抚惸嫠⑫。忽逢杨开府，论旧涕俱垂。坐客何由识，唯有故人知。"足见古人真率之妙也。论云：诗律自沈、宋之下，日益靡嫚，镂章刻句⑬，揣合浮切⑭，音韵婉谐，属对藻密⑮，而闲雅平淡之气不存矣。独应物驰骤建安以还⑯，各有风韵，自成一家之体。清深雅丽，虽诗人之盛，亦罕其伦，甚为时论所右。而风情不能自已，如赠米嘉荣、杜韦娘等作⑰，皆杯酒之间，见少年故态，无足怪矣。有集十卷，今传于世。

【注释】

①崩：驾崩。中国古代帝王死亡称为"驾崩"。

②象外：意思是物象之外。

③扈（hù）从：随侍皇帝出巡的人员。游幸：泛指帝王或皇后出游。

④功曹：古代官职名称，也叫"功曹史"，是古代郡守、县令的主要佐吏。

⑤鄠（hù）县：陕西省旧地名，现为陕西省西安市鄠邑区。栎（yuè）阳：古县名。治所在今陕西省临潼县。

⑥滁州：今安徽省所属辖区。

⑦媢（mào）：嫉妒。

⑧媒孽：亦作"媒糵"。是指借机诬罔构陷，酿成罪过。

⑨樗（chū）蒱（pú）：即"樗蒲"。汉末盛行的一种棋类游戏，类似于赌博游戏。

⑩白玉墀（chí）：宫殿前的玉石台阶，常借指朝堂。

⑪骊山（lí shān）：也作郦山。治所在今陕西省临潼县东南，因古骊戎部族在此居住而得名。长杨：亦作"长扬"。汉代长杨宫的省称，故址在今周至县东南。汉代扬雄曾写《长杨赋》。羽猎：汉代帝王出猎，士卒负羽箭随从，故称。

⑫惸嫠（qióng lí）：指没有兄弟与没有丈夫的人。亦泛指孤苦无依

的人。

⑬锼（sōu）：本意为镂刻，也借指斟酌文字。

⑭浮切：浮声与切响。即声音的平仄。

⑮属对藻密：形容措词精密。

⑯驰骤：驰骋，疾奔。指在某个领域纵横自如。

⑰米嘉荣：唐时西域米国人，唐代著名乐师，因深受皇帝赏识，提拔为朝廷供奉（首席乐官）。杜韦娘：唐代著名歌女名字。后用为唐教坊曲牌名。

【译文】

韦应物，京兆人。他从小就崇尚侠义，一开始曾任三卫郎侍奉唐玄宗。直到唐玄宗驾崩离世后，他才感觉到懊悔，从此改变了平时的志趣，开始认真读书学习。他为人性情高尚纯洁，吃得少，欲望也很小，他所居住的地方一定要每天焚香，彻底洒扫干净才坐下，平心静气，摒除杂念，神游物外，潜心专研天道玄机。天宝年间，韦应物曾跟随唐玄宗出巡各地。永泰年间，韦应物出任洛阳县丞，后来又升任为京兆府功曹。大历十四年，韦应物从鄠县令诏授出任栎阳县令，后来因为患病请辞回家，寓居在善福寺院僧舍。建中二年，韦应物凭借先前的资历被授职为比部员外郎，后来又离开京城出任滁州刺史。过了不久后，改任江州刺史，后来又被皇上追加诏令召入朝廷为官，改任左司郎中。因为有人嫉妒韦应物升官，于是就合伙谗言诬罔密谋陷害他。贞元初年，韦应物再次被贬离开京城为苏州刺史。大和年间，他以太仆少卿兼御史中丞之职，担任诸道盐铁转运使江淮院留后。再次被罢官以后闲居在永定寺中，从此吃斋念佛清心寡欲，避开人间的一切俗事。

想当初，韦应物豪放不羁，晚年韦应物遇见杨开府时，曾赠给他一首诗中提起往事说："少事武皇帝，无赖恃恩私。身作里中横，家藏亡命儿。

朝持樗蒲局，暮窃东邻姬。司隶不敢捕，立在白玉墀。骊山风雪夜，长杨羽猎时。一字都不识，饮酒肆顽痴。武皇升仙去，憔悴被人欺。读书事已晚，把笔学题诗。两府始收迹，南宫谬见推。非才果不容，出守抚惸嫠。忽逢杨开府，论旧涕俱垂。坐客何由识，唯有故人知。"从这诗中足以看到古人真诚坦率的美德了。有评论说："诗律的规格自初唐名家沈佺期、宋之问以后，一天比一天华丽，诗人们潜心于雕琢诗文词句，揣摩仿效声音的平仄以便于与他们相合，注重音韵婉转和谐，对仗华美精密，但闲静文雅淡泊自然的文风却不复存在了。唯独韦应物驰骋于建安以来的诗坛之上，他的诗各有风韵，自成一家之体，形成了清新深沉，雅正典丽的风格，虽然唐代的诗人很多，但也很少有能与他相比的人，所以韦应物很受时人推崇。不过他的风月之情不能自我克制，诸如他赠给著名乐师米嘉荣、歌女杜韦娘等人的诗作，都是在酒席之上即兴而作，故而其中显露出年轻时放纵的情态，也就不足为怪了。韦应物有集十卷，至今流传于世。

皎然上人

皎然上人（730—799 年），俗姓谢，字清昼，生卒年皆不详，唐代著名诗僧，在文学、佛学、茶学等方面颇有造诣。有诗歌理论著作《诗式》，诗歌作品有《山居示灵澈上人》《寻陆鸿渐不遇》《题山壁示道维上人》等。

【原文】

皎然，字清昼，吴兴人。俗姓谢，宋灵运之十世孙也。初入道，肄业杼山①，与灵彻、陆羽同居妙喜寺②。羽于寺旁创亭，以癸丑岁癸卯朔癸亥日落成，湖州刺史颜真卿名以"三癸"③，皎然赋诗，时称"三绝"。

真卿尝于郡斋集文士撰《韵海镜源》，预其论著，至是声价藉甚。贞元中，集贤御书院取高僧集上人文十卷，藏之，刺史于頔为之序④。李端在匡岳，依止称门生⑤。一时名公，俱相友善，题云"昼上人"是也。时韦应物以古淡矫俗，公尝拟其格，得数解为赞⑥，韦心疑之。明日，又录旧制以见，始被领略，曰："人各有长，盖自天分。子而为我，失故步矣。但以所诣⑦，自名可也。"公心服之。

往时住西林寺⑧，定余多暇，因撰序作诗体式，兼评古今人诗，为《昼公诗式》五卷，及撰《诗评》三卷，皆议论精当，取舍从公，整顿狂澜，出色骚雅⑨。公性放逸，不缚于常律。

初，房太尉琯早岁隐终南峻壁之下⑩，往往闻湫中龙吟⑪，声清而静，涤人邪想。时有僧潜戛三金以写之⑫，惟铜酷似。房公往来，他日至山寺，闻林岭间有声，因命僧出其器，叹曰："此真龙吟也。"大历间，有秦僧传至桐江⑬，皎然戛铜碗效之⑭，以警深寂。缁人有献讥者⑮，公曰："此达僧之事⑯，可以嬉禅。尔曹胡凝滞于物⑰，而以琐行自拘耶？"时人高之。公外学超然⑱，诗兴闲适，居第一流，第二流不过也。诗集十卷。

【注释】

①肄（yì）业：修习课业。杼山：杼山因夏王杼巡狩至此而得名。治所在浙江吴兴，位于湖州古城西南。

②灵彻：唐代著名诗僧，与皎然上人交好。陆羽：字鸿渐，唐代诗人、茶学家，被誉为"茶仙"，尊为"茶圣"，祀为"茶神"。

③颜真卿：字清臣，别号应方，唐代名臣、书法家。

④于頔（dí）：字允元，河南（今河南洛阳）人，唐朝宰相，曾任湖州刺史。

⑤匡岳：江西庐山的别称。依止：依赖于有力、有德者之处而不离。

⑥贽（zhì）：见面礼。

⑦所诣（yì）：借指所学的专长。诣：有"到，来到"的意思。

⑧西林寺：坐落于江西省九江市庐山北麓，建于东晋，为庐山北山第一寺。

⑨骚雅：《离骚》与《诗经》中《大雅》《小雅》的并称。借指由《诗经》和《离骚》所奠定的古诗优秀风格和传统。

⑩房太尉琯：即房琯，字次律，河南（今河南偃师）人，正谏大夫房融之子。唐朝宰相，追赠太尉。

⑪湫（qiū）：水潭。

⑫戛（jiá）：形容嘹亮的鸟鸣声。借指敲击。

⑬桐江：今浙江钱塘江干流自建德市梅城镇至桐庐县城那一段流域。

⑭铜碗：是指击奏体鸣乐器，出自《集韵·缓韵》。

⑮缁（zī）人：意思是僧人。

⑯达僧：颖悟通达的僧人。

⑰尔曹：意思是汝辈，你们。代词。胡：为什么，何故。

⑱外学：佛教认为佛经以外的典籍学说为外学。

【译文】

　　皎然，字清昼，吴兴人。他在出家为僧之前俗姓谢，是南朝宋谢灵运的第十代孙。皎然皈依佛门之初，在杼山学习佛法，当时与灵彻上人、陆羽一同居住在妙喜寺。后来陆羽在寺院旁修建了一座亭子，因亭子在癸丑岁癸卯朔癸亥日建成，故而湖州刺史颜真卿就将这座亭子命名为"三癸亭"，皎然为这个亭子写了一首诗，有了这三个人的合力而为，因此这座亭子在当时人称"三绝"。

　　颜真卿曾经在自己的刺史府内召集文士撰写了《韵海镜源》，皎然也参预了此次撰写，从那以后，皎然的名气声望更加响亮了。贞元年间，集贤殿御书院征集高僧的文集，搜求到皎然上人的诗文共十卷，将它们收藏起来，由湖州刺史于頔为《皎然集》作了序。李端在庐山时，依附在他的

门下，自称门下弟子。当时的名士、王公都与皎然上人相友善，他们赠给皎然上人的诗偶尔在题中称他为"昼上人"。当时韦应物以古雅淡泊的诗风矫正诗坛流行的俗庸风气，皎然上人曾模仿韦应物的风格作了几首诗作为送给韦应物的见面礼，当时韦应物心中对此感到很疑惑。第二天，皎然又抄录了自己过去所写的诗拿去拜见韦应物，韦应物这才领会了他的用意，十分欣赏地对皎然上人说："人各有所长，这都是出于天赋。你刻意模仿我的写作风格，就会失去自己原有的长处了。只要凭借自己所学的专长去发挥，依靠自己就可以成就诗名了。"皎然上人听完后发自心底佩服他。

皎然上人以前住在西林寺时，入定之余有很多闲暇时间，因此他就开始撰文评述作诗的规格体式，同时也评论从古至今诗人的诗篇，写成了《昼公诗式》五卷，而且还撰著了《诗评》三卷，这些著作都能议论精准恰当，取舍顺从公平，从而整顿了诗海狂澜，弘扬了《离骚》和《诗经》的传统色彩。皎然上人天性洒脱放达，不被常规所束缚。

想当初，太尉房琯早年隐居终南山峻峭的崖壁之下，常常听到深水潭中有龙在低吟，龙吟声清朗而平静，仿佛能洗涤人们心中的邪念。当时有位僧人暗地里敲击三种金属来模拟龙吟的声音，只有铜的声音极像龙鸣。后来房琯游览到这座山寺，听见树林山岭之间有一种声音很美妙，于是顺着声音找来后让僧人拿出他敲打的铜器，听完感叹道："这真是龙吟之音啊。"大历年间，有个秦地来的僧人将这件事的来龙去脉传到了桐江，皎然上人知道后敲击铜碗仿效这种声音，以警示寺院僧众保持深沉寂静。众僧人当中有人对此说出了讥讽的言辞，皎然回应他们说："这是达僧所能做到的事，可以用这乐声伴随众僧在娱悦之中参禅。你们这些人为什么还要停留在物象本身，而被琐碎细小的规矩束缚自己的行为举止呢？"当时的人都认为皎然上人的见解高超。皎然上人的外学也超出常人，他的诗兴

清闲安适，高居于学界第一流，第二流之人是无法超过他的。皎然上人著有诗集十卷流传于世。

武元衡

武元衡（758—815年），字伯苍。武则天曾侄孙。唐代宰相、诗人。主要诗作品有《临淮集》《春兴》《赠道者》等。

【原文】

元衡，字伯苍，河南人。建中四年薛展榜进士。元和三年，以门下侍郎平章事，出为剑南节度使。后秉政①，明年早朝，遇盗从暗中射杀之。

元衡工诗，虽时见雕镌②，不动机构，要非高斲之所深忌③。每好事者传之，被于丝竹。尝夏夜作诗曰："夜久喧暂息，池台惟月明。无因驻清景，日出事还生。"翌日遇害④，诗盖其谶也⑤。议者谓工诗而宦达者惟高适⑥，达宦而诗工者惟元衡⑦。今有《临淮集》十卷传于世。

【注释】

①秉政：执政，掌握政权。

②雕镌：雕刻，比喻刻意修饰文辞。

③斲（zhuó）：古同"斫"。砍削。

④翌日（yì rì）：指第二天。明日，明天。

⑤谶（chèn）：指将要应验的预言、预兆。

⑥宦达：指官位显达，仕途亨通。惟：只有。

⑦达宦：指职位显要的官吏。

【译文】

武元衡，字伯苍，河南人。建中四年与状元薛展同榜进士及第。元和三年，武元衡官拜检校门下侍郎平章事，出任剑南西川节度使。后来他再次入朝为宰相掌管朝政，在第二年有一天上早朝途中，遇到潜藏在暗处的刺客用弓箭将他射死。

武元衡擅长作诗，虽然有时出现刻意雕章琢句的现象，但不影响诗意的整体构思布局，这种写法主要不是诗家高手斟酌删减所忌讳的。他每一次写完诗就会被好事的人拿去传颂，并被谱上曲儿用丝竹管乐来演唱。武元衡曾在一个夏天的夜晚作诗道："夜久喧暂息，池台惟月明。无因驻清景，日出事还生。"第二天早上他就遇害身亡了，这首诗也许就是他的凶险预兆吧。有评论家说，因诗写得好而至于官位显达、仕途亨通的人只有高适，而高居显要地位并且作诗精美的人只有武元衡。武元衡如今有著作《临淮集》十卷流传于世。

窦牟

窦牟（749—822 年），字贻周，扶风平陵（今陕西咸阳）人。窦叔向之子，当时父子六人都因诗才而驰名当代，合称"六窦"。主要作品有《洛下闲居夜晴观雪寄四远诸兄弟》《奉酬杨侍郎十兄见赠之作》《早入朝书事》等。

【原文】

牟，字贻周，贞元二年张正甫榜进士。初，学问于江东①，家居孝谨②，善事继母。奇文异行，闻于京师。舅给事中袁高，当时专重名，甄拔甚多③，而牟未尝干谒④，竟捷文场。始佐六府五公，八迁至检校虞部。元和五年，拜尚书虞部郎中，转洛阳令、都官郎中，出为泽州刺史，仕终国子司业。牟晚从昭义卢从史，从史浸骄⑤，牟度不可谏⑥，即移疾归，居东都别业⑦。长庆二年卒。昌黎韩先生为之《墓志》云⑧。

【注释】

①江东：指长江以东地区，又称江左，也指江南地区东部。

②孝谨：小心尽孝。

③甄拔：甄选提拔人才。

④干谒：指为某种目的而求见地位高的人。干：求取，追求。

⑤浸骄：逐渐变得骄傲自大，骄横跋扈。

⑥度：思量，揣度。谏：劝谏，规劝之意。

⑦别业：别墅。

⑧昌黎韩先生：即韩愈，字退之，世称"韩昌黎""昌黎先生"。唐代杰出的文学家、思想家、哲学家、政治家。

【译文】

窦牟，字贻周。贞元二年与张正甫同榜进士及第。当初，窦牟在江南治学问辩之时勤奋好学，回到家中能够小心尽孝，好好侍奉继母。他能够写出新奇的诗文，具有优异的品行，因而闻名于京城长安。窦牟的舅父是给事中袁高，当时在朝中专权独擅大名，甄别荐举了很多人才，但是窦牟从未去拜见舅父请求得官，后来竟然在文科考

136

场上传出及第捷报。窦牟为官之初曾六入使府为副官，当过五位公卿的幕属，经过八次调迁，直到官至检校虞部郎官。元和五年，窦牟官拜尚书省虞部郎中，后又调转任洛阳县令、刑部都官郎中，接着又离京出任泽州刺史，最后官终国子司业。窦牟晚年跟随昭义军节度使卢从史，后来卢从史逐渐变得骄横跋扈，窦牟思量着此人不听谏言难以规劝，于是就上书称病辞官回家，居住在东都洛阳的别墅里。窦牟在长庆二年去世。昌黎先生韩愈为他写的《国子司业窦公墓志铭》中是这样说的。

窦庠

窦庠（约767—约828年），字胄卿，窦叔向之子。唐代官员、诗人，著有《窦氏联珠集》。主要诗作有《灵台镇赠丘岑中丞》《醉中赠符载》等。

【原文】

庠①，字胄卿，尝应辟三佐大府②，调奉先令，迁东都留守判官，拜户部员外郎。贞元中，出为婺、登二州刺史③。平生工文甚苦④，著述亦多，今并传之。

【注释】

①庠（xiáng）：窦庠，唐代官员窦叔向的第四个儿子。

②应辟（yìng pì）：意思是接受征召而出仕为官。

③婺（wù）：婺州，旧州名，治所在今浙江金华一带。

④平生：一生。甚：很，非常。

【译文】

窦庠，字胄卿，曾经接受征召出仕为官，三次到重要使府任副职，后来被调任为奉先县令，升迁为东都留守判官，授任朝中的户部员外郎。贞元年间，离开京城出任婺州、登州二州郡的刺史。窦庠平生工于写作诗文，堪称是用心良苦，一生中所著述的文章也很多，如今都流传于世。

卷五

马异

马异，生卒年不详。唐代诗人。主要诗歌作品有《送皇甫湜赴举》《答卢仝结交诗》《贞元旱岁》等。

【原文】

异，睦州人也①。兴元元年礼部侍郎鲍防下进士第二人②。少与皇甫湜同砚席③，赋性高疏④，词调怪涩，虽风骨棱棱，不免枯瘠⑤。卢仝闻之⑥，颇合己志，愿与结交，遂立同异之论，以诗赠答，有云："昨日全不同，异自异，是谓大同而小异。今日全自同，异不异，是谓同不往而异不至。"斯亦怪之甚也⑦。后不知所终。集今传世。

【注释】

①睦州：治所在今浙江省淳安县。

②兴元：是唐德宗年号，使用于公元784年。

③皇甫湜（shí）：字持正，睦州新安（今浙江省淳安县）人。唐朝时期大臣、散文家。同砚席：同一砚台和坐席。指在一起研讨诗文或同学。

④赋性：指辞赋的特质风格。高疏：高旷疏朗。

⑤枯瘠（kū jí）：干枯瘦弱，形容文字枯燥乏味，没有文采。

⑥卢仝（tóng）：唐代官员、诗人，初唐四杰卢照邻的孙子。与马异是好朋友。闻：听说。

⑦斯：这，个个。怪：怪异，奇异，不平常。

【译文】

马异，睦州人。唐德宗兴元元年在礼部侍郎鲍防知贡举时以第二名进士及第。马异年少时跟皇甫湜是同班同学，他辞赋的特质风格高旷疏朗，诗风格调怪异晦涩，即使彰显出凛凛有威的风骨，却又不免显得有些枯燥瘦弱。卢仝听说他有这种诗风，很合自己的心意，希望能与马异结交为朋友，于是就开创了同异之论，用写诗的方式与马异相互赠答，他曾写过这样的句子："昨日仝不同，异自异，是谓大同而小异。今日仝自同，异不异，是谓同不往而异不至。"这样的诗句也是怪异到极点了。后来谁也不知马异的结局如何。马异留有诗集流传到现在。

李贺

李贺（790 年—816 年），字长吉，河南府福昌昌谷乡（今河南宜阳县）人，因此后世称其为李昌谷。唐朝浪漫主义诗人，与诗仙李白、李商隐合称为"唐代三李"。被誉为"诗鬼"。人称"太白仙才，长吉鬼才"。主要作品有《黄家洞》《马诗》《金铜仙人辞汉歌》等。

【原文】

贺，字长吉，郑王之孙也。七岁能辞章，名动京邑①。韩愈、皇甫湜览其作②，奇之而未信，曰："若是古人，吾曹或不知；是今人，岂有不识之理。"遂相过其家，使赋诗。贺总角荷衣而出③，欣然承命，旁若无人，援笔题曰《高轩过》。二公大惊，以所乘马命联镳而还④，亲为束发⑤。

贺父名晋肃，不得举进士，公为著《讳辩》一篇。后官至太常寺奉礼郎。贺为人纤瘦，通眉，长指爪，能疾书。旦日出骑弱马⑥，从平头小奴子，背古锦囊，遇有所得，书置囊里。凡诗不先命题，及暮归，太夫人使婢探囊中，见书多，即怒曰："是儿要呕出心乃已耳！"上灯，与食，即从婢取书，研墨叠纸足成之。非大醉吊丧率如此。

贺诗稍尚奇诡，组织花草，片片成文，所得皆惊迈，绝去翰墨畦径⑦，时无能效者。乐府诸诗，云韶众工⑧，谐于律吕⑨。尝叹曰："我年二十不得意，一生愁心，谢如梧叶矣。"忽疾笃，恍惚昼见人绯衣驾赤虬腾下⑩，持一版书若太古雷文⑪，曰："上帝新作白玉楼成，立召君作记也。"贺叩头辞，谓母老病。其人曰："天上比人间差乐，不苦也！"居顷之，窗中勃勃烟气，闻车声甚速，遂绝。死时才二十七，莫不怜之。李藩缀集其歌诗⑫，因托贺表兄访所遗失并加点窜⑬，付以成本，弥年绝迹⑭。及诘之，曰："每恨其傲忽，其文已焚之矣。"今存十之四五。杜牧为序者五卷，今传。

孟子曰："其进锐者其退速。"信然。贺天才俊拔，弱冠而有极名。天夺之速，岂吝也耶？若少假行年，涵养盛德，观其才，不在古人下矣。今兹惜哉！

【注释】

①京邑（yì）：京都，京城。

②皇甫湜（shí）：字持正，唐朝时期大臣，宰相王涯外甥，引发"牛李党争"的人物之一。

③总角：指八九岁至十三四岁的少年。古代儿童将头发分作左右两半，在头顶各扎成一个结，形如两个羊角，故称总角。

④联镳（biāo）：这里指韩愈、皇甫湜与李贺一同骑马出入。

⑤束发：古代儿童在十五岁时将头发束起来，表示到了成童的年龄。

⑥旦日：白天。

⑦畦径：田间小路，比喻常规，多用于学艺方面。

⑧云韶：黄帝所作之《云门》，以及虞舜所作之《大韶》的合称，后以云韶泛指宫廷音乐。

⑨谐：调和。律吕：古代校正乐律的器具。用竹管或金属管制成，共十二管，管径相等，以管的长短来确定音的不同高度。

⑩虬（qiú）：古代神话传说中有角的小龙。

⑪太古：意为远古。雷文：此指远古时期青铜器上的那种文字。

⑫李藩：字叔翰，赵郡人。唐朝宰相。缀集：连缀汇集。多用于著述、编辑。

⑬点窜：删减改动的意思。

⑭弥年：经年；终年。绝迹：不见踪迹。借指没有音讯之意。

【译文】

李贺，字长吉，是郑王李亮的玄孙。李贺七岁时就能写出诗词文章，因此名震京城。韩愈、皇甫湜阅览他的作品时，感到很惊奇，但又不敢相信这是他所作，便说："如果是古人，我们或许没有办法知道；他是当今之人，哪有不认识的道理。"于是二人相约一起来到李贺家拜访，让李贺当场作诗。李贺头上梳着总角发髻，身穿荷叶衣从内室出来，很高兴地接受了二人的要求，然后旁若无人，拿笔就写，诗题名为《高轩过》。韩愈、皇甫湜二人看后非常惊讶他的才华，随后牵出自己所乘坐的马让李贺也骑上，一同骑马回还，并且亲自为李贺束发。

李贺的父亲名叫李晋肃，因为"晋"与"进"同音视为"名讳"，所以李贺不能去考进士，韩愈为此写了一篇名为《讳辩》的文章为他争取考试机会。李贺后来以父荫官至太常寺礼郎。李贺形体纤细瘦小，双眉微似相连，手指细长，写起字来飞快。他白天出门，骑着瘦弱的马，后面随从是个光头小仆人，身上背着古锦囊袋，碰到有感而发的好句子，就写下来放在锦囊里。李贺写诗从不先去命名标题，等到晚上回家后，李贺的母亲总是让婢女到他的锦囊中去摸索，每次看他写了很多，马上就会生气地说："你这孩子是要把心呕出来才罢休啊！"点上灯，大家一起吃过饭，李贺就从婢女手中把写的诗句拿过来，研好墨，叠好纸，把这些零散的诗句补足成完整的诗篇。除非是喝酒大醉，或者是参加丧礼，否则通常都是这样的。

李贺的诗略有些崇尚奇异诡秘的风格，组词造句犹如钩织花草，点点片片都能成文，所作的每一篇诗文都是高超惊人，完全摆脱了通常笔墨行文的常规，当时无人能够仿效他的文风。李贺所作的很多乐府诗，都被宫廷的乐工们谱上乐曲、调拨音律去演唱。李贺曾叹息说："我二十岁了还不得志，空怀一颗忧愁的心，此生就像梧桐叶一样凋谢了。"有一天他忽然一病不起，恍恍惚惚在白天见有个穿红衣服的人驾着红色的龙车腾空而下，手持一个笏板，上面的文字像远古时代的篆文，那人对李贺说："天帝新建成一座白玉楼，立即召你去写篇记文。"李贺磕头推辞，说自己母亲年老多病，不能前去。那人说："天上比人间更快乐，一点儿也不悲苦啊！"过了一会儿，窗户里烟气滚滚升腾，同时听见龙车疾驰的声音越来越快，随后李贺就气绝身亡了。他死时

年仅二十七岁，当时没有不为他感到痛惜的。李藩想将他的诗歌编辑成册，于是就托李贺的表哥访求李贺所遗失的作品，并请他加以删改整理，并付给了李贺表哥有关编辑成书的费用，没想到李贺的表哥从此终年不见了踪迹。等找到他进行责问时，他说："我常常恨李贺傲气十足，瞧不起别人，我已把他的诗文都烧了。"结果，李贺保存到今天的诗文不过十分之四五。只剩下杜牧为其作序的《李贺集》五卷，流传至今。

孟子说："那些进取急切的人，他们后退也同样迅速。"确实是这样。李贺天赋隽秀，出类拔萃，二十岁的时候就使声名达到极点。上天夺走他性命是如此迅速，难道是上天太吝啬了吗？如果能再稍微增加他生存的年岁，使他能得以修养心性，积淀更高尚的品德，看他当年的才华，应该不在古人之下了。如今真是令人痛惜啊！

朱昼

朱昼，字、号、生卒年不详，唐代诗人，主要作品有《喜陈懿老示新制》《赠友人古镜》等。

【原文】

昼，广陵人。贞元间，慕孟郊之名①，为诗格范相似，曾不远千里而访之，不厌勤苦，体尚奇涩。与李涉友善②，相酬唱。昼《古镜》诗云："我有古时镜，初自坏陵得。蛟龙犹泥蟠③，魑魅幸月蚀④。磨久见菱蕊，青于蓝水色。赠君将照心，无使心受惑。"凡如此警策者稍多，今传于世。

【注释】

①慕：仰慕。孟郊：字东野，唐代著名诗人。

②李涉：自号清溪子，唐代官员、诗人。曾与弟李渤同隐居于庐山香炉峰下，后来出山走入仕途为官，世称"李博士"。著有《李涉诗》一卷。

③泥蟠（pán）：蟠屈在泥污之中。亦比喻人身处困厄之中。

④魑魅（chī mèi）：中国古代神话传说中的山神，也指山林中害人的鬼怪。引申为坏人。月蚀：即月食，是一种特殊的天文现象，俗称"天狗吃月亮"。

【译文】

朱昼，广陵人。贞元年间，他十分仰慕著名诗人孟郊的诗名，常去模仿，自认为写诗的风格体式与孟郊相似，曾经不远千里前去拜访孟郊深入学习，他勤于求教，不嫌辛苦，但诗风体式还是有些奇险晦涩。朱昼和李涉是好朋友，经常相互作诗酬赠。朱昼有一首《赠友人古镜》诗中写道："我有古时镜，初自坏陵得。蛟龙犹泥蟠，魑魅幸月蚀。磨久见菱蕊，青于蓝水色。赠君将照心，无使心受惑。"他的诗中像这样可以使全篇夺目生辉的警句很多，深受人们欢迎，广泛流传至今。

贾岛

贾岛（779—843年），字阆仙，自号"碣石山人"。唐代著名诗人，人称"诗奴"，与孟郊都是"苦吟诗人"，被时人共称"郊寒岛瘦"。主要作品有《寻隐者不遇》《病蝉》等。

【原文】

岛，字阆仙，范阳人也。初，连败文场，囊箧空甚①，遂为浮屠②，名无本。来东都，旋往京，居青龙寺。时禁僧午后不得出，为诗自伤。元和中，元、白变尚轻浅③，岛独按格入僻，以矫浮艳。当冥搜之际④，前有王公贵人皆不觉，游心万仞⑤，虑入无穷。自称"碣石山人"。尝叹曰："知余素心者，惟终南紫阁、白阁诸峰隐者耳⑥。"嵩丘有草庐，欲归未得，逗留长安。虽行坐寝食，苦吟不辍。尝跨蹇驴张盖⑦，横截天衢⑧。时秋风正厉，黄叶可扫，遂吟曰："落叶满长安。"方思属联，杳不可得⑨，忽以"秋风吹渭水"为对，喜不自胜。因唐突大京兆刘栖楚⑩，被系一夕，且释之⑪。

后复乘闲策蹇访李凝幽居⑫，得句云："鸟宿池边树，僧推月下门。"又欲作"僧敲"，炼之未定，吟哦⑬，引手作推敲之势，傍观亦讶。时韩退之尹京兆，车骑方出，不觉冲至第三节，左右拥到马前。岛具实对，未定"推""敲"，神游象外，不知回避。韩驻久之曰："敲字佳。"遂并辔归⑭，共论诗道，结为布衣交，遂授以文法。去浮屠，举进士。愈赠诗云："孟郊死葬北邙山，日月风云顿觉闲。天恐文章浑断绝，再生贾岛在人间。"自此名著。

时新及第，寓居法乾无可精舍，姚合、王建、张籍、雍陶，皆琴樽之好。一日，宣宗微行至寺⑮，闻钟楼上有吟声，遂登，于岛案上取卷览之，岛不识，因作色攘臂，睨而夺取之⑯，曰："郎君鲜醲自足⑰，何会此耶？"帝下楼去。既而觉之，大恐，伏阙待罪，上讶之。他日，有中旨，令与一清官谪去者⑱，乃授遂州长江主簿。后稍迁普州司仓。临死之日，家无一钱，惟病驴、古琴而已。当时谁不爱其才，而惜其命薄。

岛貌清意雅，谈玄抱佛，所交悉尘外之人。况味萧条，生计龃龉⑲。自题曰："二句三年得，一吟双泪流。知音如不赏，归卧故山秋。"每至除夕，必取一岁所作置几上，焚香再拜，酹酒祝曰⑳："此吾终年苦心也。"痛饮长谣而罢。今集十卷，并《诗格》一卷，传于世。

【注释】

①囊箧（náng qiè）：犹囊笥。古代读书人多用以装书籍文稿。此指袋子与箱子。

②浮屠：佛教术语，借指僧人。

③元、白：指元稹、白居易。

④冥搜之际：冥思苦想搜肠刮肚的时候。

⑤万仞：形容山很高。仞：古代八尺为一仞。

⑥终南：终南山，在今陕西西安南面。紫阁、白阁：都是山峰名称。

⑦蹇（jiǎn）驴：此处指老弱的跛驴、瘸驴。蹇：跛足，行走困难。张盖：遮阳挡雨的伞状用具。

⑧横截：横穿道路之意。天衢（qú）：本意指天上的道路。此指京都的道路。

⑨杳（yǎo）：遥远，不见踪影。

⑩唐突：冒犯之意。大京兆刘栖楚：字善保，官至桂管观察使、桂州刺史兼御史大夫、授刑部侍郎，改京兆尹。

⑪系：拘禁，关押。一夕：一晚上。释：释放。

⑫李凝：唐朝诗人，是一位隐士，贾岛曾因拜访李凝不遇，写下《题李凝幽居》，"鸟宿池边树，僧敲月下门"就是其中名句。

⑬吟哦：有节奏地背诵、朗读，推敲诗句。

⑭并辔（pèi）：同并驱，骑着马一同向前走。辔：马缰绳，借指马。

⑮微行：帝王或高官穿着普通便服出行。

⑯攘臂：捋起衣袖，伸出胳膊激愤阻挡。睨（nì）：斜着眼睛看。

⑰鲜醲（nóng）自足：华丽的衣裳、美味浓烈的酒应有尽有。醲：美味浓烈的酒。

⑱清官：官职名称，即清资官，或称清职、清要之职。谪：处罚。

⑲况味：境况和情味。岨峿（jǔ wǔ）：本指山交错不平貌。引申为生

活艰难坎坷。

⑳酹酒（lèi jiǔ）：指以酒浇地，表示祭奠。

【译文】

贾岛，字阆仙，范阳（今河北涿州）人。当初，贾岛参加科举考试屡次落榜，最后落得钱袋子空空如也，缺吃少穿，不得已只好到寺院出家为僧，自取法名"无本"。他一路化缘来到东都洛阳，不久又去了西京长安，住在青龙禅寺。当时朝廷有令禁止僧人午后时间离开寺院，为此贾岛曾写诗暗自伤怀。元和年间，元稹、白居易改变诗风为清浅，贾岛则按照格律声韵独辟蹊径，将诗风转入冷僻，以此来矫正诗风的浮华艳丽。当他冥思苦想搜寻精妙诗句的时候，即使面前站着王公贵人他都没有察觉，他的心仿佛漂游到万丈峰峦，思想境界如同进入了没有穷尽之地。他自称"碣石山人"。曾感叹说："了解我平素心愿的人，只有终南山紫阁峰、白阁峰那些山峰之中的隐士了。"他在嵩山土丘上搭建了一个草庐，想回去却没回成，只好继续逗留在

长安。即使走路、坐着、睡觉、吃饭，他都在不停地苦苦吟诗作赋。贾岛曾有一次骑着跛驴打着遮阳伞，横穿京都的大道。当时秋风正猛烈地吹着，树上飘落下来的枯叶堆积厚厚一层，应该打扫了，于是他就吟咏道："落叶满长安。"正在思索下一联对句，茫然无所得的时候，忽然想到用"秋风吹渭水"作对句，一时间高兴得不能控制自己高度兴奋的情绪。正因如此，冒犯了京兆尹刘栖楚的车队，结果被关押了一夜，天亮时他才被释放回家。

后来，贾岛又乘空闲骑着跛驴去李凝的隐居之处拜访，偶得诗句说："鸟宿池边树，僧推月下门。"又觉得不够精致，便想把"僧推"改为"僧敲"，他在心里反复琢磨这两个字始终无法定夺，于是就有节奏地反复吟诵，并伸手做出推门和敲门的姿势，旁边的人看见后都很惊讶。那时候的韩愈官居京兆尹，正好带着车队出来巡视。贾岛不知不觉就冲进了第三节车队，韩愈身边的侍卫一拥而上，把贾岛推到了韩愈的马前。贾岛把具体的情况都如实告诉了韩愈，说自己无法确定"推"和"敲"哪个字更精妙，思索中心思游于物象之外，所以当时就不知道回避车队了。韩愈勒住马沉思良久，说："敲字好。"随后便与贾岛一同骑马回到府署，共同讨论作诗之法，从此韩愈与贾岛结成了布衣之交，于是韩愈又将写作文章的方法传授给贾岛。韩愈让贾岛就此还俗，并考中了进士。韩愈曾赠诗说："孟郊死葬北邙山，日月风云顿觉闲。天恐文章浑断绝，再生贾岛在人间。"贾岛从此后便开始远近闻名了。

当时贾岛刚刚考中进士，借住在法乾寺诗僧无可的僧舍，那时候的名士姚合、王建、张籍、雍陶，都和他是一同操琴饮酒赋诗的好朋友。有一天，唐宣宗微服出行来到了法乾寺，听到钟楼上有吟诗的声音，于是就登上楼去看个究竟，发现贾岛书案上有诗卷拿起来就看，贾岛不认识皇上，因此顿时变了脸色，拂起袖子愤然阻止，斜着眼睛看着唐宣宗同时迅速夺过诗卷说："你衣食华美也该自足了，会写诗有什么用呢？"皇上一听就转身下楼走了。不久后贾岛知道了那是皇上，非常害怕，跪伏在大殿台阶下等待治罪，皇上感到很诧异。过了几天后，皇宫传来圣旨，命令给贾岛一个清资官罚他出京，于是就被授官为遂州长江主簿。后来逐渐升迁成为普州司仓。贾岛临死的时候，家里没有一文钱，只有病驴一头，古琴一张而已。当他的死讯传开的时候，谁都爱怜他的诗才，而又怜惜他命薄。

贾岛面貌消瘦，意趣神情高雅，喜欢谈论玄理，信仰佛教，他所结交的朋友都是超凡脱俗之人。他的家境贫苦萧条，生活坎坷艰难。自己曾题诗说："二句三年得，一吟双泪流。知音如不赏，归卧故山秋。"每年到了除夕之夜，贾岛必定会把一年所作诗文拿出来放在几案上，点燃香火，拜了又拜，洒酒在地祭奠一番并祷告说："这是我一年的苦心啊。"然后举怀痛饮放声长歌才肯罢休。如今他的作品被收集编撰成十卷，和《诗格》一卷，都流传于世。

庄南杰

庄南杰，唐代诗人，生卒年不详。与贾岛同一时期以诗出名。主要诗作品有《古松歌》《黄雀行》《杂曲歌辞·伤歌行》等。

【原文】

南杰，与贾岛同时，曾从受学。工乐府杂歌，诗体似长吉①，气虽遒壮②，语过镌凿③，盖其天资本劣，未免按抑④，不出自然，亦一好奇尚僻之士耳。集二卷，今行。

【注释】

①长吉：李贺，字长吉。唐朝杰出的诗人。

②遒壮（qiú zhuàng）：雄健之意。

③镌（juān）凿：比喻刻意雕琢修饰文字。

④按抑：指按捺，抑制。

【译文】

庄南杰，与贾岛是同一时期的诗人，曾跟从贾岛求学。庄南杰擅长写乐府杂歌，诗风体式很像李贺的风格，气韵虽然雄健，但言辞过于注重雕琢修饰，这大概是因为他天资原本不太好，又不免过于抑制自己的思绪，所以很难体现出清新自然，但他也算是一个喜欢标新立异、崇尚怪僻的诗人了。庄南杰有诗集二卷，在当今世上流行。

羊士谔

羊士谔（约762—819年），字谏卿，泰安泰山（今山东）人，唐代诗人、书法家。他的诗赋作品大多擅长于委婉含蓄地表达女子情怀。主要诗作有《晚夏郡中卧疾》《南池荷花》等。

【原文】

士谔，贞元元年礼部侍郎鲍防下进士①。顺宗时，累至宣歙巡官②，为王叔文所恶③，贬汀州宁化尉。元和初，宰相李吉甫知奖，擢为监察御史④，掌制诰。后以与窦群、吕温等诬论宰执，出为资州刺史。士谔工诗，妙造梁《选》，作皆典重。早岁尝游女几山⑤，有卜筑之志，勋名相迫⑥，不遂初心。有诗集行于世。

【注释】

①鲍防：字子慎，襄州襄阳（今湖北襄阳）人，历任节度使府僚属、礼部侍郎等职。

②宣歙（shè）巡官：唐置宣歙观察使，管辖宣、歙、池三州。后来成为江南地区的一个重要方镇。

③王叔文：唐朝中期政治家。曾为翰林学士，执掌大权，推行"永贞革新"。恶：厌恶，嫉恨。

④擢：提拔。监察御史：掌管监察百官、巡视郡县、纠正刑狱、肃整朝仪等事务。

⑤早岁：早年。女几山：又名花果山，距九朝古都洛阳90公里，是吴承恩《西游记》中花果山的创作原型。

⑥勋名相迫：被追求功名的思想所追逼。

【译文】

羊士谔，贞元元年在礼部侍郎鲍防知贡举时进士及第。唐顺宗时期，经过多次升迁到宣歙观察使的职位，王叔文嫉恨他，故而被借机诬陷而贬为汀州宁化县尉。元和初年，羊士谔受到宰相李吉甫的赏识和提拔，升任为监察御史，同时掌管朝廷制诰文书。后来因为他与窦群、吕温等人捏造罪名陷害宰相，被贬出京城外任资州刺史。羊士谔擅长写诗，对《文选》造诣精微，他所写的诗都很重视用典。他早年曾游览女几山，之后便有了在那里占卜选地筑室隐居的想法，但苦于这一生始终被功名追逼，没有成功了却当初的心愿。现在羊士谔有诗集流传于世。

姚系

姚系，出生于公元785年，卒年不详，是大唐贤相梁国文贞公姚崇的曾孙。唐代诗人。主要作品有《秋夕会友》《荆山独往》等。

【原文】

系，河中人。贞元元年进士，与韦应物同时。有诗名，工古调，善弹琴，好游名山，希踪谢、郭①，终身不言禄，禄亦不及之也。与林栖谷隐之士往还酬酢②，兴趣超然。弟伦③，诗亦清丽，有集并传。

【注释】

①希：希望，愿望。踪：追随。

②酬酢（chóu zuò）：宾主互相敬酒，泛指交际应酬。

③弟伦：弟弟姚伦，姚伦历任扬州大都督府参军、剑南观察推官等职。

【译文】

姚系，河中人。贞元元年进士及第。他与韦应物是同一时期的名士。姚系当时有很高的诗名，擅长古体诗，又精通弹琴技艺，喜欢游览名山，心中的愿望是追随晋代文学家谢灵运、郭璞的足迹，而终生不想谈论官禄，所以官禄也没轮到他身上。姚系经常与栖居在密林深处、幽谷之中的隐士们交往应酬，每天都是志趣雅兴超凡脱俗的样子。姚系的弟弟姚伦，所作之诗也清新华美，兄弟二人都有诗集流传于世。

麴信陵

麴信陵，生卒年不详，唐代官员、诗人。他是一个口碑很好的地方官，也是一个诗名远扬的诗人。主要作品有《吴门送客》《出自贼中谒恒上人》《过真律师旧院》等。

【原文】

信陵，贞元元年郑全济榜及第①。仕为舒州望江县令②，卒。工诗，有集一卷，今传。

【注释】

①郑全济：唐德宗贞元元年状元及第。当时主考官是礼部侍郎鲍防。

②仕（shì）：出仕，做官。

【译文】

麴（qū）信陵，贞元元年与状元郑全济同榜考中进士，授官为舒州望江县令，直到死在任上。麴信陵擅长作诗，很有诗名，著有诗集一卷，流传至今。

令狐楚

令狐楚（约766—837年），字壳士，自号白云孺子。唐朝中期官员、文学家。被誉为继庾信之后的古文文宗。主要诗赋作品有《游晋祠上李逢吉相公》《赴东都别牡丹》《杂曲歌辞·长相思》等。

【原文】

楚，字悫士，敦煌人也①。五岁能文章。贞元七年尹枢榜进士及第②。时李说、严绶、郑儋继领太原③，高其才行，引在幕府，由掌书记至判官。德宗喜文，每省太原奏疏，必能辨楚所为，数称美之。宪宗时，累擢知制诰。皇甫镈荐为翰林学士④，迁中书舍人，拜中书侍郎、同平章事。楚工诗，当时与白居易、元稹、刘禹锡唱和甚多。有《漆奁集》一百三十卷，行于世。自称曰"白云孺子"。

【注释】

①敦煌：位于甘肃省西北部，是丝绸之路沿途的重镇，是国家历史文化名城。

②尹枢：唐德宗贞元七年（791年）辛未科状元及第。该科进士30人，同榜有令狐楚等。

③李说：唐朝中期宗室、大臣，淮安王李神通之后。历任河东节度使、检校礼部尚书等职。严绶（shòu）：唐朝时期大臣，进士及第，历任荆南节度使、累佐使府、殿中侍御史等职。郑儋（dān）：郑州荥阳人，自号白云翁。唐代官员，历任检校工部尚书、河东节度使等职。

④皇甫镈（bó）：唐时泾州临泾（今甘肃省）人。贞元年间进士历任监察御史、户部侍郎等职，因其善于理财成为唐宪宗宠臣。

【译文】

令狐楚，字悫（què）士，是敦煌人氏。他五岁就能写文章。在唐德宗贞元七年与状元尹枢同榜考中进士。当时的李说、严绶、郑儋相继授官到太原出任河东节度使，他们都高度赞扬令狐楚的才华和品行，于是引荐他在幕府任职，他从掌书记做到担任判官。唐德宗爱好文学，每次察看从太原府递上来的奏章，一定会一眼就认出是令狐楚所写的，多次对他赞美不已。唐宪宗时期，令狐楚屡次升迁后官拜知制诰。不久后皇甫镈推荐他为翰林学士，后又调任中书舍人，官拜中书侍郎、同中书门下平章事。令狐楚擅长写诗，而且写得非常工整，当时他与白居易、元稹、刘禹锡唱和酬答的诗作很多。令狐楚著有《漆奁集》一百三十卷，至今都流行于世。他自称是"白云孺子"。

杨巨源

杨巨源（约755—？年），字景山，后改名"巨济"。唐代官员、诗人。主要诗作品有《城东早春》《题赵孟庄》《登宁州城楼》等。

【原文】

巨源，字景山，蒲中人。贞元五年刘太真下第二人及第。初为张弘靖从事①，拜虞部员外郎，后迁太常博士、国子祭酒②。大和中，为河中少尹，入拜礼部郎中。

巨源才雄学富③，用意声律，细挹得无穷之源④，缓隽有愈永之味⑤。长篇刻琢，绝句清泠⑥，盖得于此而失于彼者矣。有诗一卷，行于世。

【注释】

①张弘靖：字元理，唐朝宰相、书法家。

②国子祭酒：古代的学官名，是主管学务的官员和官学教师的统称。

③才雄学富：形容学识渊博，才华出众。

④细挹（yì）：细致的样子。

⑤缓隽（juàn）：舒缓含蓄之意。隽：本意为鸟肉肥美，引申为意味深长。

⑥清泠（líng）：形容文字风神隽秀。

【译文】

　　杨巨源，字景山，蒲州河中府人氏。他在贞元五年刘太真知贡举时第二名进士及第。一开始杨巨源被聘为张弘靖幕府从事，后来入朝官拜虞部员外郎，之后又升迁为太常博士、国子祭酒。大和年间，出任河中府少尹，后又入朝担任礼部郎中。

　　杨巨源学识渊博，才华出众，用心钻研诗歌声律，仔细斟酌得到无穷的资源，使他的作品具有舒缓含蓄、意味深长、浓郁隽永的韵味。他所作的长诗篇章注重刻意雕琢，绝句彰显风神隽秀，或许是因为在此处有所得而在彼处就有所失吧。杨巨源有诗集一卷，至今流行于世。

韩愈

　　韩愈（768—824年），字退之，河阳（河南孟县）人，祖籍河北昌黎，世称"韩昌黎"。唐代杰出的文学家、思想家、政治家。被后人尊为"唐宋八大家"之首。著有《韩昌黎集》四十卷、《外集》十卷，主要作品有《师说》《山石》《八月十五日夜赠张功曹》等。

【原文】

　　愈，字退之，南阳人。早孤，依嫂读书，日记数千言，通百家。贞元八年擢第①。凡三诣光范上书②，始得调。董晋表署宣武节度推官③。汴军乱④，去依张建封⑤，辟府推官。迁监察御史，上疏论宫市⑥，德宗怒，贬阳山令。时有善政，改江陵法曹参军。

　　元和中，为国子博士、河南令。愈才高难容，累下迁，乃作《进学解》以自谕 ⑦。执政奇其才，转考功、知制诰，进中书舍人。裴度宣慰淮西，奏为行军司马 ⑧。贼平，迁刑部侍郎。宪宗遣使迎佛骨入禁中 ⑨，因上表极谏，帝大怒，欲杀，裴度、崔群力救，乃贬潮州刺史 ⑩。到任后上表，陈情哀切，诏量移袁州刺史。召拜国子祭酒，转兵部侍郎、京兆尹兼御史大夫。长庆四年卒 ⑪。

公英伟间生 ⑫，才名冠世，继道德之统，明列圣之心。独济狂澜，词彩灿烂，齐、梁绮艳 ⑬，毫发都捐。有冠冕佩玉之气，宫商金石之音，为一代文宗，使颓纲复振，岂易言也哉？固无辞足以赞述云。至若歌诗累百篇，而驱驾气势，若掀雷走电，撑决于天地之垠，词锋学浪，先有定价也。时功曹张署亦工诗，与公同为御史，又同迁谪，唱答见于集中。有诗赋杂文等四十卷，今行于世。

【注释】

①擢（zhuó）第：科举考试及第。

②诣：到。光范：即光范门，指大明宫西内苑东门，是通往宰相处理朝政的中书省大门。在今陕西省大明宫遗址。

③董晋：唐朝中期名臣。唐玄宗时，董晋以明经科及第。安史之乱时，前往彭元谒见唐肃宗，被授为校书郎。贞元十二年（796 年），出镇宣武军。

④汴军：指的是宣武军。因为宣武军的治所在河南汴州。汴：河南省开封市的别称。

⑤张建封：字本立。邓州南阳县（今河南南阳）人。唐朝中期名臣、诗人。德宗时期，官拜徐泗濠节度使，治所在今江苏徐州。

⑥宫市：唐德宗贞元末年，宫中派宦官到民间市场强行买物品到宫中设立市场，声称"宫市"，实为掠夺，百姓深受其害。韩愈因此上疏谏言。

⑦自谕（yù）：犹自诩的意思。谕：告诉，使人明白。

⑧行军司马：统帅行军时的属官，掌管文职。

⑨迎佛骨：唐宪宗元和年间，裴度率领大军平定叛乱凯旋归来，唐宪宗听信迷信要迎佛骨放入宫内供养，韩愈以辟佛为己任，作《谏迎佛骨表》触怒了唐宪宗，遭到贬谪。

⑩潮州：治所在今广东潮安。

⑪长庆：唐穆宗李恒的年号。

⑫间生：意为间气所钟而生出。旧谓英雄伟人，上应星象，禀天地特殊之气，间世而出，故称间生。

⑬绮艳：华美艳丽。多指文风。语出《周书·庾信传》。

【译文】

韩愈，字退之，南阳（编者注：应为河阳）人。他幼年父母双亡成了孤儿，依靠嫂子抚养并拜师读书，他天资聪颖，每天能记住几千字，很快就精通了诸子百家的学说。贞元八年，韩愈考中了进士。他总共三次到光范门上书求官，才开始得授官职。董晋上表请授韩愈为宣武节度推官。不久后汴州宣武军叛乱，韩愈离开汴州去投靠徐州节度使张建封，得授官职为幕府推官。后来升迁入朝为监察御史，因为上疏奏章论述唐德宗设立宫市的弊端，惹怒了德宗，当即贬谪韩愈为阳山县令。韩愈在任期间为政清明，得到好评，随后调任江陵府法曹参军。

元和年间，韩愈历任国子博士、河南县令。韩愈才气超群，被同僚所排挤，多次被谗言诽谤而降职，于是就写了一篇《进学解》用来自我表白。当权者惊讶韩愈奇伟的文才，于是就调转他为考功郎中、知制诰，又进升为中书舍人。宰相裴度以宣慰淮西招讨处置使的身份挂帅平定淮西叛乱时，奏请皇上任命韩愈为行军司马。叛军被平定后，韩愈升迁为刑部侍郎。唐宪宗平乱后准备派遣使者迎佛骨入皇宫内供奉，韩愈因上表奏章极力劝谏阻止，惹得皇帝大怒，想要杀了他，多亏宰相裴度、崔群极力劝谏皇上施以救援，才保住他的性命，被贬为潮州刺史。韩愈到任后呈上奏章，陈述自己的遭遇时语气哀切诚恳，皇帝考虑他是一个人才，于是颁布诏书酌情移近安置为袁州刺史。后来他又被召回朝廷官拜国子祭酒，调任兵部侍郎、京兆尹兼御史大夫。唐穆宗长庆四年韩愈去世。

韩愈如同英伟之人的出生，上应星象，下禀天地灵气，才名卓然超过世人，能够继承儒家道德传统，阐明历代圣贤学说的思想，独身力挽狂澜倡导古文运动，诸如辞章文采浮华灿烂，像古代齐、梁时期那种华美艳丽的文风，一丝一毫都没有留存。韩愈大有冠冕佩玉的高贵唯美之气，又有钟磬雅乐之音，是一代文坛宗师，可使颓败纲纪重新振作，难道是能轻易评价的吗？故而没有什么言辞能足以称颂韩公。至于像所作歌词诗文累计数百篇，而且气势驱驰奔放，如掀动雷声逸出闪电，在天地之间支撑崩溃的边缘，词锐如刀锋，学博如海浪，早就有一定高度的价值了。那时候的功曹参军张署也工于作诗，与韩公同为监察御史，又同时被升迁贬谪，两

人之间的唱和酬答之作都呈现在诗集中。韩愈有诗赋杂文等著作四十卷，如今都流行于世。

柳宗元

柳宗元（773—819年），字子厚，唐代文学家、哲学家、散文家和思想家，世称"柳河东""河东先生"。唐宋八大家之一。著有《河东先生集》，主要诗作有《溪居》《江雪》《渔翁》等。

【原文】

宗元，字子厚，河东人①。贞元九年苑论榜第进士，又试博学宏辞，授校书郎，调蓝田县尉②，累迁监察御史里行。与王叔文、韦执谊善③，二人引之谋事，擢礼部员外郎，欲大用，值叔文败，贬邵州刺史，半道，有诏贬永州司马④。遍贻朝士书言情⑤，众忌其才，无为用心者。元和十年，徙柳州刺史。时刘禹锡同谪，得播州⑥，宗元以播非人所居，且禹锡母老，具奏以柳州让禹锡，而自往播，会大臣亦有为请者，遂改连州。宗元在柳多惠政，及卒，百姓追慕，立祠享祀，血食至今⑦。

公天才绝伦，文章卓伟，一时辈行，咸推仰之⑧。工诗，语意深切，发纤秾于简古⑨，寄至味于淡泊，非余子所及也。司空图论之曰："梅止于酸，盐止于咸，饮食不可无，而其美常在酸咸之外，可以一唱而三叹也。子厚诗在陶渊明下⑩，韦应物上，退之豪放奇险则过之，而温厉靖深不及也⑪。"今诗赋杂文等三十卷，传于世。

【注释】

①河东：指山西西南部永济地区。古代称为河东郡。

②蓝田：今陕西蓝田县。地处陕西秦岭北麓，关中平原东南部，是西安市辖县。

③王叔文：唐朝中期政治家，唐顺宗宠臣，是推行"永贞革新"人物之一。韦执谊：唐朝宰相，"二王八司马"之一。历任右拾遗、翰林学士、吏部郎中等职，与唐顺宗宠臣王叔文交好。

④永州：位于湖南省南部，潇、湘二水汇合处，故有雅称"潇湘"。

⑤贻（yí）：本义赠送。引申为给别人写信之意。

⑥播州：隶属于贵州省遵义市，古时候属于偏远贫瘠地区。

⑦血食：指受享祭品。因古代杀牲取血用来祭祀，故称血食。

⑧咸：都，全部。推仰：推崇仰慕。

⑨纤穠（xiān nóng）：盛美，形容富丽优美的文艺风格。

⑩陶渊明：字元亮，又名潜，世称靖节先生。东晋末至南朝宋初期著名的诗人、辞赋家。

⑪温厉：温和而严正。语本出处《论语·述而》。靖深：指静穆深沉。

【译文】

柳宗元，字子厚，河东人氏。贞元九年与状元苑论同榜进士及第，又参加考试博学宏辞科榜上有名，授官校书郎，后来又调任蓝田县尉，屡次升迁为监察御史里行。柳宗元与王叔文、韦执谊交好，他二人招引柳宗元共谋朝政，提拔他为礼部员外郎，想要重用他，偏巧赶上王叔文推行变法失败，柳宗元也因此受牵连被贬为邵州刺史，在赴任的半路途中，又接到皇帝诏书将他再贬为永州司马。柳宗元到处给朝中官员写信说明情况，希望能替他说情，可是朝廷官员们都嫉妒他的才华，没有人用真心去为他尽力帮忙。元和十年，柳宗元调任柳州刺史。当时刘禹锡也一同被贬谪，奉命到播州上任。柳宗元因为知道播州不是常人能住得下的苦地方，而且刘禹锡的母亲年老多病不便远行，就写奏章请求朝廷将柳州让给刘禹锡，而他自己则前往播州，恰巧此时遇到朝廷重臣中也有为刘禹锡说情的人，于是刘禹锡就被改授连州刺史。柳宗元在柳州上任期间，为政多仁爱宽厚，到他去世时，当地百姓都追思怀念他，并为他建祠堂立牌位，年年杀牲祭祀直到今天。

柳宗元的才华无与伦比，文章卓越壮美，一时的同辈们行文作诗，都开始推重仰慕他。柳宗元擅长作诗，他的诗语意深切，在简约古朴中显露纤巧秀美，在自然淡泊中寄寓至美韵味，不是别人能赶得上的。司空图曾评论柳宗元的诗说："梅只是酸，盐只是咸，饮食不可缺少，但其美味却常在酸咸之外。可以称得上是一唱而三叹了。柳子厚的诗在陶渊明之下，韦应物之上，韩退之诗中的豪迈放达新奇险峻虽然能超过柳宗元，但在温和而严正、静穆深沉这方面就不如他了。"柳宗元如今有诗赋杂文等著作三十卷流传于世。

刘禹锡

刘禹锡（772—842年），字梦得，河南洛阳人，自称"家本荥上，籍占洛阳"，又自言系出中山。其先为中山靖王刘胜。唐代文学家、哲学家，有"诗豪"之称。有哲学著作《天论》三篇。另有《刘梦得文集》《刘宾客集》传世。代表作有《陋室铭》《竹枝词》《乌衣巷》等。

【原文】

禹锡，字梦得，中山人。贞元九年进士，又中博学宏辞科。工文章，时王叔文得幸，禹锡与之交，尝称其有宰相器①。朝廷大议，多引禹锡及柳宗元与议禁中。判度支盐铁案②，凭藉其势③，多中伤人。御史窦群劾云"挟邪乱政④"。即日罢。宪宗立，叔文败，斥朗州司马。州接夜郎，俗信巫鬼，每祀歌竹枝⑤，鼓吹俄延，其声伧佇⑥。禹锡谓屈原居沅、湘间，作《九歌》，使楚人以迎送神，乃倚声作《竹枝辞》十篇，武陵人悉歌之。

始，坐叔文贬者，虽赦不原。宰相哀其才且困，将澡用之⑦，乃悉诏补远州刺史，谏官奏罢之。时久落魄，郁郁不自抑，其吐辞多讽托远，意感权臣而憾不释。久之，召还，欲任南省郎，而作《玄都观看花君子》，诗语讥忿⑧，当路不喜⑨，又谪守播州。中丞裴度言："播，猿狖所宅⑩，且其母年八十余，与子死决，恐伤陛下孝治，请稍内迁。"乃易连州，又徙夔州⑪。后由和州刺史入为主客郎中。至京后，游玄都咏诗，且言："始谪十年，还辇下⑫，道士种桃，其盛若霞。又十四年而来，无复一存，唯兔葵燕麦⑬，动摇春风耳。"权近闻者，益薄其行。裴度荐为翰林学士，俄分司东都，迁太子宾客。会昌时，加检校礼部尚书，卒。

公恃才而放，心不能平，行年益晏⑭，偃蹇寡合⑮，乃以文章自适。善诗，精绝，与白居易酬唱颇多，尝推为"诗豪"，曰："刘君诗在处有神物护持。"有集四十卷，今传。

【注释】

①器：人才，才能。

②判度支盐铁案：协助度支使、盐铁使这两个司部管理工作的官员。唐代设有度支和盐铁两个部门。度支司：掌统筹财政收支及粮食漕运。盐铁司：掌全国茶、盐、矿冶、工商税收、河渠及军器之事。

③凭藉（jiè）：亦作"凭借"。依靠，依赖。

④窦群：字丹列。窦叔向的第三子，在朝中任膳部员外郎，兼侍御史。劾（hé）：揭发罪状。

⑤竹枝：即竹枝歌，是古代四川东部的一种民歌，人民边舞边唱，用鼓和短笛伴奏。刘禹锡被贬夔（kuí）州刺史时，曾据此改作《竹枝词》十

首，歌咏当地风光和男女恋情，借以抒发自己遭贬谪的感伤心情。

⑥伧伫：亦作"伧狞"，指发音粗重凄凉。

⑦澡用：为他洗清冤屈，准备予以任用。

⑧讥怨（jī fèn）：指讥讽怨怒。

⑨当路：专权者，宰相。

⑩猿狖（yòu）：猿猴的一种。

⑪夔（kuí）州：今重庆奉节县县城。

⑫辇下：即"辇毂下"的简称。辇：天子所乘的车驾，辇下是指天子车驾附近，借指京师，京都。

⑬兔葵：又作"菟葵"，是一种植物名称。

⑭晏：迟，晚。

⑮偃蹇（yǎn jiǎn）：意思是骄横傲慢；盛气凌人。寡合：与别人合不来。

【译文】

刘禹锡，字梦得，中山人。贞元九年考中了进士，随后又考中博学宏词科。他擅长写文章，当时王叔文得到皇上宠信，掌握大权，刘禹锡与王叔文有交往，王叔文曾说刘禹锡有当宰相的才能。朝廷商议大政的时候，常常召引刘禹锡和柳宗元到内宫来参与讨论。刘禹锡判度支盐铁案期间，凭借王叔文的势力，多次言语中伤别人。侍御史窦群知道后弹劾刘禹锡，说他"心怀奸邪扰乱朝政"。结果当天就被罢官了。唐宪宗即位后，王叔文势力落败，刘禹锡因事受牵连被贬为朗州司马。朗州地区与夜郎相接，民间风俗都很信奉巫术鬼神，每当祭祀的时候，都要唱《竹枝》歌，鼓乐吹弹的声音缓慢低沉，歌声粗鄙悲怆。刘禹锡认为当年屈原居住在沅水、湘水一带时曾写下了《九歌》，让楚人用它迎神送神，如今自己贬居在这里也应依照当地的民歌曲调填词，于是就作了《竹枝辞》十篇，武陵人都开始传唱刘禹锡所作的歌词。

当初，唐宪宗盛怒之下颁布诏书，因王叔文一案株连被贬的官员，即使遇到朝廷大赦也不得官复原职。当朝宰相怜悯这些人有才华又处境艰难，想找机会为他们洗刷罪名重新启用，于是奏请皇帝下诏将他们都补为边远州郡的刺史，由于其他谏官上奏阻止此事而未成。那段时间里，刘禹锡长久处于落魄失意之中，忧郁的心情抑制不住，他内心吐露而出的文辞大多暗含讽喻之意，托物言志，心里想感动权臣但遗憾的是一直未能解脱困境。很久以后，刘禹锡才被召回京城，朝廷想要任命他为尚书省郎官，他却因为写了《玄都观看花君子》一诗，措词讥讽怨怼，惹得当权者不高兴，又贬他为播州刺史。御史中承裴度说："播州，那是猿猴住的地方，而且刘禹锡的母亲八十多岁了，和儿子作生死之别，恐怕会影响皇上礼孝之治的美名，肯请皇上开恩稍微内移近地安置。"于是刘禹锡被改授连州刺史，又调任夔州刺史。后来他由和州刺史迁入朝廷担任主客郎中。到京城后，刘禹锡游览玄都观时又作诗一首，并说："当初我被贬十年后，回

到朝廷，那时候这观里的道士栽种的桃树，繁花盛开宛如云霞。又过十四年我来到此观，那些桃花荡然无存，只有兔葵、燕麦在春风中摇曳罢了。"朝廷当权的近臣听到他所说的话，更加鄙薄刘禹锡的行为。后来裴度推荐刘禹锡任翰林学士，不久分司东都，升为太子宾客。会昌年间，刘禹锡加官为检校礼部尚书，不久后去世。

刘禹锡仗恃自己有才华就放任自己，心境不能平和，再加上年纪一年比一年老了，可处境依旧困顿，清高傲慢难免落落寡合，于是就用写文章来自我满足。他善于作诗，措辞造句精妙绝伦，与白居易以诗酬唱赠答的作品很多。白居易曾推许他为"诗豪"，说："刘君的诗所在之处，有神灵保佑加持。"刘禹锡有集四十卷，流传至今。

孟郊

孟郊（751—814年），字东野，湖州武康（今浙江德清）人，先世居洛阳。唐代官员、著名诗人。有"诗囚"之称，又因与贾岛齐名，人称"郊寒岛瘦"。代表作有《游子吟》《登科后》等。

【原文】

郊，字东野，洛阳人。初隐嵩山，称处士①。性介②，不谐合。韩愈一见为忘形交，与唱和于诗酒间。贞元十二年李程榜进士，时年五十矣，调溧阳尉③。县有投金濑④、平陵城，林薄蓊翳⑤，下有积水。郊间往坐水傍，命酒挥琴，裴回赋诗终日，而曹务多废。县令白府，以假尉代之，分其半俸，辞官家居。李翱分司洛中⑥，日与谈宴⑦，荐于兴元节度使郑余庆，遂奏为参谋，试大理评事，卒。余庆给钱数万营葬，仍赡其妻子者累年⑧。张藉谥为贞曜先生⑨，门人远赴心丧⑩。

郊拙于生事，一贫彻骨，裘褐悬结⑪，未尝俯眉为可怜之色，然好义者更遗之。工诗，大有理致，韩吏部极称之。多伤不遇，年迈家空，思苦奇涩，读之每令人不欢，如"借车载家具，家具少于车"。如《谢炭》云"吹霞弄日光不定，暖得曲身成直身"，如"愁人独有夜烛见，一纸乡书泪滴穿"，如《下第》云"弃置复弃置，情如刀剑伤"之类，皆哀怨清切，穷入冥搜。其初登第，吟曰："昔日龌龊不足嗟⑫，今朝旷荡思无涯。春风得意马蹄疾，一日看尽长安花。"当时议者，亦见其气度窘促，卒漂沦薄宦，诗谶信有之矣⑬。天实为之，谓之何哉！李观论其诗，曰"高处在古无上，平处下顾二谢"云。时陆长源工诗⑭，相与来往，篇什稍多，亦佳作也。有《咸池集》十卷，行于世。

【注释】

①处士：古时候称有德才而隐居不愿做官的人，后亦泛指未做过官的士人。

②介：耿介，耿直。

③溧（lì）阳：今江苏省溧阳市境内。

④投金濑（lài）：即濑水。今名"溧水"。在今江苏省溧阳县西北。

⑤蓊蔚（wěng yì）：形容草木繁盛、茂密。

⑥李翱：字习之，陇西（今甘肃省）人。唐朝时期大臣、文学家、哲学家、诗人。曾任检校户部尚书、山南东道节度使。

⑦谈宴：亦作"谈燕"。意思是一边宴饮一边叙谈。

⑧累年：指连年，多年、数年。

⑨张藉：字文昌，唐代诗人、官员，世称"张水部""张司业"。是韩愈的大弟子。谥（shì）：谥号，指古代帝王或有一定身份地位之人死后，按其生平事迹所评定的称号。

⑩心丧：古时指老师去世，弟子守丧，身无丧服而心存哀悼。泛指在

心中深切悼念，有如守丧。

⑪裘褐：粗陋的衣服。泛指穷苦之人。

⑫龌龊（wò chuò）：形容气量狭小，拘于小节。嗟：叹，叹息。

⑬诗谶（chèn）：所作诗无意中预示了后来发生的事。谶：将来能应验的预言、预兆。

⑭陆长源：字泳之，吴郡吴县（今江苏省苏州市）人。唐朝时期大臣、书法家。

【译文】

孟郊，字东野，洛阳人。最初隐居在嵩山，自称处士。他性格耿直孤僻，不够随和，不过韩愈一见到他非常投缘，二人当时就结为忘形之交的好朋友，常在一起饮酒吟诗互相唱和。孟郊是贞元十二年与状元李程同榜进士，当时他已临近五十岁了，奉旨授任溧阳县尉。溧阳县有投金濑、平陵城，那里的草木丛生，葱郁茂密，城下有积水溪流，景致优美。孟郊闲暇时就到那里游赏，坐在水岸边，令人摆酒，挥袖弹琴，整天往来徘徊于林泉之间饮酒吟诗，而使衙门里的公务多被他荒废。县令将他的情况报告给州府刺史，随后就派一个县尉来代理衙门事务，并分享孟郊一半的俸禄，孟郊一气之下便辞职回家了。李翱在东都洛阳任分司，天天与孟郊喝酒聊天，见此情景就把孟郊推荐给了兴元节度使郑余庆，于是郑余庆表奏朝廷批准孟郊为自己幕府参谋，试用于大理评事之职，直到死于任上。孟郊去世后家中无钱安葬，郑余庆给他家数万钱办理丧事，还赡养孟郊的妻子儿女多年。张籍给孟郊起用的谥号为"贞耀先生"，孟郊的门生弟子远道而来为他守丧，默默在心中悼念。

孟郊不善于谋取生活之道，以致于家贫如洗，衣衫褴褛，但他从不俯首低眉向别人做出可怜的样子，不过喜欢行侠仗义之人更愿意将财物赠送给他。孟郊擅长写诗，他的诗富于理趣，受到吏部尚书韩愈对他的极力称赞。孟郊的诗中多是感伤自己命运不济不被重用，年迈家贫之作，诗中思路苦涩奇特，总是让人读了不欢畅，如"借车载家具，家具少于车"。如《谢炭》诗中说"吹霞弄日光不定，暖得曲身成直身"，如"愁人独有夜烛见，一纸乡书泪滴穿"，如《下第》诗中所说的"弃置复弃置，情如刀剑伤"之类，都是哀怨悲切，搜章索句穷尽于幽远之处。孟郊考中进士之初，曾吟诗道："昔日龌龊不足嗟，今朝旷荡思无涯。春风得意马蹄疾，一日看尽长安花。"当时的评论者看到这首诗，也觉得他心胸狭小气度迫促。看来致使孟郊最终漂泊沦落，官职卑微，在他所作诗中显露的预言确实应验了。这真是：苍天注定实际发生的事，还有什么可说的呢！李观评论孟郊的诗说："高雅之处前无古人，平淡之处俯视二谢。"当时陆长源也擅长写诗，与孟郊多有来往，留下的作品较多，也都是好诗啊。孟郊著有《咸池集》十卷，流传于世。

戴叔伦

　　戴叔伦（约732—约789年），字幼公（一作次公）。唐代诗人、官员，晚年上表自请出家为道士。他的诗多为表现隐逸生活和闲适情调之作。主要作品有《兰溪棹歌》《题黄司直园》等。

【原文】

　　叔伦，字幼公，润州金坛人。师事萧颖士为门生。赋性温雅，善举止，能清谈，无贤不肖，相接尽心。工诗。贞元十六年陈权榜进士。尝在租庸幕下数年①，夕惕匪怠②。吏部尚书刘公与祠部员外郎张继书，博访选材，日揖宾客③，叔伦投刺④，一见称心，遂就荐，累迁抚州刺史。政拟龚、黄，民乐其治，圜扉寂然⑤，鞠为茂草⑥，诏书褒美，封谯郡男，加金紫。后迁容管经略使，威名益振，治亦清明，仁恕多方，所至称最。德宗赋《中和节诗》，遣使者宠赐，世以为荣。还，上表请为道士，未几卒。

叔伦初以淮、汴寇乱，鱼肉江上，携亲族避地来鄱阳。肄业勤苦⑦，志乐清虚，闭门却扫⑧，与处士张众甫、朱放素厚，范、张之期，曾不虚月。诗兴悠远，每作惊人。有《述稿》十卷，今传于世。

【注释】

①租庸：是指古代交纳谷帛的税制。

②匪：不，不是。怠：怠慢，懈怠。

③揖（yī）：指拱手行礼。

④投刺：投递名帖。古代指通报姓名以求相见或表示祝贺。刺：指名刺或名帖，相当于现代的名片。典出《后汉书》。

⑤圜扉（huán fēi）：狱门。借指牢狱。

⑥鞠：指杂草塞道。形容衰败荒芜的景象。鞠：通"鞠"。

⑦肄（yì）业勤苦：修习课业勤奋刻苦。

⑧闭门却扫：关上大门，扫除车迹。指闭门谢客，不和外界往来。却：停止。却扫：不再清扫车迹，借指谢客。

【译文】

戴叔伦，字幼公，润州金坛人。他拜萧颖士为师，在其门下学习。戴叔伦天赋很高，禀性温文尔雅，举止有度，善谈而且谈吐清雅，为人谦和，无论贤与不贤之士，他都能尽心相待。戴叔伦擅长写诗，而且格律工整。贞元十六年与状元陈权同榜进士及第。戴叔伦曾在租庸使幕府任职数年，每到夜晚总是戒惧反省，不敢怠懈。吏部尚书刘晏大人曾给祠部员外郎张继写过一封信，信中说他能广泛访选人才，每日接待宾客不厌其烦，后来戴叔伦送上名帖前去拜见，他一见就感到非常称心，于是就多方举荐戴叔伦。经由刘晏推荐，任湖南转运留后。后来戴叔伦屡次升职至抚州刺史。他在抚州为政清明，被人比作贤官龚遂、黄霸，当地百姓都乐于受他管理，在他的治理下，监狱里悄无声息没有囚犯，以至于审讯犯人的场所都变得杂草塞道了，为此皇帝下旨给予赞美表彰，封谯郡男，加授金鱼袋紫衣。后来戴叔伦升任容管经略史，威名远扬，声誉更高，为政也更加清正廉明，对百姓仁德宽恕的方略很多，他所到任职之处的百姓都称颂他是最好的地方官。德宗皇帝曾写了一篇《中和节诗》，派遣使者将此诗赐赠给戴叔伦，以示恩宠，天下人都把此事看作戴叔伦的荣耀。戴叔伦奉命回到京城任职后，上表奏章请求辞官去当道士，不久就去世了。

当初，戴叔伦因淮河、汴州一带叛军作乱，并在长江两岸横行霸道，就带着家人亲族避乱来到鄱阳。他简居普食，修习课业勤奋刻苦，心志乐于清净虚无，闭门谢客，不和外界往来，但与处士张众甫、朱放素来友谊深厚，像汉代范式、张劭一样的聚会，没有空过一个月。戴叔伦的诗兴悠远深长，每一次落笔成诗都是惊人之作。戴叔伦著有《述稿》十卷，流传至今。

吕温

吕温（771—811 年），字和叔，又字化光，河中（今山西永济）人。唐代官员、著名诗人。主要作品有《和舍弟惜花绝句》《青出蓝诗》等。

【原文】

温，字和叔，河中人。初从陆贽治《春秋》①，梁肃为文章②。贞元十四年李随榜及第。中宏辞。与王叔文厚善，骤迁左拾遗，除侍御史。使吐蕃③，留不得遣弥年④。温在绝域，常自悲惋⑤。元和元年还，进户部员外郎。与窦群、羊士谔相爱⑥。群为中丞，荐温为御史，宰相李吉甫持久不报。会吉甫病，夜召术士，群等因奏之，事见群传。上怒，贬筠州⑦，再贬道州刺史，诏徙衡州⑧，卒官所。

温藻翰精赡⑨，一时流辈咸推尚。性险躁⑩，谲怪而好利⑪。今有集十卷，行于世。

【注释】

①陆贽（zhì）：字敬舆，苏州嘉兴（今浙江嘉兴）人。唐朝著名政治家、文学家、政论家。德宗即位，召充翰林学士。

②梁肃：唐朝文学家，刑部尚书梁毗五世孙。中文辞清丽科，擢太子校书郎。宰相萧复举荐，授右拾遗，因为母亲年老而没去赴任。

③吐蕃（bō）：属于少数民族，由古代藏族在青藏高原建立的政权，共延续两百多年。

④弥年：经年；终年。

⑤悲惋（wǎn）：悲愤怨恨；悲痛怅恨。

⑥相爱：相互友爱、友好。

⑦筠（jūn）州：四川宜宾市筠连县，古又称筠州、瀛川，初唐四杰中的杨炯曾在此任县令。

⑧衡州：治所在今湖南衡阳。

⑨藻翰：华丽的文辞；文章华美。

⑩险躁：指轻薄浮躁。

⑪谲（jué）怪：奇异怪诞；诡诈。

【译文】

吕温，字和叔，河中人。一开始吕温跟从陆贽研习《春秋》，跟随梁肃学写文章。吕温在贞元十四年与状元李随同榜进士及第。后来又考中博学宏辞科。吕温与王叔文关系好，交情深，因此很快被提拔为左拾遗，出任侍御史。后来奉命出使吐蕃，被留在当地终年不能回来。吕温身在天涯绝境，常常独自悲痛怅恨不已。直到元和元年吕温才回到朝廷，进而升任户部员外郎。吕温与窦群、羊士谔相互友好，关系十分密切。窦群任御史中丞时，曾举荐吕温为侍御史，宰相李吉甫拖延很久没有上报朝廷。恰逢李吉甫病重，半夜召来术士卜问凶吉。窦群等人因此将李吉甫夜召术士之事禀奏给皇上，此事详情参见《窦群传》。皇上大怒，因此吕温受牵连被贬为筠州刺史，接连又贬为道州刺史，后来皇帝颁布诏书调遣吕温任衡州刺史，直到死在衡州任所。

　　吕温的文笔精妙，看上去丰富华美，一时间成为当时的主流，受到同辈文士的共同推崇。但他为人轻薄浮躁，诡诈而喜好贪利。吕温现今存有集十卷，流行于世。

雍裕之

雍裕之，字号、生卒年均不详，唐代诗人。擅长五言诗、杂曲歌辞。主要作品有《芦花》《山中桂》《江边柳》等。

【原文】

裕之，蜀人。有诗名。贞元后数举进士不第，飘零四方。为乐府，极有情致。集一卷，今传。

【译文】

雍裕之，蜀地人。擅长写诗，在当时很有名气。贞元年后期，雍裕之经过几次科考都没有考中进士，此后便开始飘泊四方。雍裕之所作的乐府诗，特别有情趣韵致。雍裕之著有诗集一卷，流传至今。

权德舆

权德舆（759—818 年），字载之，起居舍人权皋之子。唐朝文学家、宰相。素以文章著称，为中唐台阁体的重要作家。主要作品有《玉台体》《田家即事》等。

【原文】

德舆，字载之，秦州人①。未冠，以文章称诸儒间。韩洄黜陟河南②，辟置幕府。复从江西观察使李兼府为判官。德宗闻其材，召为太常博士，改左补阙，中间累上书直言，迁起居舍人。贞元十五年知制诰，进中书舍人。宪宗初，历兵部侍郎、太子宾客。以陈说谋略多中，元和五年自太常卿拜礼部尚书、同中书门下平章事。德舆善辩论，开陈古今，觉悟人主。主辅相，尚宽，不甚察察。封扶风郡公③。

德舆能赋诗，工古调乐府，极多情致。积思经术，无不贯综，手不释卷。虽动止无外饰，其酝藉风流④，自然可慕。贞元、元和间，为荐绅羽仪⑤。有文集，今传，杨嗣复为序⑥。

【注释】

①秦州：今甘肃秦安东北。

②韩洄：字幼深，京兆长安人。先世是颍川人。官任知制诰，因元载案受牵连，被贬邵州司户参军。德宗时历官户部郎中、谏议大夫等。黜陟（chù zhì）：此指黜陟使，是唐代中央对地方官吏的政绩进行考核的官员。

③扶风郡：古郡名，治所在今陕西扶风。

④酝藉（yùn jiè）：宽和有涵容。

⑤荐绅：同"缙绅"。泛指有官职或做过官的人。羽仪：居高位而有才德，受尊重堪为楷模。

⑥杨嗣复：字继之，又字庆门，虢州弘农（今河南）人，唐朝宰相，户部尚书杨於陵之子。

【译文】

权德舆，字载之，秦州人。他还没到二十岁时，就因文章精美而在诸多儒士之中被广为称颂。韩洄出任河南黜陟使期间，征辟权德舆到幕府任职。后来又跟从江西观察使李兼到他的幕府担任判官。唐德宗听说了权德舆的才干，就召他入宫任太常博士，又改任左补阙，在任职期间权德舆多次上书直言劝谏，被升迁为起居舍人。贞元十五年，权德舆官拜知制诰，又晋升提拔为中书舍人。唐宪宗初年，权德舆历任兵部侍郎、太子宾客。

由于他所献的谋略多数如他所料，元和五年，权德舆从太常卿职位改授礼部尚书、同中书门下平章事。权德舆能言善辩，谈古论今，使人君顿悟许多道理。他身为宰相，主张宽恕待人，不太注重苛察小事。后来被封爵扶风郡公。

权德舆很会作诗，精通古调乐府，所作辞章极多情趣。他对经学也很有研究，没有他所不贯通的，读书时常常是手不释卷。虽然他对自己的举止从不格外加以修饰，但他的含蓄宽容、特异风采，自然而然令人仰慕。在贞元、元和年间，他成为达官缙绅所尊重的楷模。权德舆著有文集，如今流传于世，杨嗣复为他的文集写了序言。

长孙佐辅

长孙佐辅，生卒年不详，大约唐德宗贞元年间时在世。唐代诗人、隐士。其主要作品有《关山月》《秋日登山》《相和歌辞·宫怨》等。

【原文】

佐辅，朔方人①。举进士下第②，放怀不羁。弟公辅③，贞元间为吉州刺史，遂往依焉。后卒不宦④，隐居以求志。然风流酝藉⑤，一代名儒。

诗格词情，繁缛不杂⑥，卓然有英迈之气。每见其拟古、乐府数篇，极怨慕伤感之心，如水中月，如镜中相，言可尽而理无穷也。集今传。

【注释】

①朔方：今陕西省地区。

②下第：落榜，没考中。

③弟公辅：他弟弟长孙公辅，当时任吉州刺史。

④卒：最终，最后。不宦：没有当官。

⑤风流酝藉：形容人风雅潇洒，才华横溢。也形容文章诗画意趣飘逸含蓄。

⑥繁缛（rù）：指多而琐碎。

【译文】

长孙佐辅，朔方人。他前去赶考进士第时落榜，从此开始放怀天地之间，不拘束自己。他的弟弟长孙公辅，贞元年间任吉州刺史，于是他就前往吉州去投奔弟弟。后来长孙佐辅始终没有考取功名入朝为官，所以他就隐居山林以求实现自己的心志。然而他风雅潇洒，才华横溢的风范始终不减当年，不愧为一代名儒。

长孙佐辅所作的诗，风格情调多姿多彩，琐碎而不杂乱，卓然不群而且具有英迈之气。看他所写的几篇拟古诗、乐府诗，极尽怨慕伤感的情怀，像水中之月，宛如镜中之貌，言辞虽然结束，但其中所蕴含的理趣总是令人回味无穷。长孙佐辅著有诗集流传至今。

卷六

白居易

白居易（772—846年），字乐天，号香山居士，又号醉吟先生。唐代官员、伟大的现实主义诗人，唐代三大诗人之一。他的诗歌题材广泛，语言平易通俗，有"诗魔"和"诗王"之称。有《白氏长庆集》传世，代表诗作有《长恨歌》《卖炭翁》《琵琶行》等。

【原文】

居易，字乐天，太原下邽人。弱冠名未振①，观光上国，谒顾况②。况，吴人，恃才少所推可，因谑之曰："长安百物皆贵，居大不易。"及览诗卷，至"离离原上草，一岁一枯荣。野火烧不尽，春风吹又生"，乃叹曰："有句如此，居天下亦不难。老夫前言戏之耳。"贞元十六年，中书舍人高郢下进士、拔萃皆中，补校书郎。元和元年，作乐府及诗百余篇规讽时事，流闻禁中。上悦之，召拜翰林学士，历左拾遗。时盗杀宰相，京师汹汹。居易首上疏，请亟捕贼③。权贵有嫌其出位，怒之。俄有言居易母堕井死而赋《新井篇》④，言既浮华，行不可用，贬江州司马。初以勋庸暴露不宜⑤，实无他肠，怫怒奸党⑥，遂失志。亦能顺所遇，托浮屠死生说忘形骸者。久之，转中书舍人，知制诰。河朔乱，兵出无功，又言事不见听，乞外除为杭州刺史。文宗立，召迁刑部侍郎。会昌初，致仕卒。

居易累以忠鲠遭摈⑦，乃放纵诗酒。既复用，又皆幼君，仕情顿尔索寞。卜居履道里，与香山僧如满等结净社。疏沼种树，构石楼，凿八节滩，为游赏之乐，茶铛酒杓不相离⑧。尝科头箕踞⑨，谈禅咏古，晏如也。

自号"醉吟先生",作传。酷好佛,亦经月不荤,称"香山居士"。与胡杲、吉皎、郑据、刘真、卢贞、张浑、如满、李文爽燕集,皆高年不仕,日相招致,时人慕之,绘《九老图》。

公诗以六义为主,不尚艰难,每成篇,必令其家老妪读之⑩,问解则录。后人评白诗如山东父老课农桑,言言皆实者也。鸡林国行贾售于其国相⑪,率篇百金,伪者即能辨之。与元稹极善胶漆,音韵亦同,天下曰"元白"。元卒,与刘宾客齐名⑫,曰"刘白"云。公好神仙,自制飞云履⑬,焚香振足,如拔烟雾,冉冉生云。初来九江⑭,居庐阜峰下,作草堂烧丹,今尚存。有《白氏长庆集》七十五卷,及所撰古今事实为《六帖》⑮,及述作诗格法,欲自除其病,名《白氏金针集》三卷,并行于世。

【注释】

①弱冠:泛指二十左右的男子,但不能用于女子。男子二十岁时行冠礼,即戴上表示已成人的帽子,以示成年,但身体还未壮,故称"弱"。冠:帽子,指代成年。

②谒(yè):拜见,拜访。顾况:字逋翁,苏州海盐县(今浙江省海盐县)人。唐朝大臣、诗人、画家、鉴赏家。

③盗杀宰相:指元和十年,当朝右丞相武元衡,上朝途中被政敌李师道派刺客暗杀之事,当时轰动朝野上下。请:请求。亟(jí):急切,立即。

④俄(é):不久。表短时间内。言:说。

⑤勋庸:这里指被刺杀的宰相武元衡。

⑥怫(fú):触怒,很愤怒的样子。

⑦累以忠鲠(gěng)遭摈(bìn):多次因为忠诚耿直遭到排斥。忠鲠:亦作"忠梗",忠诚耿直。鲠:鱼骨。摈:排斥、弃绝。

⑧茶铛(chēng):煎茶用的釜。酒杓(sháo):一种舀酒的器具。杓:同"勺",勺子。

⑨科头：不戴帽子，裸露发髻。箕踞（jī jù）：两腿张开，两膝微曲地坐着，形状像箕。形容一种轻慢傲视、不拘礼节的坐姿。

⑩老妪（yù）：指老妇人，老太太。

⑪鸡林国：古国名。即新罗，在今朝鲜半岛。行贾（gǔ）：行商，到外地经商的商人。

⑫刘宾客：即刘禹锡，因曾任太子宾客，故称。

⑬飞云履：相传为白居易居庐山草堂时自制的鞋的名称。

⑭九江：简称"浔"，今九江市，是江西省地级市，古称柴桑、江州、浔阳，是一座有着2200多年历史的江南名城。

⑮《六帖》：即《白氏六帖》，又名《白氏六帖事类集》，是唐代诗人白居易所撰的分类罗列典故的类书。

【译文】

白居易，字乐天，太原下邽人。他在年近二十岁的时候，尚未名震四方，有一次他去京城游玩，顺便拜见了当时名流顾况。顾况，是吴地人，倚仗自己有才华，很少有他推重认可的诗人，于是就取笑白居易说："长安城什么东西都贵，要想长居于此可不容易啊。"等他翻阅白居易诗卷，读到"离离原上草，一岁一枯荣。野火烧不尽，春风吹又生"的时候，竟忍不住感叹道："能写出这样的诗句，广居天下也都不是难事了。老夫我之前所说的话是跟你开玩笑罢了。"贞元十六年，中书舍人高郢下来主持进士考试、选拔英才，白居易全都考中了，被朝廷授任为校书郎。元和元年，白居易先后写了乐府歌辞以及诗作一百多篇，诗句中显露规劝讽谏时事之意，很快流传到宫中。皇帝读了他的诗后非常喜欢他，于是就召见他并且授任他为翰林学士，随后又历任了左拾遗。当时有人雇用刺客暗杀了当朝宰相武元衡，京城顿时议论纷纷。白居易第一个站出来上疏皇帝，请求尽快抓捕凶手。当朝的权贵中有人嫌弃他这是越职行事，对他十分恼怒。不久就有传言说白居易的母亲落井而死，他却写了篇《新井篇》，词句十分浮夸华丽，这样的品行不可以重用，因此白居易很快就被贬为江州司马了。起初白居易只是认为不应当让被刺杀的宰相武元衡就这样凄惨地暴尸街头，其实并没有别的想法，没想到会触怒了奸党，于是就开始官场失意了。但他能很快顺乎遭遇，随遇而安，借佛教的生死之说超脱身体上的痛苦。过了很长时间以后，白居易又被调任为中书舍人，知制诰，掌管制定朝廷的诏令。后来河北地区发生叛乱，朝廷出兵无功而返，白居易见状又向朝廷进谏论述此事，但没有被采纳，于是他就请求外调出任杭州刺史。直到唐文宗即位后，下诏升任白居易为刑部侍郎。会昌初年，白居易辞官退休回家，最后死在家中。

白居易多次因为忠诚耿直遭到排斥，于是就纵情山水，饮酒作诗。被重新任用后，又因为辅佐的都是年少的君主，所以做官的心情低沉落寞。

在履道里选择田地定居，与香山僧人如满等联合成立净社。然后开挖沟池，疏通水源，栽种树木，建造石楼，开凿八节滩，作为游玩之乐，每天茶铛酒杯不离手。常常是不戴帽子光着头，像箕一样张开腿盘坐在地上，谈论佛理，吟咏古诗，一副安然自得的样子。自己号称"醉吟先生"，并且还为此作了一篇《醉吟先生传》。白居易特别爱好钻研佛学，也常常整月不吃荤，自称"香山居士"。与胡杲、吉皎、郑据、刘真、卢贞、张浑、如满、李文爽一起聚会宴饮，他们都是年老不再做官的，每天相互招引聚会，当时的人都很羡慕他们，于是就画了一幅《九老图》。

白居易的诗以"六义"为主，不盲目崇尚艰涩难懂的文风，他每次写成一篇，必定会让他家里的老妇人先去阅读它，询问老妇人是否读懂了以后才抄录下来。后人评价白居易的诗就像山东百姓谈论农桑之事，字字句句都是非常朴实的话。来自鸡林国的过路商人将他的诗买回去卖给他们国家的宰相，每篇卖价都是一百金，如果是伪造的，他们马上就能分辨出来。白居易与元稹的关系非常好，称得上是如胶似漆了，而且他们俩写诗追求的音韵也相同，天下人把他们并称为"元白"。元稹死后，白居易与刘禹锡齐名，并合称有"刘白"之说。白居易喜欢神仙，自己曾经制造了一双飞云履，点起香火，振动双脚，就像腾云驾雾一般，只见脚下有云雾冉冉升起。白居易刚来到九江时，居住在庐阜峰下，搭建了一座草堂开始精心炼制丹药。这座草堂如今还保存着。白居易著有《白氏长庆集》七十五卷，以及他所撰写编辑的罗列古今事实典故的类书名为《白氏六帖事类集》，以及叙述作诗格法想自己除去作诗毛病的书籍，名为《白氏金针集》，共三卷，一并流行于世。

元稹

元稹（779—831年），字微之，别字威明，汉化鲜卑族。唐朝大臣、诗人、文学家。代表作有传奇故事《莺莺传》，诗歌《行宫》《离思五首》《遣悲怀三首》等。著有《元氏长庆集》一部。

【原文】

稹，字微之，河南人。九岁工属文，十五擢明经，书判入等①，补校书郎。元和初，对策第一②，拜左拾遗。数上书言利害，当路恶之，出为河南尉。后拜监察御史，按狱东川③。还次敷水驿④，中人仇士良夜至⑤，稹不让邸⑥，仇怒，击稹败面。宰相以稹年少轻威，失宪臣体，贬江陵士曹参军，李绛等论其枉⑦。元和末，召拜膳部员外郎。

稹诗变体，往往宫中乐色皆诵之，呼为才子。然缀属虽广，乐府专其警策也。初在江陵，与监军崔潭峻善。长庆中，崔进其歌诗数十百篇，帝大悦，问今安在，曰："为南宫散郎⑧。"擢祠部郎中、知制诰，俄迁中书舍人、翰林承旨⑨，后拜同中书门下平章事。初以瑕衅⑩，举动浮薄，朝野杂笑，未几罢。然素无检，望轻，不为公议所右，除武昌节度使，卒。

在越时⑪，辟窦巩。巩工诗，日酬和，故镜湖、秦望之奇益传⑫，时号"兰亭绝唱"。微之与白乐天最密⑬，虽骨肉未至，爱慕之情，可欺金石，千里神交，若合符契，唱和之多，无逾二公者。有《元氏长庆集》一百卷及《小集》十卷，今传。

夫松柏饱风霜，而后胜梁栋之任，人必劳饿空乏，而后无充诎之态⑭。誉早必气锐，气锐则志骄，志骄则敛怨。先达者未足喜，晚成者或可贺。况庆吊相望于门闾⑮，不可测哉。人评元诗如李龟年说天宝遗事，貌悴而神不伤。况尤物移人，侈俗迁性，足见其举止斐薄丰茸，仍且不容胜己，至登庸成忝⑯，贻笑于多士，其来尚矣。不矜细行，终累大德。岂不闻言行君子之枢机⑰，荣辱之主耶？古人不耻能治而无位，耻有位而不能治也。

【注释】

①书判：书法和文理。此指唐代科举之一，即书判拔萃科。

②对策：指应考的人在殿试中对答皇帝有关政治经济的策问。

③东川：治所在今四川。

④次：旅行所居止的处所，即临时住所。敷水驿：旧址在今陕西省华阴市西敷水镇。

⑤仇士良：字匡美，循州兴宁（今广东兴宁）人，唐朝宦官、权臣。宪宗、文宗时任内外五坊使，后升左神策军中尉兼左街功德使。

⑥邸（dǐ）：高级官员的住所，官邸。

⑦李绛：字深之，赵郡赞皇县（今河北省赞皇县）人。唐朝宰相。

⑧南宫散郎：官名，即员外郎。

⑨翰林承旨：古代官名。唐朝时期设置。肃宗至德宗年间，从翰林学士选择一个德高望重的长者作为承旨，独自承办密令之事。多为宰相备选人物。

⑩瑕衅（xiá xìn）：意思是嫌隙、隔阂；亦指罪过，过失。

⑪越：今钱塘江下游两岸地区。元稹曾任浙东观察使，治所在越州会稽，即今浙江绍兴。

⑫镜湖：湖名，在今浙江绍兴会稽山北麓。秦望：秦望山，在今浙江省杭州市西南。

⑬白乐天：即白居易，字乐天。

⑭空乏：空寂困穷；贫穷困厄。充诎（qū）之态：得意忘形的状态。

⑮门闾（lú）：家门；门庭。

⑯登庸：指选拔任用、登帝位和科举考试应考中选的意思。忝（tiǎn）：辱，有愧于。常用作谦辞。

⑰枢机：指事物运行的关键。

【译文】

元稹，字微之，河南人。九岁时就擅长写文章，十五岁时考中明经科，又考中书判拔萃科，奉旨补授官职为校书郎。元和初年，参加殿试时对答如流获得第一名，官拜左拾遗。由于他多次上书谈论朝政的利害得失，当权者非常嫉恨他，被贬斥出朝廷赴任河南县尉。后来又被任命为监察御史，巡按东川牢狱事务。回来途中临时住在敷水驿，赶巧当势的宦官仇士良半夜到达敷水驿，元稹没有出让官邸让他住宿，仇士良大怒，击打元稹的脸，以至于打破了他的脸面。然而当朝宰相却认为元稹年少轻视重臣的威仪，有失宠臣的体面，于是就将元稹贬为江陵士曹参军，当时李绛等人都上书论述他冤枉。直到元和末年，元稹才被召回朝廷拜任膳部员外郎。

元稹的诗善于变化体式，宫中乐人常常拿去吟唱他的诗歌，都称呼他是才子。然而尽管他所写的涉及面很广，但是若论警策方面却只有乐府诗歌了。当初他在江陵时，和监军崔潭峻交情深厚。长庆年间，崔潭峻将他的诗歌进献给皇上的能有数百篇，皇帝看后非常高兴，问他元稹现在在哪里当职，崔潭峻回答说："现在是南宫散郎。"皇上立即传召提升元稹为祠部郎中、知制诰，不久后升迁为中书舍人、翰林学士承旨，后来拜任同中书门下平章事。上任之初因为他与别人产生隔阂，做事举止轻浮又鄙薄他人，引来朝廷内外大臣的各种嘲笑，不久就被罢除官职了。但是他平时为人不注重检点自己，声望轻微，不被舆论所推重，后来出任武昌节度使，直到死去。

元稹在越州任浙东观察使时，曾征召窦巩为幕僚。窦巩长于作诗，二人每天都有相互酬答唱和之作，所以当地的镜湖、秦望山的奇异景色更加得到了传扬，当时他二人的作品被人们称为"兰亭绝唱"。元稹与白居易的关系最亲密，即使是骨肉至亲也无法达到那种密切程度，他们之间相互欣赏敬慕之情，可以胜过金石，即使是千里之外的精神交往，也能像合符一样紧密契合，若论彼此唱和作品之多，没有能超过这两个人的。元稹著有《元氏长庆集》一百卷和《小集》十卷，流传至今。

松柏一定要饱经风霜，然后才能胜任栋梁之材，而人一定要先经历劳苦饥饿、贫穷困厄，然后才能没有得意忘形的姿态。声誉获得太早则气势一定锐不可当，气势锐不可当就会神志骄横，神志骄横就会聚敛怨恨。率先显达之人未必足以道喜，大器晚成者有时或许可以祝贺。何况喜庆吊丧之事何时相继到门庭，都是无法预测的呢。人们评价元稹的诗如同李龟年在诉说天宝年间遗留下来的往事，外表憔悴而神不伤。何况尤物移人，奢侈的风俗迁移性状，足可以看出他的举止轻薄

猥琐，且仍然不能容忍别人超过自己，至于登高位而愧为宰相，为许多人留下笑柄，这已经由来已久了。行为举止不重视细节，最终会有损大德。难道你没听说君子的言论和行动就像门轴和机关的发动一样关键，是人生获得荣耀和耻辱的主要因素吗？古人不以有治世的本领而没有高位为羞耻，而是耻于有了高位而没有能治世的本领啊。

李绅

李绅（772—846年），字公垂，唐朝宰相、诗人，中书令李敬玄曾孙。为新乐府运动的倡导者和参与者。代表作有《悯农二首》、叙事诗《莺莺歌》《悲善才》、散文《寒松赋》等。

【原文】

绅，字公垂，亳州人①。元和元年武翊黄榜进士②，与皇甫湜同年。补国子助教。穆宗召为翰林学士，累迁中书舍人。武宗即位，拜中书侍郎平章事。绅为人短小精悍，于诗特有名，号"短李"。与李德裕③、元稹同时，称"三俊"。集名《追昔游》，多纪行之作。又《批答》一卷④，皆传。

初为寿州刺史，有秀才郁浑，年甫弱冠，应百篇科⑤，绅命题试之，未昏而就，警句佳意甚多，亦有集，今传。

【注释】

①亳（bó）州：今安徽省亳州市。

②武翊黄：字坤舆，河南缑氏（今河南偃师南）人。宰相武元衡的儿子，才学惊人，曾三试独占鳌头。人称"武三头"。官至大理卿。

③李德裕：字文饶，小字台郎，唐代杰出的政治家、文学家、战略家，中书侍郎李吉甫的次子。

④批答：指对公文的批示答复。

⑤百篇科：唐代科举考试的一种科目名称。

【译文】

李绅，字公垂，亳州人。元和元年与状元武翊黄同榜进士及第，与皇甫湜为同年进士。李绅进士及第后授官为国子助教。唐穆宗时期召李绅入朝任翰林学士，经屡次升迁后拜任中书舍人。唐武宗即位后，李绅官拜中书侍郎平章事。李绅为人短小精悍，在作诗上极为闻名，号称"短李"。李绅与李德裕、元稹在同一时期享有诗名，被称为"三俊"。李绅的诗集名为《追昔游》，里边多数是记述行旅的作品。另外还有《批答》一卷，都流传于世。

李绅当初任寿州刺史时，有个秀才名叫郁浑，刚二十岁，应试百篇科，李绅出题目考他，不到黄昏就全答完了，而且其中警言佳句精美寓意很多，郁浑也有诗集留世，而且流传至今。

鲍溶

鲍溶，字德源，生卒年、籍贯不详，是中唐时期的重要诗人。主要作品有《水殿采菱歌》《古意》等。

【原文】

溶，字德源，元和四年韦瓘榜第进士①，在杨汝士一时。与李端公益少同袍②，为尔汝交③。初隐江南山中避地。家苦贫，劲气不扰，羁旅四方④，登临怀昔，皆古今绝唱。过陇头古天山大阪⑤，泉水呜咽，分流四下，赋诗曰："陇头水，千古不堪闻。生归苏属国，死别李将军。细响风凋草，清哀雁入云。"其警绝大概如此。古诗乐府，可称独步。盖其气力宏赡，博识清度，雅正高古，众才无不备具云。卒飘蓬薄宦⑥，客死三川。有集五卷，今传。

【注释】

①韦瓘（guàn）：字茂弘，京兆万年（今陕西西安）人（一说是桂林人）。状元及第，官授左拾遗，卷入牛李党争，失败后被贬谪。

②端公：唐代人对侍御史的别称，也叫台端。

③尔汝交：指不分你我、不拘形迹的亲密交情。

④羁旅：长久寄居他乡。

⑤陇头：陇山。借指边塞。

⑥飘蓬：飘飞的蓬草，比喻飘泊无定。薄宦：卑微的官职。有时用为谦辞。

【译文】

鲍溶，字德源，元和四年与状元韦瓘同榜进士及第，与杨汝士是同一时期进士。鲍溶年少时和侍御史李益相互友爱，是不分你我的"忘形之交"。鲍溶起初隐居在江南的山林里躲避乱世。鲍溶的家境贫苦，但他天生的刚强性格没有被改变，常年漂泊四方，每当他登高临远，抚今追昔之时，都能写出前无古人、后无来者的绝妙好诗。他经过陇头古天山大阪时，听到泉水凄切奔流的声音，看到泉水四处分流而下的时候，当即赋诗一首说："陇头水，千古不堪闻。生归苏属国，死别李将军。细响风凋草，清哀雁入云。"他的诗精警绝妙大致如此。鲍溶的古乐府诗，可以称得上是独步诗坛。因为他富有恢宏的才气，而且学识广博，见解高明，诗风雅正高古，各种才能没有不具备的。但他最终生活飘泊无定，官场上职位卑微，死在了蜀中异乡之地。鲍溶著有诗集五卷，流传至今。

清塞

清塞，俗姓周，名贺，字南卿，东洛人，生卒年均不详。唐代著名诗僧。代表诗作品有《出关后寄贾岛》《秋思》等。

【原文】

清塞，字南卿，居庐岳为浮屠①，客南徐亦久，后来少室、终南间②。俗姓周，名贺。工为近体诗，格调清雅，与贾岛、无可齐名。宝历中，姚合守钱塘③，因携书投刺以丐品第④，合延待甚异。见其《哭僧》诗云："冻须亡夜剃，遗偈病中书。"大爱之，因加以冠巾，使复姓字。时夏腊已高，荣望落落，竟往依名山诸尊宿自终。诗一卷，今存。

【注释】

①浮屠：指和尚。

②少室：即少室山。嵩山包括太室山和少室山，太室山上有嵩山书院，少林寺就在嵩山脚下。终南：即终南山。

③姚合：唐代著名诗人，宰相姚崇曾侄孙。起初进士及第，授武功主簿。历任监察御史，金、杭二州刺史、给事中等职。世称"姚武功"，自成诗派"武功体"。

④丐：乞求，请求。品第：品鉴评定，并分列次第名位。

【译文】

清塞，字南卿，是居住在庐山的一个僧人，曾经寓居在南徐也有很长时间，此后来往于嵩山少室山和终南山之间。清塞和尚出家前本姓周，名贺。他擅长写近体诗，诗风格调清新雅正，与贾岛、无可的名气相等。宝历年间，姚合任杭州刺史镇守钱塘，因此清塞就携带诗卷，向姚合递上名帖以求品鉴评定次第，姚合对他接待非同一般。姚合见到他《哭僧》诗中写道："冻须亡夜剃，遗偈病中书。"姚合看后非常欣赏他的才华，就赐给他俗人的衣帽，让他恢复出家前的姓名。清塞因自己出家年月已久，追求世俗功名的愿望早已冷落，最终还是去依附居住在名山中的前辈高僧了此一生。清塞有诗集一卷，如今流传在当世。

无可

无可，俗名贾区，生、卒年均不详，唐代著名诗僧，是贾岛的从弟。主要作品有《送朴山人归日本》《送韩校书赴江西》等。

【原文】

无可，长安人，高僧也。工诗，多为五言。初，贾岛弃俗时①，同居青龙寺，呼岛为从兄。与马戴、姚合、厉玄多有酬唱②。律调谨严，属兴清越，比物以意，谓之"象外句"。如曰："听雨寒更尽，开门落叶深。"又曰："微阳下乔木，远烧入秋山。"凡此等新奇，当时翕然称尚③，妙在言用而不失其名耳。今集一卷相传。

【注释】

①弃俗：脱离世俗，即出家。

②厉玄：唐代官员、诗人。文宗大和二年进士。官监察御史、睦州刺史等职。工诗，与诗人姚合、贾岛、马戴、顾非熊等都有唱和之作。

③翕然称尚：一致称颂推崇。

【译文】

无可，长安人，是一位有修行的僧人。他擅长作诗，而且格律工整，多数是五言诗。当初，贾岛出家为僧时，曾与无可同住青龙寺精舍，称呼贾岛为从兄。无可与马戴、姚合、厉玄等人多有相互酬赠应答的诗作。他的诗格律音调严谨，寓意高超清丽，而且常用意象来比喻事物，称之为"象外句"。比如说："听雨寒更尽，开门落叶深。"又有诗句说："微阳下乔木，远烧入秋山。"凡是这类新奇绝妙的诗句，在当时得到人们一致的称颂推崇，其精妙之处在于说出事物的过程而不说破其名称。如今无可有诗集一卷依旧在世间流传。

熊孺登

熊孺登（约806—820年），生卒年不详，唐代官员、诗人。主要诗作品有《正月十五日》《日暮天无云》《雪中答僧书》等。

【原文】

孺登，钟陵人，有诗名。元和中为西川从事，与白舍人、刘宾客善①，多赠答。亦祇役湘中数年②。凡下笔③，言语妙天下。如："江流如箭月如弓，行尽三湘数夜中。无奈子规知向蜀④，一声声似怨春风。"又《经古墓》云："碑折松枯山火烧，夜台从闭不曾朝。那将逝者比流水，流水东流逢上潮。"类此极多。有集今传。

【注释】

①白舍人、刘宾客：指白居易、刘禹锡。

②祇役（zhī yì）：意思是奉命任职。湘中：指湖南整个西部地区的总

称，包括张家界市、湘西自治州、怀化市和邵阳市西部的县（睢宁等）。

③凡：但凡；凡是，表示所有的。

④子规：又叫杜宇、四声杜鹃、催归。它总是朝着北方鸣叫，而且叫声哀切，犹如盼子回归，故称。

【译文】

熊孺登，钟陵人，诗写得好，很有名气。元和年间任西川节度使幕府从事，与白居易、刘禹锡关系密切，彼此之间多有相互酬赠之作。熊孺登也曾奉命在湘中官衙当过几年差役。他善于作诗，凡是落笔成诗之作，言语都会称妙于天下。诸如："江流如箭月如弓，行尽三湘数夜中。无奈子规知向蜀，一声声似怨春风。"还有一首《经古墓》中写道："碑折松枯山火烧，夜台从闭不曾朝。那将逝者比流水，流水东流逢上潮。"像这样精妙的诗句他写了很多。如今熊孺登有诗集流传于世。

沈亚之

沈亚之（781—832 年），字下贤。唐代官员、文学家。主要作品有《湘中怨解》《异梦录》《秦梦记》等。

【原文】

亚之，字下贤，吴兴人。初至长安，与李贺结交。举进士不第①，为歌以送归。元和十年侍郎崔群下进士。泾原李汇辟为掌书记②。为秘书省正字。长庆中，补栎阳令。四年，迁福建团练副使，事徐晦。后累迁殿中丞御史内供奉③。大和三年，柏耆宣慰德州④，取为判官。耆罢，亚之贬南康尉，后终郢州掾。

亚之以文辞得名，然狂躁贪冒⑤，辅耆为恶，颇凭陵晚达，故及于谪。尝游韩吏部门⑥。杜牧、李商隐俱有拟沈下贤诗⑦，盖甚为当时名辈器重云。有集九卷，传世。

【注释】

①不第：落榜，没有考中。

②泾（jīng）原：唐代方镇名。辖区有泾、原二州，相当于今甘肃、宁夏的六盘山以东，浦河以西地区。

③殿中丞御史：当为"殿中侍御史"笔误。唐初设侍御史内供奉、殿中侍御史内供奉，均是御史台属官。

④柏耆（qí）：唐代名将柏良器之子，具有纵横家的本领。王承宗占据常山郡反叛之时，柏耆请命前去出使镇州，结果说服王承宗归降朝廷，他

因此名声大振，自处士授官为左拾遗。德州：治所在今山东省德州陵城。

⑤狂躁：非常焦躁，不沉着。贪冒：指贪图财利。

⑥韩吏部：指韩愈，唐代著名文学家、官员，因晚年官至吏部侍郎，故而人称"韩吏部"。

⑦俱：都。拟：模拟，模仿。

【译文】

沈亚之，字下贤，吴兴人。他刚到长安时，与李贺结交为朋友。沈亚之参加进士考试落榜后，李贺曾写诗一首赠送他回归故乡。元和十年，沈亚之在崔群知贡举时进士及第。此后沈亚之被泾原节度使李汇征辟为掌书记。后来又入朝任秘书省正字。长庆年间，沈亚之调补栎阳县令。长庆四年，又调任福建团练副使，在徐晦手下供职。后来又经过几次升迁官拜殿中侍御史内供奉，供职于内廷。大和三年，柏耆出任德州宣慰使，录取沈亚之为属下判官。柏耆因事被罢官后，沈亚之也连带获罪被贬为南康县尉，后来官终郢州掾。

沈亚之以擅长诗文辞章而得名，但他性格急躁、贪图财利，辅助柏耆做坏事，很喜欢凭借权势欺凌官场后辈，所以遭到被贬谪的命运。沈亚之曾到韩愈门下求学诗文。诗人杜牧、李商隐都有模仿沈亚之诗的作品，这大概是沈亚之被当时的诗坛名流十分器重的情况。沈亚之有诗文集九卷流传于世。

徐凝

徐凝，字号、生卒年均不详。唐代诗人，主要作品有《奉酬元相公上元》《忆扬州》等。

【原文】

凝，睦州人。元和间有诗名。方干师事之。与施肩吾同里闬①，日亲声调，无进取之意，交眷悉激勉，始游长安，不忍自衒鬻②，竟不成名。将归，以诗辞韩吏部云："一生所遇惟元白，天下无人重布衣。欲别朱门泪先尽③，白头游子白身归。"知者怜之。遂归旧隐，潜心诗酒。人间荣耀，徐山人不复贮齿颊中也。老病且贫，意泊无恼，优悠自终。集一卷，今传。

余昔经桐庐古邑，山水苍翠，严先生钓石④，居然无恙。忽自星沉，千载寥邈⑤，后之学者，往往继踵芳尘⑥，文华伟杰，义逼云天，产秀毓奇⑦，此时为冠。至今有长吟高蹈之风，古碑、石刻、题名等，相传不废。揽辔徬徨⑧，不忍去之⑨。胜地以一人兴，先贤为来者重，固当相勉而无倦也。

【注释】

①施肩吾：唐代著名文学家、道学家。里闬（hàn）：里门。借指同乡。

②衒鬻（xuàn yù）：意思是炫耀卖弄。鬻：卖。

③朱门：因古代王侯贵族的府第大门常漆成红色，以示尊贵，后泛指

富贵人家。

④严先生：东汉著名隐士严光，光武帝的老朋友，他们之间以道义互相推崇。传说后来光武帝得到预言天命所归的《赤伏符》，因此获得了登极称帝的机会。

⑤寥邈（liáo miǎo）：高远；遥远；稀少。

⑥继踵（zhǒng）：接踵，指脚跟着脚，前后相接。踵：脚跟。

⑦毓（yù）：生育，孕育。

⑧揽辔（lǎn pèi）：挽住马缰。徬徨（páng huáng）：徘徊，走来走去犹豫不决的样子。

⑨去：离开。

【译文】

徐凝，睦州人。他在元和年间的诗坛上很有名气。方干曾拜他为师。徐凝与施肩吾是同乡，他们二人喜欢每天在一起研习诗韵格律，没有想在仕途上进取高官厚禄的意愿，朋友和亲属都激励徐凝去求取功名，他才开始到京城长安游历，但徐凝不忍心屈就自我卖弄诗才，最终没有成就功名。他在将要回乡之前，以写诗的形式向韩愈辞别说："一生所遇惟元白，天下无人重布衣。欲别朱门泪先尽，白头游子白身归。"了解徐凝的人都很同情他。

徐凝随后回到以前隐居的地方，静下心来只去饮酒赋诗。至于人世间的功名荣耀，徐隐士不再在口中提起了。后来徐凝年老有病而且生活贫困，但他依旧淡泊名利，无忧无虑，就这样优哉游哉地自然终老一生。徐凝隐居期间，潜心著有诗集一卷，流传至今。

我以前曾经路过桐庐古邑，看到那里山青水绿，当年严光先生垂钓的巨石，竟然完好无缺。自从严先生倏忽间如巨星陨落，千年来如此之人寥落遥远。后来者中学习他的人，往往只跟随他隐居不仕的行迹，所以文士中出类拔萃之士，归隐的思想高入云天，由此孕育产生的俊杰奇士，以这唐代最多。直到今天还有只去吟哦诗句、遁世归隐的风气，记载此类人物的古碑、石刻、题名等，代代相传从未中断。我挽住缰绳，徘徊往返之中，不忍离去。至于名胜之地因一人而兴起，前代贤人被后来人所尊重，固然是应当相互勉励而不知疲倦的。

裴夷直

裴夷直，字礼卿，生卒年不详。唐代文学家。主要作品有《观淬龙泉剑》《献岁书情》《同乐天中秋夜洛河玩月》等。《全唐诗》录存其诗一卷，《全唐文》录存其文一篇。

【原文】

夷直，字礼卿，吴人。元和十年礼部侍郎崔群下进士，仕为中书舍人。武宗立①，以罪贬驩州司户②。宣宗初③，为江、华二州刺史。终尚书左司员外郎、散骑常侍④。工诗，有盛名。集一卷，今传于世。

【注释】

①武宗：唐武宗李炎，是唐穆宗第五子。

②驩（huān）州：古地名，相当今越南境内。

③宣宗：唐宣宗李忱，846年至859年在位。

④散骑常侍：皇帝的随从。主要规谏皇帝过失，时刻准备皇帝询问政事，皇帝出宫则需要骑马散从。

【译文】

裴夷直，字礼卿，吴地人氏。裴夷直在元和十年礼部侍郎崔群知贡举时进士及第，授官为中书舍人。唐武宗李炎即位后，裴夷直因罪被贬为驩州司户参军。唐宣宗初年，出任江州刺史和华州刺史。官终尚书省左司员外郎、散骑常侍。裴夷直长于作诗，享有很高的诗名。裴夷直著有诗集一卷，如今流传于世。

薛涛

薛涛（约768—832年），字洪度。薛涛是一个带有传奇色彩的唐代女诗人，与刘采春、鱼玄机、李冶，并称"唐朝四大女诗人"，亦是"蜀中四大才女"之一。主要作品有《牡丹》《春望词》《池上双凫》等。《全唐诗》录存其诗1卷。

【原文】

涛，字洪度，成都乐妓也。性辨惠，调翰墨。居浣花里①，种菖蒲满门②。傍即东北走长安道也，往来车马留连。元和中，元微之使蜀③，密意求访，府公严司空知之，遣涛往侍。微之登翰林，以诗寄之曰："锦江滑腻峨嵋秀，幻出文君与薛涛。言语巧偷鹦鹉舌，文章分得凤凰毛。纷纷词客皆停笔，个个公侯欲梦刀。别后相思隔烟水，菖蒲花发五云高。"及武元衡入相，奏授校书郎。蜀人呼妓为校书，自涛始也。后胡曾赠诗曰："万里桥边女校书，枇杷树下闭门居④。扫眉才子知多少，管领春风总不如。"

涛工为小诗，惜成都笺幅大，遂皆制狭之，人以为便，名曰："薛涛笺"。且机警闲捷⑤，座间谈笑风生。高骈镇蜀门日⑥，命之佐酒，改一字惬音令，且得形象，曰："口，似没梁斗。"答曰："川，似三条椽。"公曰："奈一条曲何？"曰："相公为西川节度，尚用一破斗，况穷酒佐杂一曲椽，何足怪哉？"其敏捷类此特多，座客赏叹。其所作诗，稍欺良匠，词意不苟，情尽笔墨，翰苑崇高，辄能攀附⑦，殊不意裙裾之下⑧，出此异物，岂得以匪其人而弃其学哉⑨？大和中卒。有《锦江集》五卷，今传，中多名公赠答云。

【注释】

①浣花里：唐代成都县坊里。在今四川成都市西南五里杜甫草堂一带。

②菖蒲（chāng pú）：是一种生在水边的药性植物，可以提取芳香油，有香气。民间常用于端午节采摘置于家中驱蚊辟邪。

③元微之：元稹，字微之，唐代著名诗人。

④枇杷（pí pá）：常绿小乔木，叶子长椭圆形，花白色。果实也叫枇杷。

⑤闲捷：熟练敏捷。闲，通"娴"。

⑥高骈（pián）：字千里。唐朝后期名将、诗人。据今人张篷舟《薛涛诗笺》考证此"高骈"应为高崇文。因为据记载"骈于乾符二年（公元875年）镇蜀，时涛已卒43年，时间固属不合；而其词之鄙，绝不类骈

所作之诗，正可与高崇文《咏雪》诗相比。崇文镇蜀时，涛只37岁，有上崇文诗一首，故予以此令当属之崇文也。"蜀门：即剑门。亦代称蜀地。在四川省剑阁县北。山势险峻，古代为戍守要地。

⑦辄（zhé）：总，总是；就。

⑧裙裾（qún jū）：裙子，借指妇女。

⑨匪其人：即"非其人"，意思是说薛涛不是文人而只个乐妓。匪：同"非"。

【译文】

薛涛，字洪度，是成都的一名乐妓。她天性聪惠，辨析明理，擅长书法。居住在浣花里，院门内种满了菖蒲。她的住所旁边就是向东北通向长安的大道，来来往往的车马旅人经过这里时都会忍不住流连忘返。元和年间，元稹奉旨出使蜀地时，想私下里秘密去寻访薛涛，府主严司空知道这件事后，就派遣薛涛前去侍奉元稹。后来元稹回到朝廷高升到翰林学士，写诗寄给薛涛说："锦江滑腻峨眉秀，幻出文君与薛涛。言语巧偷鹦鹉舌，文章分得凤凰毛。纷纷词客皆停笔，个个公侯欲梦刀。别后相思隔烟水，菖蒲花发五云高。"到武元衡入朝为宰相的时候，曾奏请皇上拜授薛涛为校书郎。至于蜀地人将妓女称为"校书"，就是从薛涛开始的。后来胡曾写诗赠给薛涛说："万里桥边女校书，枇杷树下闭门居。扫眉才子知多少，管领春风总不如。"

薛涛善于写短小的诗篇，可惜成都的纸笺都很宽大，她就把自己所用的纸都裁剪成窄小的样式，人们觉得很方便，就把这种纸称为"薛涛笺"。而且薛涛为人机警，思维敏捷，她在酒席宴会上总是谈笑风生。高崇文出任剑南西川节度使镇守蜀地时，命令薛涛前去陪酒，所行酒令改为一字惬音令，要求必须逐韵，而且还得形象。高崇文出句说："口，似没梁斗。"薛涛对句说："川，似三条椽"。高崇文说："怎么有一条是弯曲的？"薛涛回答说："相公身为西川节度使，尚且用一个没梁的破斗，何况我这一个穷陪酒的只不过是掺杂了一条弯椽，有什么值得奇怪的呢？"薛涛像这一类机敏快捷对答如流的事例特别多，在座宾客大为赞赏。薛涛所写的诗，略微超过小有名气的诗人，她写诗用词达意一丝不苟，用情之切尽在笔墨之中，诗坛当中地位崇高之人，她总是能够以诗情攀附，真想不到妇女之中，竟能出现这样一个非同寻常的人物，岂能因她是一个乐妓而不是文人就对她的文学成就摒弃不录呢？薛涛在大和年间去世。薛涛著有《锦江集》五卷，流传至今，其中有很多与名公巨卿相互酬赠的作品。

姚合

姚合（约779—约855年），唐代著名诗人、官员。世称"姚武功"，其诗歌风格称"武功体"。主要作品有《闲居遣怀十首》《送丁端公赴河阴》《送郑尚书赴兴元》等。著有《姚少监诗集》《极玄集》。

【原文】

合，陕州人①，宰相崇之曾孙也。以诗闻。元和十一年，李逢吉知贡举，有夙好，因拔泥涂，郑澥榜及第②。历武功主簿③，富平、万年尉。宝历中，除监察御史，迁户部员外郎，出为金、杭二州刺史。后召入，拜刑、户二部郎中，谏议大夫、给事中。

开成间，李商隐尉弘农，以活囚忤观察使孙简，将罢去，会合来代简，一见大喜，以风雅之契，即谕使还官，人雅服其义。后仕终秘书监。与贾岛同时，号"姚贾"，自成一法。岛难吟，有清冽之风；合易作，皆平澹之气④。兴趣俱到，格调少殊，所谓方拙之奥，至巧存焉。盖多历下邑，官况萧条，山县荒凉，风景凋弊之间⑤，最工模写也。性嗜酒爱花，颓然自放⑥，人事生理，略不介意，有达人之大观。所为诗十卷，及选集王维、祖咏等二十一人诗为《极玄集》一卷，《序》称维等皆诗家射雕手也。又摭古人诗联，叙其措意⑦，各有体要，撰《诗例》一卷，今并传焉。

【注释】

①陕州：治所在今河南陕县。

②郑澥（xiè）：籍贯、生卒年皆不详。唐宪宗元和十一年（816年）丙申科状元及第，中书舍人李逢吉为主考官。历任山南东道掌书记、开州刺史、金部郎中。

③武功：古县名，隶属于今陕西省咸阳市。

④平澹（dàn）：恬静、安然的样子。

⑤凋弊：意思是衰败、残缺破烂。

⑥颓然：颓放不羁。

⑦措意：指诗文的立意。

【译文】

姚合，陕州人，宰相姚崇的曾侄孙子。凭借写诗好而闻名。元和十一年，李逢吉知贡举考试那一年，因为两人之间是老朋友，所以

尽力提拔他，使他与状元郑瀚同榜进士及第。姚合历任武功主簿，以及富平和万年县尉。宝历年间，历任监察御史，迁户部员外郎，之后又出京城赴任金、杭二州刺史。后来姚合被召入京都，官拜刑、户部郎中，谏议大夫、给事中。

开成年间，李商隐出任弘农县尉，因为他主张释放囚犯而触犯了观察使孙简，将被免除官职，正好赶上朝廷派遣姚合来代替孙简的职位，姚合一见到李商隐特别高兴，因为二人以诗文相交，当即告知谕使恢复李商隐的官职，人们都赞服他这大义之举。后来姚合官终秘书监。姚合与贾岛是同一时期诗人，号称"姚贾"，诗风自成一派。贾岛是苦吟诗人，有清冽之风；姚合是出口成诗，都是平澹之气。兴趣都能达到充沛，格调稍为与众不同。正像人们所说的方拙之奥，最巧妙之处就存在其中。这大概是因为他们多数在偏僻低下的小县邑生活，自身官路萧条，山县荒凉，风景处于残破衰败之间，更利于模仿写意了。姚合生性嗜酒爱花，颓然不羁自由奔放，至于人事生计，常常是忽略不计，从不放在心上，具有通达之人博大的开阔思想。姚合自己所作的诗编为十卷，以及选录王维、祖咏等二十一人的诗作集合成《极玄集》一卷，他在《序言》中称赞王维等人都是诗家射雕手。另外还选择了古人诗联，叙说了其中的立意，各有体要，又撰写《诗例》一卷，如今都流传下来了。

章孝标

章孝标（791—873 年），字道正，睦州桐庐（今属浙江）人，唐代诗人。他是章八元之子。因他以孝行称，故而人称"孝标先生"。主要作品有《归海上旧居》《长安春日》等。

【原文】

孝标，字道正，钱塘人。李绅镇淮东时①，春雪，孝标参座席，有诗名，绅命札请赋，唯然，索笔一挥云："六出花飞处处飘②，粘窗拂砌上寒条③。朱门到晚难盈尺，尽是三军喜气消。"李大称赏，荐于主文。元和十四年礼部侍郎庾承宣下进士及第，授校书郎。于长安将归嘉庆，先寄友人曰："及第全胜十政官，金汤镀了出长安。马头渐入扬州郭，为报时人洗眼看。"绅适见，亟以一绝箴之曰④："假金方用真金镀，若是真金不镀金。十载长安方一第，何须空腹用高心。"孝标惭谢⑤。伤其气宇窄急，终不大用。大和中，尝为山南道从事，试大理评事。仕终秘书正字。有集一卷，传世。

【注释】

①淮东：应为"淮南"。李绅曾任淮南节度使。

②六出：花分瓣儿叫"出"，六出就是六个花瓣儿。此处将雪花比喻成花瓣。

③砌上：石阶上。寒条：寒风中的枝条。

④亟（jí）：赶快，立即，马上。

⑤惭谢：羞惭不已拱
手谢罪。

【译文】

章孝标，字道正，钱塘人。李绅出任淮南节度使期间，有一次正赶上新春大雪，章孝标参加了李绅的宴请，坐席上的宾客

当中因他有诗名，李绅便命人取来纸札请他赋诗，章孝标爽快地答应了，索要笔墨，一挥而就道："六出花飞处处飘，粘窗拂砌上寒条。朱门到晚难盈尺，尽是三军喜气消。"李绅看完后大加赞赏，并将他推荐给了主考官。元和十四年，章孝标在礼部侍郎庚承宣知贡举时考中了进士，授官为校书郎。他准备从长安回到家乡庆贺，就先寄了一首诗给友人道："及第全胜十政官，金汤镀了出长安。马头渐入扬州郭，为报时人洗眼看。"李绅恰好见到这首诗，就马上用一首绝句规劝章孝标道："假金方用真金镀，若是真金不镀金。十载长安方一第，何须空腹用高心。"章孝标看完后羞惭不已拱手谢罪。可叹他气度狭小性情急躁，终生没有受到重用。大和年间，章孝标曾任山南东道节度使幕府从事，见习大理评事，官终秘书省正字。章孝标著有诗集一卷，至今流传于世。

施肩吾

施肩吾（780—861年），字希圣，号华阳子，别号"施状元"。唐代著名诗人、道学家。隐居后潜心修道，主要诗作品有《长安早春》《江南怨》等。著有《西山群仙会真》《辨疑论》《西山传道》各一卷。

【原文】

肩吾，字希圣，睦州人。元和十五年卢储榜进士第后，谢礼部陈侍郎云："九重城里无亲识，八百人中独姓施。"不待除授①，即东归，张籍群公吟饯。人皆知有仙风道骨②，宁恋人间升斗耶？而少存箕颍之情③，拍浮诗酒④，搴擘烟霞⑤。初读书五行俱下，至是授真诠于仙长⑥，遂知逆顺颠倒之法，与上中下精气神三田反覆之义。以洪州西山，十二真君羽化之地，慕其真风，高蹈于此⑦。题诗曰："重重道气结成神，玉阙金堂逐日新。若数西山得道者，兼余即是十三人。"早尝赋《闲居遣兴诗》一百韵，颇述初心，大行于世。著《辨疑论》一卷、《西山传道》《会真》等记各一卷。述气住则神住，神住则形住，为《三住铭》一卷，及所为诗十卷，自为之序，今传。

【注释】

①除授：拜官授职。

②仙风道骨：具有仙人的风度，道长的气概。形容人的风骨神采与众不同。骨：气概。

③箕颍之情：隐居的情志。相传尧时，贤者许由曾隐居箕山之下，颍水之阳。后以"箕颍"借指隐居者或隐居之地。

④拍浮诗酒：比喻利用诗酒娱情。

⑤搴（qiān）：意思是拔取。擘（bò）：分开；剖裂。

⑥真诠：亦作"真筌"，犹真谛之意。

⑦高蹈：远游；隐居。

【译文】

施肩吾，字希圣，睦州

人。唐宪宗元和十五年与状元卢储同榜进士及第后，拜谢礼部侍郎时陈词说："九重城里无亲识，八百人中独姓施。"然后施肩吾没等接到拜官授职的诏书，就东归回乡了，当时有张籍等人为他赋诗饯行。人们都知道施肩吾有仙风道骨，岂会留恋俗世间的一官半职呢？而且施肩吾从小就怀有隐逸山林的情志，喜欢以诗酒怡情，劈拔烟霞入怀。当初他读书的时候，"水火金木土"这五行都在他的心中，直到此时，正是他得到神仙道长传授道经真谛圆满之际，于是懂得了顺逆颠倒法，以及"上中下、精气神"三田反覆之义。因洪州西山高耸隐秘，是道家十二真君羽化登仙之地，施肩吾仰慕十二真君的仙风道骨，就选择了在那里长久隐居。他为此题诗道："重重道气结成神，玉阙金堂逐日新。若数西山得道者，兼余即是十三人。"施肩吾早年曾写有《闲居遣兴诗》一百韵，颇能陈述他当年的心志，早已在世间广为流传。施肩吾著有《辨疑论》一卷、《西山传道记》一卷、《西山群仙会真记》一卷。他阐述留住气就能留住神，留住神就能留住形的学说，并将其编撰为《三住铭》一卷，以及他所写的诗十卷，自己为诗集作的序，这些都流传至今。

袁不约

　　袁不约，字还朴，生卒年均不详，约公元835年前后在世，新登（今浙江桐庐）人。唐代诗人。《全唐诗》中录存其诗4首。主要诗作品有《长安夜游》《送人至岭南》等。

【原文】

　　不约，字还朴，长庆三年郑冠榜进士①。大和中②，以平判入等调官③。

有诗传世。

①长庆：唐穆宗李恒的年号。

②大和：唐文宗李昂的年号。

③平判：应是"平选试判"的简称，是指常规铨选。入等：是指平选试判成绩优秀的人被录取。

【译文】

袁不约，字还朴，唐穆宗长庆三年与状元郑冠同榜进士及第。唐文宗大和年间，袁不约因为平选试判成绩优秀而被取录授官。今有诗传世。

朱庆余

朱庆余，名可久，字庆余，生卒年均不详。唐代诗人，喜欢"老庄"之道。主要作品有《闺意献张水部》《宫中词》《冥音录》等。《全唐诗》存其诗两卷。

【原文】

庆余，名可久，以字行①，闽中人②。宝历二年裴俅榜进士及第③，授秘省校书。得张水部诗旨④，气平意绝，社中哲匠也，有名当时。集一卷，今传。

【注释】

①以字行：是"以字行于世"的简称。就是说只称呼此人的"字"，代替其"名"。

②闽（mǐn）中：指莆田地区，治所在今福建省辖区。

③裴（péi）俅（qiú）：唐敬宗宝历二年（826年）丙午科状元。官至谏议大夫。有盛名。

④张水部：张籍，唐代著名诗人、官员。因曾历任水部员外郎、迁国子司业等职，故世称张水部、张司业。

【译文】

朱庆余，名可久，字庆余，人们都流行称呼他的字，籍贯是闽中人。宝历二年朱庆余与状元裴俅同榜进士及第，拜授秘书省校书郎。朱庆余学得张籍的诗旨，所作诗气度平和、意境超绝，算得上是诗坛中有哲思、才艺出众的诗人了，在当时很有名气。朱庆余著有诗集一卷，流传至今。

杜牧

杜牧（803—约852年），字牧之，号樊川居士。唐代杰出的诗人、散文家。世称"杜樊川"，著有《樊川文集》。主要诗赋作品有《阿房宫赋》《遣怀》《泊秦淮》等。

【原文】

牧，字牧之，京兆人也。善属文。大和二年韦筹榜进士，与厉玄同年。初未第，来东都，时主司侍郎为崔郾①，太学博士吴武陵策蹇进谒曰："侍郎以峻德伟望，为明君选才，仆敢不薄施尘露。向偶见文士十数辈，扬眉抵掌，共读一卷文书，览之，乃进士杜牧《阿房宫赋》。其人，王佐才也。"因出卷，搢笏朗诵之②。郾大加赏。曰："请公与状头③。"郾曰："已得人矣。"曰："不得，即请第五人。更否，则请以赋见还！"辞容激厉。郾曰："诸生多言牧疏旷，不拘细行，然敬依所教，不敢易也。"后又举贤良方正科④。沈传师表为江西团练府巡官。又为牛僧孺淮南节度府掌书记⑤。拜侍御史，累迁左补阙，历黄、池、睦三州刺史，以考功郎中知制诰，迁中书舍人。

牧刚直有奇节，不为龊龊小谨⑥，敢论列大事，指陈利病尤切。兵法戎机，平昔尽意。尝以从兄悰更历将相⑦，而己困踬不振，怏怏难平⑧。卒年五十，临死自写墓志，多焚所为文章。诗情毫迈，语率惊人。识者以拟杜甫，故称"大杜""小杜"以别之。后人评牧诗如铜丸走坂，骏马注坡⑨，谓圆快奋急也。

牧美容姿，好歌舞，风情颇张，不能自遏⑩。时淮南称繁盛，不减京华，且多名姬绝色，牧恣心游赏，牛相收街吏报杜书记平安帖子至盈箧⑪。后以御史分司洛阳，时李司徒闲居，家妓为当时第一，宴朝士，以牧风宪，不敢邀。牧因遣讽李使召己。既至，曰："闻有紫云者，妙歌舞，孰是？"即赠诗曰："华堂今日绮筵开，谁唤分司御史来。忽发狂言惊四座，两行红袖一时回。"意气闲逸，傍若无人，座客莫不称异。

大和末，往湖州，目成一女子，方十余岁，约以十年后吾来典郡，当纳之，结以金币。洎周墀入相⑫，牧上笺乞守湖州，比至，已十四年，前女子从人，两抱雏矣。赋诗曰："自恨寻芳去较迟，不须惆怅怨芳时。如今风摆花狼藉，绿叶成阴子满枝。"此其大概一二。凡所牵系，情见于辞。别业樊川⑬。有《樊川集》二十卷，及注《孙子》，并传。同时有严恽，字子重，工诗，与牧友善，以《问春》诗得名。昔闻有集，今无之矣。

【注释】

①崔郾（yǎn）：字广略，贝州武城（今河北故城县）人。举进士，平判入等，授集贤殿校书郎。迁礼部侍郎，负责东都选材考试。

②搢（jìn）：插。笏（hù）：古代大臣上朝用以记事备忘的物件。古代官员的官服没有口袋，于是将笏直接插在腰带上，称为"搢笏"。

③状头：居于榜首的头名状元。

④贤良方正科：唐代科举考试的一种科目名称。

⑤牛僧孺：字思黯，安定鹑觚人，唐朝宰相，"牛李党争"中的牛党领袖。曾任淮南节度使。

⑥龊龊（chuò chuò）：拘谨，谨小慎微的样子。

⑦悰（cóng）：指杜悰，字永裕，京兆万年（今陕西长安）人。唐朝宰相，诗人杜牧从兄。迎娶唐宪宗之女岐阳公主，授殿中少监，加银青光禄大夫。历任京兆尹、淮南节度使、剑南东川节度使等职。

⑧困踬（zhì）：意思指仕途受挫，颠沛窘迫。怏怏（yàng）：指不服气或闷闷不乐的神情。

⑨坂（bǎn）：山坡，斜坡。注坡：从斜坡上急驰而下。

⑩遏（è）：阻止，抑制。

⑪箧（qiè）：指小箱子，是用于储藏物品的东西。

⑫洎（jì）：及，到，等到。周墀（chí）：字德升，汝南郡人。唐朝中后期宰相、历史学家、书画家。

⑬樊川：长安城南郊著名风景区，位于今陕西省西安市长安区少陵原与神禾原之间。

【译文】

杜牧，字牧之，京兆府人氏。他善于写诗作文。大和二年与状元韦筹同榜登进士第，与厉玄同一年考中进士。当初杜牧还没考中进士之前，只身来到东都洛阳，当时的主考官是礼部侍郎崔郾，太学博士吴武陵骑着驴进来拜见，对崔郾说："侍郎大人以崇高的德行声望，为圣明的皇上选拔人才，此刻我怎敢不尽绵薄之力。刚才我偶然见到十多个文士，眉飞色舞，击掌赞叹，在共同读一卷文书，我拿过来一看，原来是进士杜牧的《阿房宫赋》。这个人，可真是一个辅佐帝王的人才啊。"吴武陵说完顺手取出杜牧的文卷，将笏板插在腰带上就开始朗诵杜牧的诗赋，崔郾听后大加赞赏。吴武陵说："请大人让杜牧当本科状元。"崔郾说："状元已经安排人了。"吴武陵说："实在不行，就请让杜牧以第五名进士及第。再不行，就请把你看的这篇赋还给我！"此刻吴武陵脸色严肃，言辞激烈。崔郾回答说："众考生中多数人都说杜牧性格豪放不羁，不拘小节，但是现在只能谨遵您的指教，不敢再改变了。"杜牧以第五名进士及第后又考中了贤良方正科。江西观察使沈传师爱惜他的才华，奏请朝廷封他为江西团练使府巡官。接下来又调任淮南节度使牛僧孺幕下的掌书记。后来又官拜侍御史，经过几次升迁逐步成为朝中左补阙，又历任黄州、池州、睦州这三个州郡的刺史，以考功郎中的职务为皇帝起草诏书，之后又调任为中书舍人。

杜牧为人刚正耿直，有不平凡的节操，做事坦荡，从不显现出谨小慎微的样子，敢于评论军国大事，指出时政利弊时尤为恳切。用兵之法、战争谋略，他平时都能去认真尽心思考。不过杜牧常常因为自己的从兄杜悰多次出将入相，而自己却仕途坎坷受挫没有转机，所以心中闷闷不乐。他去世那年才五十岁，临死前为自己写了一篇《墓志铭》，并且烧掉了大量自己所写的诗文辞章。杜牧的诗感情豪迈，出语惊人，引领潮流。熟知他的人将他比作杜甫，所以称他们为"大杜"和"小杜"以便相互区别。后人评价杜牧的诗就像铜丸从山坡上滚下来，像骏马从斜坡上急驰而下，就是在说他的诗圆快而奋急呢。

杜牧貌美好身姿，喜欢歌舞，风流狂放，不能自我控制。那时候的淮南一带号称繁华盛地，不亚于京城长安，并且有许多歌舞名妓和美貌女子，杜牧常常纵情游赏在其中。宰相牛僧孺收到巡街官报告掌书记杜牧到妓馆平安无恙的帖子装满了书箱。后来杜牧担任御史分司东都洛阳，当时李司徒在洛阳闲居，他家的歌妓数量和美色在当时数第一，他每次宴请朝官，因杜牧是御史台官员，不敢邀请他。因此杜牧就派人暗示李司徒，让他也派人邀请自己。杜牧应邀到了以后，说："我听说府上有个叫紫云的，能歌善舞，哪一个是？"当即就赠一首诗给紫云道："华堂今日绮筵开，谁唤分司御史来。忽发狂言惊四座，两行红袖一时回。"杜牧当时意气风发，悠闲飘逸，就像旁边没有他人一般，在座宾客无不称奇赞美。

大和末年，杜牧到湖州，看中一个年轻女子，二人眉目传情，当时那女子才十多岁，杜牧与她相约

说十年后我来掌管湖州时，正好可以迎娶你，并且拿出金币结下定约。等到周墀入朝当宰相时，杜牧赶紧上表请求出任刺史镇守湖州，等他来到湖州上任的时候，时间已经过了十四年，以前结下盟约的那个女子早已嫁人，并且已经生有两个孩子了。杜牧怅恨不已，当即赋诗道："自恨寻芳去较迟，不须惆怅怨芳时。如今风摆花狼藉，绿叶成阴子满枝。"这就是杜牧一生的大致情况。凡是遇到他心中牵挂的女子，其情感都体现在所作的诗歌辞赋之中。杜牧有别墅在樊川。他生前著有《樊川集》二十卷，以及他所释注的《孙子兵法》，如今都流传于世。与杜牧同一时代的还有一位叫严恽的才子，字子重，长于作诗，和杜牧是好朋友，凭借一首《问春》诗而得名。过去曾听说他著有诗集，但如今都已经失传了。

卷七

许浑

许浑（约791—约858年），字仲晦（一作用晦），唐代官员，同时也是晚唐最具影响力的诗人之一。他主攻律诗和绝句，主要作品有《故洛城》《咸阳城东楼》《姑苏怀古》等。

【原文】

浑，字仲晦，润州丹阳人①，圉师之后也②。大和六年李珪榜进士③，为当涂、太平二县令。少苦学劳心，有清羸之疾④，至是以伏枕免。久之，起为润州司马。大中三年，拜监察御史，历虞部员外郎，睦、郢二州刺史。尝分司朱方，买田筑室，后抱病退居丁卯涧桥村舍，暇日缀录所作⑤，因以名集。浑乐林泉，亦慷慨悲歌之士。登高怀古，已见壮心，故为格调豪丽，犹强弩初张，牙浅弦急⑥，俱无留意耳。至今慕者极多，家家自谓得骊龙之照夜也⑦。

早岁尝游天台，仰看瀑布，旁眺赤城，辨方广于霏烟，蹑石桥于悬壁，登陟兼晨⑧，穷览幽胜。朗诵孙绰古赋，傲然有思归之想，志存不朽，再三信宿，彷徨不能去。以王事不果⑨，有负初心。后昼梦登山，有宫阙凌虚⑩，问，曰："此昆仑也。"少顷，远见数人方饮，招浑就坐，暮而罢。一佳人出笺求诗，未成，梦破。后吟曰："晓入瑶台露气清⑪，庭中惟见许飞琼。尘心未断俗缘在，十里下山空月明。"他日复梦至山中，佳人曰："子何题余姓名于人间？"遂改为"天风吹下步虚声"，曰："善矣。"浑才思翩翩⑫，仙子所爱，梦寐求之⑬，一至于此。昔子建赋《洛

222

神》，人以徒闻虚语，以是谓迂诞不信矣⑭。未几遂卒。有诗二卷，今传。

【注释】

①润州：位于今江苏省镇江市区西南部，是中国历史文化名城。

②圉（yǔ）师：许圉师，曾因修撰《太宗实录》有功，唐高宗时期官拜左丞相。

③珪（guī）：唐文宗大和六年状元及第。该科进士二十五人，其中有许浑。

④清赢（léi）：意思是清瘦赢弱。

⑤暇（xiá）日：空闲的时光，闲暇时间。

⑥牙：这里指弓弩上用于控制弓弦的，像牙齿形状的东西。

⑦骊（lí）龙之照夜：用来比喻许浑诗作闪光的精髓。骊龙：传说中的一种黑龙，颌下有一颗珍贵的夜明珠。

⑧登陟（zhì）：登上。

⑨不果：没有结果。此指许浑因为君命在身隐居不成。

⑩宫阙（què）：古时帝王所居住的宫殿。因宫门外有双阙，故称宫阙。凌虚：凌空。

⑪瑶台：指中国神话传说中神仙所居之地。

⑫才思翩翩（piān）：才思敏捷，风度翩翩。

⑬梦寐（mèi）：睡梦中。

⑭迂诞（yū dàn）：意思是迂阔荒诞，不合事理。

【译文】

许浑，字仲晦，润州丹阳人，是初唐丞相许圉师的后人。大和六年许浑与状元李珪同榜进士及第，出任当涂县、太平县的县令。许浑从小家境贫寒，加上刻苦学习而劳费心力，因此患上了身体清瘦赢弱的疾病，到这时因为卧床不起不能理政而被免职。过了很长一段时间，稍有好转才被起用为润州司马。大中三年，许浑官拜监察御史，历任虞部员外郎，出任睦州、郢州的刺史。许浑曾经分管朱方一带，就在那里购买了田产，修建房舍，后来抱病退职就居住在丁卯涧桥村舍，闲暇的时光里，专心编集抄录自己的诗作，因此就用"丁卯"二字作为自己诗集的名称。许浑从小就喜爱自然山水，也是喜欢慷慨悲歌之士。时常登高望远，怀想古昔，他的诗中已经足见他的壮志雄心，所以他所作的诗，风格豪放壮丽，就像强弩刚刚拉开，弓牙尚浅，弓弦迅疾，只是当时都不被留意罢了。直到今天，倾慕许浑诗的人非常之多，家家都说自己如同获得了骊龙颔下的夜明珠照亮黑夜了。

许浑早年曾有一次游览天台山，抬头仰望瀑布，当他向旁边远眺赤城山的时候，在飘飞的彩云中辨别方广寺，在陡峭的绝壁间走过石桥，他连日里从清晨开始登上高山，尽览深幽的胜景。时而放声诵读古人孙绰的《游天台山赋》，高傲地产生了脱俗隐居的想法，而且深深地扎根在心里不可磨灭，以致于再三留宿在此，徘徊犹豫不忍离去。可惜最终因君命在身隐居不成，辜负了自己当初的心愿。后来他在白天里恍然入梦又去登山，只见凌空之处有一座宫殿，他前去探问，有人回答说："这是昆仑山。"不

一会儿，他远远看见有几个人围在一起正在饮酒，有人招手请许浑入席就坐，大家一起畅饮到黄昏才结束。这时有一位美丽的佳人取出纸笺请许浑题诗，可是还没等许浑写好梦境就消失了。随后许浑吟诵道："晓入瑶台露气清，庭中惟见许飞琼。尘心未断俗缘在，十里下山空月明。"第二天，许浑又梦见自己来到此山中，那位佳人说："你为何把我的名字题写在人间？"于是许浑就把"庭中惟见许飞琼"改成"天风吹下步虚声"。佳人微微一笑说："太好了。"许浑才思敏捷，风度翩翩，受到仙女的喜爱，就连在梦中都想见到他，一下子竟痴迷到了如此地步。从前曹子建作了一篇《洛神赋》，人们都认为他只是听到了虚空的传说而作成此赋，所以认为许浑遇仙之事也是迂阔荒诞，不可相信之事了。此后不久，许浑就去世了。许浑生前著有诗集二卷，流传至今。

伍乔

伍乔，生卒年均不详，南唐庐江（今安徽省）人。唐代诗人，据说也是庐江县历史上唯一的一位状元。主要作品有《八卦赋》《观华夷图》《寄史处士》等。

【原文】

乔，少隐居庐山读书，工为诗，与杜牧同时擢第。初，乔与张泊少友善①，泊仕为翰林学士，眷宠优异，乔时任歙州司马②，自伤不调，作诗寄泊，戒去仆曰："俟张游宴③，即投之。"泊得缄，云④："不知何处好销忧，公退携樽即上楼。职事久参侯伯幕，梦魂长达帝王州。黄山向晚盈轩翠，黟水含春绕郡流⑤。遥想玉堂多暇日，花时谁伴出城游？"泊动容久之，为言于上，召还为考功员外郎，卒官。今有诗二十余篇，传于世。

【注释】

①张洎（jì）：唐朝宰相张说次子，娶了玄宗之女宁亲公主，成为驸马。玄宗时任兵部侍郎、太常卿，深受唐玄宗宠信。

②歙（shè）州：即徽州，位于安徽省南部、新安江上游。

③俟（sì）：等待，等到。

④缄（jiān）：书信。

⑤黟（yī）：黑，黑色。

【译文】

伍乔，少年时期隐居在庐山读书学习，擅长作诗而且十分工整，他和杜牧同榜考取进士第。起初，因为伍乔与张洎少年时就是好朋友，后来张洎入仕官拜翰林学士，受到皇上高度宠信，得到非比寻常的礼遇。伍乔那时出任歙州司马，对自己官运不顺畅极度伤怀，于是就作诗寄赠张洎，他告诉前去送信的仆人说："等到张洎出来游玩赴宴的时候，你就立即将信递给他。"张洎收到伍乔的书信，见信中写道："不知何处好销忧，公退携樽即上楼。职事久参侯伯幕，梦魂长达帝王州。黄山向晚盈轩翠，黟水含春绕郡流。遥想玉堂多暇日，花时谁伴出城游？"张洎脸上出现感动的表情久久才散去。为此他在皇上面前为伍乔说情，皇上这才传召伍乔回朝廷授任考功员外郎，直到死在任上。如今伍乔有诗作二十多篇，流传于世。

李商隐

　　李商隐（约813—约858年），字义山，号玉溪生，又号樊南生。擅长诗歌写作，骈文文学价值也很高，是晚唐最出色的文学家之一。著有《樊南甲集》《玉溪生诗》等。主要诗作品有《春日寄怀》《乐游原》等。

【原文】

　　商隐，字义山，怀州人也。令狐楚奇其才，使游门下，授以文法，遇之甚厚。开成二年，高锴知贡举①，楚善于锴，奖誉甚力，遂擢进士。又中拔萃，楚又奏为集贤校理。楚出，王茂元镇河阳②，素爱其才，表掌书记，以子妻之。除侍御史。茂元为李德裕党，士流嗤谪商隐，以为诡薄无行③，共排摈之。来京都，久不调，更依桂林总管郑亚府为判官④，后随亚谪循州，三年始回。归穷于宰相绹⑤，绹恶其忘家恩，放利偷合，从小人之辟，谢绝殊不展分。重阳日，因诣厅事，留题云："十年泉下无消息，九日樽前有所思。"又云："郎君官重施行马，东阁无因许再窥。"绹见之，恻然⑥，乃补太学博士。柳仲郢节度东川，辟为判官。商隐廉介可畏，出为广州都督，人或袖金以赠，商隐曰："吾自性分不可易，非畏人知也。"未几，入拜检校吏部员外郎。罢，客荥阳⑦，卒。

　　商隐工诗，为文瑰迈奇古，辞难事隐。及从楚学，俪偶长短，而繁缛过之。每属缀，多检阅书册，左右鳞次，号"獭祭鱼⑧"。而旨能感人，人谓其横绝前后。时温庭筠、段成式各以秾致相夸⑨，号"三十六体"。后评者谓其诗"如百宝流苏，千丝铁网，绮密瑰妍，要非适用之具"。斯言信哉！初得大名，薄游长安，尚希识面，因投宿逆旅，有众客方酣饮，赋《木兰花》诗就，呼与坐，不知为商隐也。后成一篇云："洞庭波冷晓侵云，日日征帆送远人。几度木兰船上望，不知元是此花身。"客问姓名，大惊称罪。

时白乐天老退，极喜商隐文章，曰："我死后，得为尔儿足矣。"白死数年，生子，遂以"白老"名之。既长，殊鄙钝，温飞卿戏曰："以尔为侍郎后身，不亦忝乎⑩？"后更生子，名衮师⑪，聪俊。商隐诗云："衮师我娇儿，英秀乃无匹。"此或其后身也。商隐文自成一格，后学者重之，谓"西昆体"也⑫。有《樊南甲集》二十卷，《乙集》二十卷，《玉溪生诗》三卷。初自号"玉溪子"。又赋一卷，文一卷，并传于世。

【注释】

①高锴（kǎi）：元和九年登进士第，升宏辞科，历任吏部员外、礼部侍郎等职。知贡举：特指唐、宋时特派主持贡举（进士）考试的大臣。

②王茂元：濮州濮阳县（今河南省濮阳市）人。李商隐的岳父。唐朝中后期将领。曾任河阳节度使。河阳：治所在今河南省孟县西。

③诡薄：虚伪浮薄。

④郑亚：唐荥阳人（今河南荥阳），唐代官员，曾任桂管观察使。

⑤绹（táo）：令狐绹，唐朝宰相，太尉令狐楚之子。

⑥恻（cè）然：哀怜的样子。此指令狐绹看见李商隐的诗后，动了恻隐之心。

⑦荥（xíng）阳：位于郑州西，是河南省距省会最近的县级市。

⑧獭（tǎ）祭鱼：指水獭捕鱼后，常将鱼陈列水边，如同陈列供品祭祀。獭祭鱼比喻罗列故实、堆砌成文。

⑨段成式：字柯古。官居太常少卿。唐朝著名志怪小说家，有文名。代表作是《酉阳杂俎》。秾（nóng）致：指文字浓艳致密。

⑩忝（tiǎn）：惭愧，有愧于，常用作谦辞。

⑪衮（gǔn）师：李商隐幼子名，因商隐曾写有《骄儿诗》，后用为对娇儿的美称。

⑫西昆体：北宋初诗坛上声势最盛的诗歌流派，是以杨亿为首的17位宋初馆阁文臣互相唱和、点缀升平的诗歌总集《西昆酬唱集》而得名，艺术上大多师法晚唐诗人李商隐，将其雕采巧丽、声律和谐的风格称为"西昆体"。

【译文】

李商隐，字义山，是怀州人氏。令狐楚很赏识他奇异的才华，让他跟随在自己门下，教授他作文之法，待他以极为深厚的礼遇。开成二年，高锴奉命担任主考官，令狐楚与高锴关系友好，他在高锴面前极力夸赞李商隐，于是李商隐被拔取为进士。随后又考中书判拔萃科，令狐楚又奏请朝廷授任李商隐为集贤校理。令狐楚罢相出朝外任，王茂元出任镇守河阳的节度使，他一向欣赏李商隐的文才，就上表奏请他为府署掌书记，并将自己女儿嫁给李商隐为妻。此后李商隐被授任为侍御史。因王茂元是李德裕党派，而之前李商隐是令狐楚的"牛党"中人，所以文士们都嘲笑贬低李商隐，认为他虚伪无德，品行低劣，大家共同对他采取排挤摒弃的态度。李商隐来到京城以后，很久没有得授官职，他就又去桂林投靠桂管观察使郑亚，在郑亚幕府中担任判官，后来因事牵连随郑亚贬官到循州，三年后才回返京都。李商隐归朝后受到宰相令狐绹穷追不舍的追究，令狐绹恨他忘了令狐家的恩情，见利忘义，苟且迎合，顺从了小人的征辟，因此就拒绝与他见面，一点儿也不留余地。重阳节那天，李商隐来到令狐绹的府衙厅前，留下题诗说："十年泉下无消息，九日樽前有所思。"又题道："郎君官重施行马，东阁无因许再窥。"令狐绹见到这首诗后，动了恻隐之心，于是就补授他为太学博士。柳仲郢出任剑南东川节度使期间，征辟李商隐为幕府判官。李商隐刚正廉洁令人敬畏，他出任广州都督那段时间，有人衣袖里暗藏黄金前去贿赂他，李商隐拒绝说："我的性格本来就是这样难以改变，并不是怕被人发觉。"不久，他又入朝当了检校吏部员外郎。任期满后，客居荥阳，直到去世。

李商隐作诗工整，写文章瑰丽豪迈、奇崛古朴，用词难涩、用典含蓄

朦胧。到他跟随令狐楚学习文法后，骈俪对偶和令狐楚不相上下，而繁缛之气太过。李商隐每次准备写文章时，总要查阅大量书籍史册，那些书籍像鱼鳞般排列左右，他号称"獭祭鱼"。而他所写的文章主旨意趣都能感人肺腑，人们称赞他的文笔卓绝空前绝后。当时温庭筠、段成式也各以文字浓艳致密相互夸耀，号称"三十六体"。后来的评论家说李商隐的诗"如同百宝流苏，千丝铁网，绮丽绵密，瑰艳华美，最主要不是刻意适于应用的诗体。"这样评价的确真实啊！李商隐刚有大名气的时候，穿着便装漫游长安，能认识他的人还很少，他就随便找一家旅馆投宿。当时，旅馆里有一群客人正酣畅地喝酒，轮流以《木兰花》为题作诗，作完诗后，他们招呼李商隐也入席就坐，却不知道来人就是李商隐。

李商隐入座后很快就完成了《木兰花》诗一首说："洞庭波冷晓侵云，日日征帆送远人。几度木兰船上望，不知元是此花身。"客人问他姓名，等听完后大为吃惊，连连称罪。

当时白居易年老退休回乡，他非常喜爱李商隐的诗文，说："我死后，能转世成为你的儿子就知足了。"白居易死了几年后，李商隐夫人生了儿子，于是他就给这孩子起名为"白老"。等这孩子长大以后，特别丑陋迟钝，温庭筠调侃他说："以你是白侍郎的转世之身，不也太惭愧了吗？"后来李商隐家又生了一个儿子，起名叫衮师，这孩子聪明俊逸过人。李商隐写诗道："衮师我娇儿，英秀乃无匹。"这衮师或许才是白居易的转世之身吧。李商隐的文章自成一格，后代学诗文的人十分推重他，称之为"西昆体"。李商隐著有《樊南甲集》二十卷，《樊南乙集》二十卷，《玉溪生诗》三卷。当初，他自号"玉溪子"。另外还有赋一卷，文一卷，都流传于世。

喻凫

喻凫，生卒年不详，约公元 804 年前后在世，唐代诗人，典型的江南才子。主要作品有《赠李商隐》《元日即事》《送友人罢举归蜀》等。

【原文】

凫①，毗陵人②，开成五年李从实榜进士，仕为乌程县令。有诗名。晚岁变雅，凫亦风靡③，专工小巧，高古之气扫地，所畏者务陈言之是去耳。后来才子，皆称"喻先辈"，向慕之情足见也。同时薛莹亦工诗。凫诗一卷，莹诗《洞庭集》一卷，今并传。

【注释】

①凫（fú）：喻凫，唐代诗人。

②毗（pí）陵：亦作"毘陵"。西汉置县，治所在今江苏省常州市。

③风靡：潮流。形容事物很流行，像风吹倒草木一样随了风向。

【译文】

喻凫，毗陵人，开成五年与状元李从实同榜进士及第，授官为乌程县令。喻凫诗写得好，享有诗名。晚唐年间诗风偏离了诗教传统，喻凫也盲目追随潮流，专门追求小巧细密的风格，高古风雅之气荡然无存，他所担心的只是不要重复别人用过的词句而已。后来的文人才子，都称他为"喻先辈"，足见诗人们对他的向往仰慕之情了。跟喻凫同一时期的薛莹也擅长作诗。喻凫著有诗集一卷，薛莹所作的诗也收集成《洞庭集》一卷，如今都流传于世。

项斯

项斯，字子迁，生卒年不详，约公元836年前后在世，晚唐著名诗人，是台州第一位进士，也是台州当时第一位走向全国的诗人。主要作品有《宿山寺》《江村夜泊》等。

【原文】

斯，字子迁，江东人也。会昌四年王起下第二人进士。始命润州丹徒县尉①，卒于任所。开成之际，声价藉甚，特为张水部所知赏，故其诗格颇与水部相类，清妙奇绝。郑少师薰赠诗云②："项斯逢水部，谁道不关情。"斯性疏旷，温饱非其本心。初，筑草庐于朝阳峰前，交结净者③，盘礴宇宙④，戴蓟花冠⑤，披鹤氅⑥，就松阴，枕白石，饮清泉，长哦细酌，凡如此三十余年。晚污一名，殊屈清致。其警联如"病尝山药遍，贫起草堂低。"如"客来因月宿，床势向山移。"《下第》云："独存过江马，强拂看花衣"。《病僧》云："不言身后事，犹坐病中禅。"又"湖山万叠翠，门树一行春。"又"一灯愁里梦，九陌病中春。"如"月明古诗客初到，风度闲门僧未归。"《宫人入道》云："将敲碧落新斋磬，却进昭阳旧赐筝"之类，不一而足，当时盛称。杨敬之祭酒赠诗云⑦："几度见君诗总好，及观标格过于诗。平生不解藏人善，到处逢人说项斯。"其名以此益彰矣。集一卷，今行。

【注释】

①润州丹徒：治所在今江苏省镇江市丹徒。

②郑少师薰：郑薰，进士及第。历任岭南监察推官、户部郎中等职，会昌六年为台州刺史。后以太子少师致仕。

③净者：指僧人。

④盘礴：箕踞而坐，不拘形迹。引申为傲视。

⑤蓟（jì）花：一种野生草本植物，开花鲜艳，可入药。

⑥鹤氅（chǎng）：指用一种像鹤的水鸟羽毛所做的衣服。泛指道袍。

⑦杨敬之：唐代文学家杨凌之子。唐宪宗元和二年进士。文宗时期代职为国子祭酒。以一首《赠项斯》在诗界闻名。

【译文】

项斯，字子迁，江南人氏。他在会昌四年王起知贡举时以第二名进士及第。一开始就授官润州丹徒县尉，直到死于任上。项斯在开成年间，声名评价都很高，特别受到水部员外郎张籍所赏识，所以他作诗风格与张籍十分相似，都是清妙奇绝之作。太子少师郑薰曾赠诗给项斯说："项斯逢水部，谁道不关情。"项斯生性疏放旷达，追求衣食温饱不是他的本心。入仕之初他在朝阳峰前修筑草舍，结交往来的都是僧人，每天在大自然中

箕踞而坐，不拘形迹，头戴蓟花编结的帽子，身披鹤羽制作的大氅，借助松树荫，枕着白山石，喝着清洌的泉水，高声吟咏，仔细斟酌，像这样生活了三十多年。晚年为了世俗的功名利禄考取进士，却玷污了一生的清逸之名，殊不知委屈了自己清高的情志。项斯诗中的警句颇多，诸如"病尝山药遍，贫起草堂低。"如"客来因月宿，床势向山移。"他在《下第》诗中说："独存过江马，强拂看花衣"。在《病僧》中说："不言身后事，犹坐病中禅。"还有"湖山万叠翠，门树一行春。"还有"一灯愁里梦，九陌病中春。"又比如"月明古诗客初到，风度闲门僧未归。"在《宫人入道》中说："将敲碧落新斋磬，却进昭阳旧赐筝"之类，举不胜数，当时受到人们高度称颂。国子祭酒杨敬之写了一首《赠项斯》给他，诗中道："几度见诗诗总好，及观标格过于诗。平生不解藏人善，到处逢人说项斯。"项斯的名气因此更大了。项斯著有诗集一卷，流传至今。

马戴

马戴（799—869年），字虞臣，晚唐时期著名诗人。《全唐诗》录其诗二卷。主要作品有《落日怅望》《楚江怀古》《灞上秋居》等。

【原文】

戴，字虞臣，华州人。会昌四年左仆射王起下进士，与项斯、赵嘏同榜①，俱有盛名。初应辟佐大同军幕府，与贾岛、许棠唱答。苦家贫，为禄代耕。岁廪殊薄②，然终日吟事，清虚自如。《秋思》一绝曰："万木秋霖后，孤山夕照余。田园无岁计，寒近忆樵渔。"调率如此。后迁国子博士，卒。

戴诗壮丽，居晚唐诸公之上，优游不迫，沉着痛快，两不相伤，佳作也。早耽幽趣③，既乡里当名山，秦川一望，黄埃赤日，增起凌云之操。结茅堂玉女洗头盆下，轩窗甚僻，对悬瀑三十仞，往还多隐人。谁谓白头从宦，俸不医贫，徒兴猿鹤之诮④，不能无也。有诗一卷，今传。

【注释】

①赵嘏（gǔ）：字承佑，楚州山阳（今江苏省淮安市淮安区）人，进士及第，唐代知名诗人。

②廪（lǐn）：指官员的俸禄。

③耽：沉溺，沉醉。

④诮（qiào）：责备，讥诮，嘲笑。

【译文】

马戴，字虞臣，华州人。他在会昌四年左仆射王起知贡举时进士及第，当时与项斯、赵嘏为同榜进士，都有很高的诗名。当初，马戴曾应征到山西为佐大同军幕府掌书记，与贾岛、许棠都有相互酬唱对答之作。马戴苦于家庭贫困，只好努力读书以做官享受俸禄代替耕田养家。尽管每年官府发放的俸禄非常少，但他仍然整天吟诗作赋，清虚自在。他在《秋思》这首五言绝句中写道："万木秋霖后，孤山夕照余。田园无岁计，寒近忆樵渔。"他的诗风格律大致都是这样。后来马戴升迁到国子太常博士，直到去世。

马戴诗风壮丽，高居在晚唐诸多诗人之上，优游不迫，沉着痛快，这两种不同的风格相互没有损伤，真称得上是佳作了。他早年醉心于幽居雅趣，他的家乡面对着著名的华山，登上高山就可以远望秦川，一看到黄色的尘埃，火红的日出，顿时涌起成仙飞升的情怀。他在玉女洗头盆峰下面筑起茅草屋，门窗都很隐僻，每天可以面对飞流而下的三千尺瀑布，交往的多是遁世高隐之人。谁说的头发白了才去做官，俸禄不能医治家贫，如

此空受山中野猿仙鹤的嘲笑，马戴也不能避免啊。马戴著有诗集一卷，流传至今。

曹邺

曹邺（约816—875年），字邺之。晚唐诗人。著有《曹祠部诗集》《经书题解》等。代表作为《四怨三愁五情》十二首。

【原文】

邺①，字邺之，桂林人。累举不第，为《四怨三愁五情》诗，雅道甚古。时为舍人韦悫所知②，力荐于礼部侍郎裴休。大中四年张温琪榜中第。看榜日，上主司诗云："一辞桂岩猿，九泣都门月。年年孟春至，看花如看雪。"《杏园宴间呈同年》云③："岐路不在天，十年行不至。一旦公道开，青云在平地。"又云："匆匆出九衢④，童仆颜色异。故衣未及换，尚有去年泪。"又云："永怀共济心，莫起胡越意。"佳句类此甚多，志特勤苦。仕至洋州刺史。有集一卷，今传。

【注释】

①邺（yè）：曹邺，晚唐诗人。

②韦悫（què）：唐朝政治人物，进士，官拜中书舍人等职。

③杏园宴：意思是科举时代帝王恩赐新科进士举办的大型宴会。

④九衢（qú）：纵横交错的大道；繁华的街市。

【译文】

曹邺，字邺之，广西桂林人。他多次参加考试都没有登第，心情郁闷因此写下了《四怨三愁五情》诗一组，诗风高雅不俗，极其古朴。当时他的情况被中书舍人韦悫所知晓，并极力将曹邺推荐给礼部侍郎裴休。大中四年，曹邺与状元张温琪同榜进士及第。看榜那天，他献给主考官的诗中写道："一辞桂岩猿，九泣都门月。年年孟春至，看花如看雪。"又在杏园宴上呈上一首《杏园宴间呈同年》诗中写道："歧路不在天，十年行不至。一旦公道开，青云在平地。"又说："匆匆出九衢，童仆颜色异。故衣未及换，尚有去年泪。"又说："永怀共济心，莫起胡越意。"像这样的好句子还有很多，曹邺作诗的志向坚定不移，而且特别勤奋刻苦。后来官至洋州刺史，直到终老。曹邺著有诗集一卷，流传至今。

郑嵎

郑嵎，字宾光，其籍贯以及生卒年均不详，约公元 859 年前后在世，主要作品有《津阳门诗》一卷。

【原文】

嵎①，字宾光，大中五年李郜榜进士②。有集一卷，名《津阳门诗》。津阳，即华清宫之外阙③。询求父老，为诗百韵，皆纪明皇时事者也。

【注释】

①嵎（yú）：郑嵎。

②李郜（gào）：常山人。唐朝状元，官至常州录事。

③华清宫：唐代华清宫，也称"华清池"，位于陕西省西安市临潼区，与颐和园、圆明园、承德避暑山庄并称中国四大皇家园林。

【译文】

郑嵎，字宾光，大中五年与状元李郜同榜进士及第。郑嵎著有诗集一卷，名为《津阳门诗》。津阳，就是华清宫的外殿。郑嵎求访当地父老了解历史，写下了排律百韵的长诗，所记录的都是唐明皇当年的旧事。

方干

方干（约836—888年），字雄飞，号玄英，其门人私谥号为"玄英先生"。方干擅长律诗，多为反映社会动乱，同情人民疾苦，抒发怀才不遇之作。著有《方干诗集》。主要作品有《题长洲陈明府小亭》《题画建溪图》等。

【原文】

干，字雄飞，桐庐人①。幼有清才，散拙无营务②。大中中举进士不第，隐居镜湖中③。湖北有茅斋，湖西有松岛。每风清月明，携稚子邻叟④，轻棹往返⑤，甚惬素心。所住水木幽阒⑥，一草一花，俱能留客。家贫，蓄古琴，行吟醉卧以自娱。

徐凝初有诗名⑦，一见干器之，遂相师友，因授格律。干有赠凝诗，云："把得新诗草里论"。时谓反语为村里老，疑干讥诮⑧，非也。干貌陋兔缺⑨，性喜凌侮。王大夫廉问浙东，礼邀干至，误三拜，人号为"方三拜"。王公嘉其操，将荐于朝，托吴融草表。行有日，王公以疾逝去，事不果成。

干早岁偕计往来两京，公卿好事者争延纳⑩，名竟不入手，遂归，无复荣辱之念。浙中凡有园林名胜，辄造主人，留题几遍。初，李频学干为诗，频及第，诗僧清越贺云："弟子已折桂⑪，先生犹灌园⑫。"咸通末卒。门人相与论德谋迹，谥曰玄英先生。乐安孙郃等缀其遗诗三百七十余

238

篇⑬，为十卷。

【注释】

①桐庐：今浙江省杭州市下辖县。

②散拙：为人散漫粗疏。

③镜湖：在今浙江绍兴会稽山北麓。

④叟（sǒu）：年老的男人，老头儿。

⑤棹（zhào）：划船的一种工具，形状和桨差不多。

⑥幽閟（bì）：幽深。

⑦徐凝：唐代诗人，浙江睦州分水（今桐庐县分水镇）人。官至侍郎。

⑧讥诮（jī qiào）：风言冷语地讥嘲。

⑨兔缺：兔上唇居中皆有纵向缺裂，人之上唇纵裂者因称"兔缺"。

⑩延纳：引见接纳；引荐推送。

⑪折桂：因桂树叶碧绿油润，桂花芳香，我国古代把夺冠登科比喻成折桂。折：摘取。桂：桂树的枝条。

⑫灌园：从事田间劳动。

⑬孙郃（hé）：字希韩，浙江台州仙居人。登进士及第，官校书郎、河南府文学。

【译文】

方干，字雄飞，浙江桐庐县人。幼年时期就有清俊之才，为人散淡粗疏没有经营什么事业。大中年间参加进士科考试没有考中，之后便隐居在镜湖中。湖的北面有茅草屋，湖的西面有个松岛。每当风清月明之时，他就带着小孩儿和邻居老头儿，划着一只轻便的小船往返于茅屋与松岛之间，感觉到心境淡然，很是惬意。他所居住的地方水波明净，树木幽深，一草一花，都能使人流连忘返。他家境贫苦，收藏有一把古琴，他时常漫步吟诗、醉酒而卧，以此来自娱自乐。

徐凝起初写诗的名望很高，第一次见到方干就很看重他，于是就与他互相成为师友，此后徐凝开始教方干作格律诗。后来方干有一首赠徐凝的诗中说："把得新诗草里论"。当时的人们认为方干是在反说徐凝是村里老人，怀疑方干在讥讽徐凝，这就不对了。方干相貌丑陋，还长着个兔唇，生性喜欢凌侮他人。王龟出任观察使到浙东察看民情，以礼相邀方干到府中来，方干误拜三拜，人们称他是"方三拜"。王龟见到他则十分赞许他的操守，想要推荐他到朝廷为官，并委托吴融草拟奏表准备呈交给朝廷。可是过了一段时间，王龟因病去世，这件事最终没有办成。

方干早些年随同计吏，往来于长安和洛阳两京之间，一些热心的公卿争相引荐接纳，但始终都没能考取功名，于是就回家务农，从此不再有追求功名荣耀的念头。浙中凡是有园林名胜的地方，他都会前去拜访主人，他所题留的诗句几乎遍布那些园林。当初李频向方干学习作诗，后来李频考中进士，诗僧清越向方干祝贺说："弟子已折桂，先生犹灌园。"咸通末年方干因病去世。他的门人一起讨论他的德行和事迹，确定谥号为玄英先生。乐安孙郃等人汇集他遗留下来的诗共有三百七十多首，合编成诗集十卷。

卷八

来鹏

　　来鹏（？—883年），唐朝诗人，其诗多为羁旅之思、落魄之感，偶有愤世嫉俗之作。主要作品有《子归》《偶题二首》等。

【原文】

　　鹏，豫章人①，家徐孺子亭边。林园自乐，师韩、柳为文。大中、咸通间，才名藉甚。鹏工诗，蓄锐既久，自伤年长，家贫不达，颇亦忿忿②，故多寓意讥讪③。当路虽赏清丽，不免忤情④，每为所忌。如《金钱花》云："青帝若教花里用，牡丹应是得钱人。"《夏云》云："无限旱苗枯欲尽，悠悠闲处作奇峰"。《偶题》云："可惜青天好雷电，只能惊起懒蛟龙⑤。"坐是凡十上不得第。韦岫尚书独赏其才⑥，延待幕中，携以游蜀，又欲纳为婿，不果⑦。是年力荐⑧，夏课卷中献诗有云⑨："一夜绿荷风剪破，嫌它秋雨不成珠。"岫以为不祥，果失志。时遭广明庚子之乱⑩，鹏避地游荆襄⑪，艰难险阻，南返。中和，客死于维扬逆旅⑫，主人贤，收葬之。有诗一卷，今传于世

【注释】

　　①豫章：最初为汉高帝初年江西建制后的第一个名称，即豫章郡（治南昌县），后来泛指今江西省北部一带。

　　②忿忿（fèn）：形容心中愤怒不平的样子。

　　③讥讪（jī shàn）：讥讽嘲笑的意思。

　　④忤（wǔ）情：指违逆心意。

⑤蛟龙：即蛟，是古代神话中拥有龙族血脉的水族动物，渡过难劫就可以化为真龙，是一种善变化、能兴云雨、利万物的神兽。

⑥韦岫（xiù）：唐代官员。历任福建观察使、殿中侍御史、平章事等职。

⑦不果：没成，没有成为事实。

⑧是年：这一年。是：这、此。这里用为指示代词。力荐：极力举荐。

⑨夏课：唐代举子落第后，可以寄居京师过夏，课读为文，等待下次考试机会，称之为"夏课"。

⑩广明庚子之乱：广明是唐僖宗李儇的年号，使用于广明元年农历庚子年（880 年）至广明二年辛丑年（881 年）。在 880 年，黄巢发动政变攻陷长安，在长安称帝，唐僖宗只得逃奔蜀地。因事件发生在广明庚子年，故称"广明庚子之乱"。

⑪荆襄（jīng xiāng）：主要指的是今湖南和湖北两地。

⑫维扬：治所在今江苏省扬州市区中北部。

【译文】

来鹏，豫章人，家住在徐孺子亭旁边。来鹏每天来往于秀林园囿之间自赏自乐，仿效韩愈、柳宗元的风格学习写文章。在大中、咸通年间，来鹏就享有了很高的才名。来鹏擅长作诗，而且十分工整，蓄势待发等待锐进已经很多年了，时常感伤自己年纪越来越老，然而家里依旧很贫穷，仕途之路至今尚未显达，也都会使他感到颇为忿忿不平，所以他所写的诗中大多含有讥讽嘲笑的寓意。朝中当政者虽然欣赏他的诗风清丽，但也不免违逆心意对待他，因此来鹏常常被权贵们所忌恨。比如来鹏在《金钱花》诗中写道："青帝若教花里用，牡丹应是得钱人。"《夏云》诗中写道："无限旱苗枯欲尽，悠悠闲处作奇峰。"《偶题》诗中写道："可惜青天好雷电，只能惊起懒蛟龙。"因为这些诗句，来鹏一共十次进京赶考都没有登科。只有尚书令韦岫欣赏来鹏有诗才，邀请他到幕府任职，等待下一次进士举考试，期间带他到蜀中游览，还想招纳他为自己的女婿，结果姻缘未成。这一年，韦岫向朝廷极力推荐来鹏，但是这次来鹏在夏课卷中所献的诗有两句说："一夜绿荷风剪破，嫌它秋雨不成珠。"韦岫看后觉得这两句诗很不吉利，结果来鹏真的失去了施展志向的机会。因为当时正赶上黄巢起义制造了"广明庚子之乱"，来鹏避开叛乱之地游历到荆州、襄州一带，尝尽艰难险阻之后，又回到了江南。中和年间，来鹏在返回家乡途中死在异乡的扬州旅舍中，旅舍主人贤德，将他遗体收起安葬。来鹏著有诗集一卷，如今流传在世上。

温庭筠

温庭筠（约812—866年），唐代著名诗人、词人。被尊为"花间词派"鼻祖。著有《花间集》《金荃集》等。代表作有《商山早行》《过陈琳墓》《菩萨蛮》《望江南》等。

【原文】

庭筠，字飞卿，旧名岐，并州人，宰相彦博之孙也。少敏悟，天才雄赡，能走笔成万言。善鼓琴吹笛，云："有弦即弹，有孔即吹，何必爨桐与柯亭也①。"侧词艳曲②，与李商隐齐名，时号"温李"。才情绮丽，尤工律赋③。每试，押官韵④，烛下未尝起草，但笼袖凭几，每一韵一吟而已，场中曰："温八吟"。又谓八叉手成八韵，名"温八叉"。多为邻铺假手⑤。然薄行无检幅，与贵胄裴诚、令狐滈等饮博⑥。后夜尝醉诟狭邪间⑦，为逻卒折齿⑧，诉不得理。举进士，数上又不第。出入令狐相国书馆中⑨，待遇甚优。时宣宗喜歌《菩萨蛮》，绚假其新撰进之，戒令勿泄，而遽言于人⑩。绚又尝问玉条脱事，对以出《南华经》，且曰："非僻书，相公燮理之暇⑪，亦宜览古。"又有言曰："中书省内坐将军。"讥绚无学，由是渐疏之。自伤云："因知此恨人多积，悔读《南华》第二篇。"

徐商镇襄阳⑫，辟巡官，不得志，游江东。大中末，山北沈侍郎主文，特召庭筠试于帘下，恐其潜救。是日不乐，逼暮先请出，仍献启千余言。询之，已占授八人矣。执政鄙其为，留长安中待除。宣宗微行，遇于传舍，庭筠不识，傲然诘之曰："公非司马、长史流乎？"又曰："得非六参、簿、尉之类？"帝曰："非也。"后谪方城尉⑬，中书舍人裴坦当制，恓悢含毫久之，词曰："孔门以德行居先，文章为末。尔既早随计吏，宿负雄名，徒夸不羁之才，罕有适时之用。放骚人于湘浦，移贾谊于长沙，尚有前席之期，未爽抽毫之思。"庭筠之官，文士诗人争赋诗祖饯⑭，惟纪唐夫擅场⑮，曰："凤凰诏下虽沾命，鹦鹉才高却累身。"唐夫举进士，有词名。庭筠仕终国子助教。竟流落而死。今有《汉南真稿》十卷，《握兰集》三卷，《金荃集》十卷，《诗集》五卷，及《学海》三十卷。又《采茶录》一卷，及著《乾𦠆子》一卷，《序》云："不爵不觯，非炮非炙，能悦诸心，聊甘众口，庶乎乾𦠆之义"等，并传于世。

【注释】

①爨桐（cuàn tóng）：相传吴人焚烧桐木为炊，蔡邕听到爆破的声音优美，遂取来焦木做成焦尾琴。后借指遭毁弃的良材。此指好琴。柯亭：古地名。在今浙江省绍兴市西南。以产良竹著名。汉代蔡邕曾避难于此。

②侧词艳曲：比喻文词艳丽而流于轻佻。侧：不正。艳：艳丽。

③律赋：指有一定格律规定的赋体。注重音韵谐和，对偶工整，是唐宋以来科举考试所采用的一种文体。

④官韵：科举时代官方规定韵书所定的韵，参试者必须遵守。

⑤假手：指作弊的代笔之人，相当于现代所说的"枪手"。

⑥裴诚（xián）：唐朝诗人，闻喜人，出自河东裴氏东眷裴。宰相裴度之子，与温庭筠友善。令狐滈（hào）：唐朝宜州华原（今陕西耀州）人。令狐绹之子。

⑦狭邪：小街曲巷的意思，也指"妓女"或"妓院"。

⑧逻卒：巡逻的士卒。折齿（shé chǐ）：折断牙齿。

⑨令狐相国：即令狐绹（táo），字子直，京兆华原（今陕西省耀县）人。唐朝宰相，太尉令狐楚之子。

⑩遽（jù）：急忙，仓促。

⑪燮理（xiè lǐ）：意思是协和治理。此指在宰相的协助下处理事务。

⑫徐商：字义声，河内济源人。大中十三年及第，曾镇守襄阳，后累迁侍御史、吏部尚书等职。

⑬谪（zhé）：贬谪。指官吏降职，调往外地。方城：位于河南省西南部。

⑭祖饯：古代饯行的一种隆重仪式，祭路神后，在路上设宴为人送行。义同"祖道"。

⑮纪唐夫：诗人，唐文宗时期曾官居中书舍人。温庭筠谪方城尉时，唐夫赠诗，有佳句"凤凰诏下虽沾命，鹦鹉才高却累身"。擅场：压倒全场。借指技艺高超出众。

【译文】

温庭筠，字飞卿，原名温岐，并州人，是唐初宰相温彦博的第六世孙。他从小就机敏聪悟，富有高瞻远瞩的雄才伟略，能运笔疾书一气呵成上万字的文章。而且善于弹琴和吹笛子，他说："有弦就能弹，有孔就能吹，何必非要爨桐佳琴和柯亭良竹为笛不可。"他的诗辞文采艳丽而流于轻佻，与著名诗人李商隐齐名，当时号称"温李"。温庭筠才情绮丽，尤其擅长格律诗赋。每次参加考试，要求考生必须押官韵应试，他在灯烛下从不打草稿，只把手笼在袖子里靠着几案，每一韵吟一次就完成了，考场中都叫他"温八吟"。还说他只要叉手八次就能作成八韵，所以又叫他"温八叉"。他时常替邻座的考生答卷。然而他品行轻薄，行为很不检点，经常与贵族子弟裴诚、令狐滈等人喝酒赌博。后来曾有一天夜里喝得大醉在妓院里惹事胡闹，被巡夜的士卒打掉了牙齿，他去告状也没占到便宜。温庭筠参加进士考试，考了几次都没考中。他在宰相令狐绚的书馆中来去自由，而且受到优厚的待遇。那时候唐宣宗喜欢歌唱词牌《菩萨蛮》，令狐绚就趁机借用温庭筠的新作进献给唐宣宗，告戒温庭筠不要将此事泄露出去，可温庭筠很快就告诉了别人。令狐绚还曾问温庭筠"玉条脱"这件事，温庭筠回答说此典出于《南华经》，并且说："这不是生僻的书，宰相大人协调治理国事的空余时间，也应阅览一些古书。"接着又说了一句："中书省内坐将军。"其实是在讥讽令狐绚没有学问，因此令狐绚渐渐就开始疏远他了。温庭筠因此自我感伤道："因知此恨人多积，悔读《南华》第二篇。"

徐商担任节度使镇守襄阳的时候，召辟温庭筠担任巡官，因为不得志，温庭筠便辞官到江南游历去了。大中末年，山北史官沈侍郎当主考官，特意将温庭筠召到帘下考试，怕他暗中帮助别人答卷。这一天温庭筠很不高兴，临近黄昏时分，他请求先出考场，但仍然献上书启一千多句，询问他，才知他已经口头帮助八个考生了。朝廷当权者鄙视他的行为，就让他留在长安等待授职。宣宗皇帝悄悄穿着便装

出行，在旅舍里与温庭筠相遇，温庭筠不认识宣宗，他傲气十足地诘问宣宗："你不是司马、长史之流吧？"又问："你也不是六参、主簿、县尉一类的官吧？"皇帝说："我不是。"后来温庭筠被贬官为方城县尉，由中书舍人裴坦执笔撰写诏书，裴坦嘴里含着毛笔慢条斯理老半天，写道："孔门儒教把道德品行放在首位，把舞文弄墨放在末端。你原本很早以前就应进士科举，一向享有很高的才名，白白夸耀自己挥洒自如的文才，却很少有恰如其分的用武之地。如同流放屈原到湘江之畔，贬谪贾谊到长沙，今后你还有受皇上器重之时，不要埋没你命笔为文的妙思。"温庭筠去上任，文士、诗人争着写诗隆重地为他饯行，只有纪唐夫的诗技高一筹独占鳌头，这首诗中说："凤凰诏下虽沾命，鹦鹉才高却累身。"纪唐夫被推举参加进士考试，他的诗词也很有名气。温庭筠最后的官职是国子助教，后来竟被贬流落他乡而死。温庭筠现在有《汉南真稿》十卷，《握兰集》三卷，《金筌集》十卷，《诗集》五卷，以及《学海》三十卷。还有《采茶录》一卷，以及著有《乾馔子》一卷，《序》中说："不用爵，也不用觚，不用炮制，也不用烧烤，能让众人开心，也能让众人享有口福，这大概是乾馔的意义"等，全都流传于世。

鱼玄机

鱼玄机（约844—约871年），初名鱼幼微，字蕙兰。晚唐著名女诗人、女道士。主要作品有《江陵愁望寄子安》《赠邻女》《浣纱庙》等。

【原文】

玄机，长安人，女道士也。性聪慧，好读书，尤工韵调，情致繁缛。

咸通中及笄①，为李亿补阙侍宠。夫人妒②，不能容，亿遣隶咸宜观披戴③。有怨李诗云："易求无价宝，难得有心郎。"与李郢端公同巷④，居止接近，诗筒往反。复与温庭筠交游，有相寄篇什。尝登崇真观南楼，睹新进士题名，赋诗曰："云峰满目放春情，历历银钩指下生⑤。自恨罗衣掩诗句⑥，举头空羡榜中名。"观其志意激切，使为一男子，必有用之才，作者颇赏怜之。时京师诸宫宇女郎，皆清俊济楚，簪星曳月⑦，惟以吟咏自遣，玄机杰出，多见酬酢云⑧。有诗集一卷，今传。

【注释】

①及笄（jī）：又叫"既笄"。指古代汉族女子满十五周岁结发，用笄贯之。借指已成年，到了可以出嫁的年龄。

②妒：嫉妒。

③隶：旧时地位低下而被奴役的佣人。咸宜观：唐代长安道观名称。披戴：意思是出家做道士。

④李郢（yǐng）：唐代官员、诗人，进士及第，官终侍御史。

⑤银钩：比喻遒劲有力的书法。

⑥罗衣：绫罗衣裙，借指女性。

⑦簪（zān）星曳月：形容穿着佩戴的服装首饰像星星月亮一般光彩耀目。

⑧酬酢（chóu zuò）：宾主相互敬酒，泛指交往应酬。

【译文】

鱼玄机，京都长安人，是一个女道士。她生性聪慧，爱好读书，尤其善于作诗，情调韵致丰富华丽。咸通年间，她到了可以出嫁的年龄，成为补阙李亿的侍妾，很受宠爱。可是李亿的夫人心生嫉妒，不能容忍她留在府中，李亿迫不得已派遣家奴将鱼玄机送到咸宜观去当道士。鱼玄机当时写有怨恨李亿的诗中说："易求无价宝，难得有心郎。"鱼玄机与李郢住在同一条街巷，住所比较接近，于是两人之间经常将诗歌装入竹筒来回相互酬赠。后来鱼玄机又与温庭筠交往成为朋友，彼此也有相互寄赠的诗篇。鱼玄机曾有一次登上崇真观南楼，看到新科进士题名榜，于是便赋诗道："云峰满目放春情，历历银钩指下生。自恨罗衣掩诗句，举头空羡榜中名。"此刻足以看出她的志向意志多么激进恳切，假如让她成为一名男子，一定是个有用之才，诗人们都非常赞赏而又无比怜惜她。在当时京城里诸多宫宇中的女子，个个都是清秀端庄，楚楚动人，衣饰华美如披星戴月，她们只能依靠吟诗作赋自我消遣时光，但这些人之中鱼玄机最为杰出，而且与别人相互酬唱之作最多见。鱼玄机著有诗集一卷，如今流传于世。

邵谒

邵谒，生卒年均不详，约公元 860 年前后在世，唐代著名诗人，被称为"岭南五才子"之一。其代表诗作有《送友人江行》《寒女行》等。

【原文】

谒，韶州翁源县人①。少为县厅吏，客至仓卒，令怒其不揩床迎待②，逐去。遂截髻著县门上③，发愤读书。书堂距县十余里，隐起水心。谒平居如里中儿未着冠者，发髽髻④，野服。苦吟，工古调。咸通七年抵京师，隶国子。时温庭筠主试，悯擢寒苦⑤，乃榜谒诗三十余篇，以振公道，曰："前件进士，识略精微，堪裨教化⑥，声词激切，曲备风谣，标题命篇，时所难著，灯烛之下，雄辞卓然。诚宜榜示众人，不敢独专华藻，仍请申堂，并榜礼部。"已而释褐⑦。后赴官，不知所终⑧。

它日，县民祠神者，持帧舞铃⑨，忽自称"邵先辈降"。乡里前辈皆至，作礼问曰："今者辱来，能强为我赋诗乎？"巫即书一绝云："青山山下少年郎，失意当时别故乡。惆怅不堪回首望，隔溪遥见旧书堂。"词咏凄苦，虽椽笔不逮⑩，乡老中晓声病者⑪，至为感泣咨嗟⑫。今有诗一卷，传于世。

【注释】

①韶州：治所在今广东省韶关市。

②搘（zhī）：古同"支"，支撑。床：古代指一种坐床、坐椅。

③截：割断，弄断。髻：束起的发髻。

④鬅鬙（péng sēng）：头发散乱的样子。

⑤悯（mǐn）：怜悯。擢（zhuó）：提拔，奖拔。

⑥裨（bì）：裨益；增补，填补。

⑦释褐：指进士及第后授官。

⑧不知所终：不知道结局或下落。终：最后，结局。

⑨帻（zé）：古代的一种头巾。

⑩椽笔：指大手笔，通常称誉他人文笔出众。不逮：比不上；不及某人。

⑪声病：指诗文声律上的毛病。

⑫咨嗟（zī jiē）：意思是赞叹、叹息。

【译文】

邵谒，韶州翁源县人。他年轻时在县衙后堂内当小吏，一天有客人突然到县衙拜访，县令对于邵谒没有及时支起坐床来接待客人而感到十分生气，就把他赶了出去。于是邵谒就剪断自己的发髻挂在县衙的门上，发誓从此开始发愤读书。他学习的书堂距离县城有十多里，仿佛隐约出现在水中央。邵谒平时起居就像本里中那些未成年的孩子一样，头发蓬松散乱，穿着山野村夫那样的衣服。他每天反复吟诵，雕琢诗句，专心研学古体诗。咸通七年邵谒来到了京城，在国子监参加考试。当时是由温庭筠担任主考官，他善于同情并奖拔穷苦的考生，于是就张榜公布了邵谒所写的诗三十多篇，以便于振举公平之道，他对大家说："前件进士，见识方略精妙入微，能够裨益教化，声韵标准，措辞激烈率直，完全具备风谣主旨，其标举题目和布局谋篇，时人难以达到，在这考场的灯烛之下，可见其雄辞卓然超群之风。确实应该张榜以示众人，不敢独自专享如此华章辞藻，我还要请示申报于朝堂，并将此榜张贴于礼部。"不久邵谒进士及第得授官职。后来他前往任所赴任，从此就不知道他的下落了。

很久以后的一天，翁源县百姓中有个在祠堂负责祭神的人，手持头巾舞动摇铃，忽然自称道"邵先辈降临"。乡里年长的前辈们知道后全都到齐了，其中有人向他拱手揖礼道："今日承蒙先生屈尊到此，能请您为我们吟赋一首诗吗？"这个巫师就立即写了一首七绝诗道："青山山下少年郎，失意当时别故乡。惆怅不堪回首望，隔溪遥见旧书堂。"这首诗吟咏起来词句凄凉悲苦，即使是拥有大手笔之人也比不上他，乡亲父老中有懂得诗文声律毛病的，甚至被这首诗感动到泣不成声、慨叹不已。邵谒著有诗集一卷，如今流传于世。

汪遵

汪遵，生卒年不详，约公元877年前后在世，唐代诗人。《全唐诗》录存其诗一卷。主要作品有《淮阴》《咏南阳》等。

【原文】

遵，宣州泾县人①。幼为小吏，昼夜读书良苦，人皆不觉。咸通七年韩衮榜进士。遵初与乡人许棠友善②，工为绝句诗，而深自晦密。以家贫难得书，必借于人，彻夜强记，棠实不知。一旦辞役就贡③，棠时先在京师，偶送客至灞、浐间④，忽遇遵于途，行李索然，棠讯之曰："汪都何事来？"都者吏之呼也。遵曰："此来就贡。"棠怒曰："小吏不忖⑤，而欲与棠同研席乎？"甚侮慢之。后遵成名五年，棠始及第。洛中有李相德裕平泉庄，佳景殊胜，李未几坐事贬朱崖⑥。遵过，题诗曰："平泉风景好高眠，水色岚光满目前。刚欲平它不平事，至今惆怅满南边。"又《过杨相宅》诗云："倚伏从来事不遥，无何平地起青霄⑦。才到青霄却平地，门对古槐空寂寥。"俱为时人称赏。其余警策称是。有集今传。

汪遵，泾之一走耳。拔身卑污，夺誉文苑。家贫借书，以夜继日，古人阅市偷光⑧，殆不过此⑨。昔沟中之断，今席上之珍，丈夫自修，不当如是耶？与夫朱门富家，积书万卷，束在高阁，尘暗签轴，蠹落帙帷⑩，网好学之名，欺盲聋之俗，非三变之败，无一展之期。谚曰："金玉有余，买镇宅书。"呜呼哀哉⑪！

【注释】

①宣州泾县：治所在今安徽省泾县。

②许棠：字文化，宣州泾县人，唐代诗人。咸通十二年进士及第，曾为江宁丞。后辞官，潦倒以终，为"咸通十哲"之一。

③就贡：应举，进京应试。

④灞（bà）、浐（chǎn）：古代水流名称，即灞水和浐水。汉代长安城周围，共有8条河流，分别是泾水、渭水、灞水、浐水、沣水、滈水、潏水和涝水。

⑤忖（cǔn）：揣度，思量。

⑥朱崖：即珠崖、崖州，古代州名，现为海南省三亚市辖区。隋朝改名为珠崖郡。从唐朝起，这里成为流放犯罪臣子之地，许多名臣流放至此。李德裕曾出任崖州司户，此后"朱崖"成了李德裕的别称。

⑦青霄：青天，高空。喻指帝都，朝廷。

⑧阅市：典出《后汉书·王充传》："家贫无书，常游洛阳市肆，阅所

卖书，一见辄能诵忆。"后以"阅市"比喻勤奋好学。偷光：意思是家贫而苦读。出自《西京杂记》中匡衡凿壁偷光苦读的典故。

⑨殆（dài）：大概，或许，差不多。

⑩蠹（dù）：蛀蚀书籍的虫子。帙帷（zhì wéi）：古代包书的一种布套。

⑪呜呼哀哉：古文中常用的感叹词。意思是表示自己情绪激动到了极点，多表示愤怒或悲痛的慨叹声。相当于"悲哀啊！"

【译文】

汪遵，宣州径县人。他在少年时就是一个在县衙当差的小吏，不分日夜刻苦读书，人们都没有察觉。咸通七年，汪遵与状元韩衮同榜登第进士。汪遵当初与同乡人许棠是好朋友，汪遵擅长写绝句诗，韵律非常工整，但他始终深藏自己，韬光养晦，从不告诉别人。汪遵因为自己家里贫穷，很难得到书读，所以必须向别人借书读才行，借来书后就要抓紧彻夜苦读强记，而这些情况许棠一点儿也不知道。有一天汪遵辞去差役职务赴京应试进士举，许棠这时候已经先到京城了，偶然到灞水和浐水之间送别客人，忽然在半路途中遇到了汪遵，许棠看见汪遵带着简陋的行李感到很奇怪，许棠就讯问汪遵说："汪都到这儿来有什么公事吗？"都，是对小吏的一种称呼。汪遵回答说："这次我来参加考试。"许棠听完大怒道："小小差役不自量力，难道想和我许棠在同一坐席上答卷吗？"甚至对汪遵进行百般欺辱轻慢。后来汪遵金榜题名五年之后，许棠才进士及第。那时候洛阳有一座由宰相李德裕修建的平泉庄，风景优美，堪称超绝优胜，当年李德裕还没住多久，就因为犯罪被贬谪到崖州。汪遵路过此地时题诗说："平泉风景好高眠，水色岚光满目前。刚欲平它不平事，至今惆怅满南边。"汪遵还有一首《过杨相宅》诗中说："倚伏从来事不遥，无何平地起青霄。才到青霄却平地，门对古槐空寂寥。"这些诗都受到了当时人的称赞。汪遵其余诗文中的警句也都与此相当。汪遵著有诗集流传至今。

汪遵，不过是泾县一个跑腿的差役而已。但他能从卑贱污秽之中拔身而起，在文苑上夺得荣誉。他因家境贫穷而借书苦读，孜孜不倦，夜以继日，古人王充阅市强记、匡衡凿壁偷光苦读的事迹，或许也不能超过他。往昔水沟里的断梗漂萍，成为今朝宴席之上的珍馐美味，如此想成为贤良之士，大丈夫自我修身，难道不应如此吗？相比之下，那朱漆大门中的富家子弟，积存万卷却束之高阁，任凭短签长轴落满灰尘，蠹虫爬满书袋，只顾网罗好学的名声，欺蒙盲聋的俗人，这样下去，即使还没到"三变"败家，为期也不会有一展之远了。谚语说："金玉有余，买镇宅书。"呜呼！真是悲哀啊！

罗邺

罗邺（825—？年），卒年不详，富家子弟，唐代著名诗人，有"诗虎"之称。主要作品有《落第书怀寄友人》《春江恨别》《雁二首》等。

【原文】

邺，余杭人也。家赀钜万①，父则为盐铁吏②，子二人，俱以文学干进。邺尤长律诗。时宗人隐、虬③，俱以声格著称，遂齐名，号"三罗"。隐雄丽而坦率，邺清致而联绵，虬则区区而已④。咸通中，数下第，有诗云："故乡依旧空归去，帝里如同不到来。"崔安潜侍郎廉问江西⑤，邺适飘蓬湘、浦间，崔素赏其作，志在弓旌⑥，竟为幕吏所沮。既而俯就督邮，不得志，踉跄北征⑦，赴职单于牙帐⑧。邺去家逾远，万里沙漠，满目谁亲，因兹举事阑珊无成，于邑而卒。

邺素有英资，笔端超绝，其气宇亦不在诸人下。初无箕裘之训⑨，顿改门风，崛兴音韵，驰誉当时 ⑩，非易事也。而跋前踬后 ⑪，绝域无聊，独奈其命薄何！孔子曰："才难"，信然。有诗集一卷，今传。

【注释】

①家赀（zī）钜（jù）万：形容家中财产数量巨大。赀：同"资"，资产，财产。钜：古同"巨"，巨大。

②盐铁吏：古代指掌管盐、铁的官吏。主管煮盐、冶铁以及供应运输等事务。

③隐：指罗隐，原名横，字昭谏，杭州新城人，唐代文学家。著有《谗书》《太平两同书》等名著。虬（qiú）：指罗虬。唐代著名诗人，与隐、邺齐名，世称"三罗"。

④区区：形容微不足道。

⑤崔安潜：字延之，唐朝时期大臣。大中三年进士及第，历任殿中侍御史、礼部员外郎、长安令，迁尚书右丞。

⑥弓旌（jīng）：弓和旌。古代征聘之礼，用弓招士，用旌招大夫。这里指以礼延聘之意。

⑦督邮：郡守属吏，是督邮书掾、督邮曹掾的简称。主要代表太守督察县乡，宣达政令兼司法等。踉跄（liàng qiàng）：也作"蹣跚"。形容路途坎坷、跌跌撞撞。

⑧单（chán）于：单于氏源自少数民族的匈奴，单于是匈奴人对他们君主的称号。牙帐：古代将帅所居营帐，也指边境匈奴、突厥、沙陀等少数民族的首都。

⑨箕裘（jī qiú）：比喻祖先留下的事业。

⑩驰誉：指美好的声誉传得很远，远近闻名。

⑪跋（bá）前踬（zhì）后：比喻进退两难。

【译文】

罗邺（yè），是浙江余杭人。他家中钱财数目巨大，父亲罗则是盐铁转运使府中的官吏。罗则共有两个儿子，都是靠文学才华获取进身为官的，罗邺尤其擅长律诗写作。当时他同族人罗隐、罗虬，都因作诗声韵格律精妙而著名，又因为三人诗名不分前后，故而人送称号"三罗"。罗隐的诗雄浑壮丽而又坦阔直率，罗邺的诗清新雅致而且意绪联绵，罗虬的诗则区区不足称道了。咸通年间，罗邺几次赶考都落榜，曾写诗道："故乡依旧空归去，帝里如同不到来。"礼部侍郎崔安潜任江西观察使到江西考察官员政绩的时候，罗邺此时正好漂泊在湘水、浦水之间，崔安潜平时就特别喜欢罗邺的诗，想以弓旌之礼延聘他，没想到竟然受到幕僚的极力阻止而未成。从那以后，罗邺屈身低就于郡县成为小小督邮，然而志向长期不得舒展，只好一路跌跌撞撞向北方跋涉，最后在匈奴单于牙帐供职。罗邺离家乡越来越远，茫茫万里沙漠，举目无亲，因此办起事来情绪衰落而始终没有获得什么成就，最后满怀忧郁在异乡死去。

罗邺平生具有颖异的资质，文笔超群绝伦，他的气魄也不在各位诗人之下。他原本并没有世代家学的渊源，却能立时改变门风，崛起于诗坛之上，美名驰骋在当代，这并不是容易之事啊！然而他沦落到人生路上进退两难，身陷绝地，精神无所寄托，如此命薄又有谁能帮他呢？孔子说："人才难得"，确实是这样。罗邺有诗集一卷，流传至今。

胡曾

胡曾（约839—？年），号秋田，唐代官员、诗人，其诗以关心民生疾苦、针砭暴政权臣而著称。《全唐诗》共录1卷。代表作品为七绝《咏史诗》150首。

曾，长沙人也。咸通中进士。初，再三下第，有诗云："翰苑几时休嫁女，文章早晚罢生儿。上林新桂年年发，不许闲人折一枝。"曾天分高爽，意度不凡，视人间富贵亦悠悠。遨历四方，马迹穷岁月，所在必公卿馆谷①。上交不谄，下交不渎②，奇士也。尝为汉南节度从事。作《咏史诗》，皆题古君臣争战废兴尘迹。经览形胜③，关山亭障，江海深阻，一一可赏。人事虽非，风景犹昨，每感辄赋④，俱能使人奋飞。至今庸夫孺子，亦知传诵。后有拟效者不逮矣。至于近体律绝等，哀怨清楚，曲尽幽情，擢居中品不过也。惜其才茂而身未颖脱⑤，痛哉！今《咏史诗》一卷，有咸通中人陈盖注，及《安定集》十卷行世。

【注释】

①公卿馆谷：指食宿都在公卿府第之中。

②上交不谄（chǎn），下交不渎（dú）：对上结交不谄媚奉承，对下结交不轻辱贬斥。谄：谄媚，奉承。渎：轻慢，对人不恭敬。

③形胜：指山川壮美之地。

④辄（zhé）：就，总是。

⑤颖脱：脱颖而出，比喻充分显现才华。

【译文】

胡曾，是湖南长沙人。他在咸通年间考中进士。起初，他几次参加考试都以落榜告终，因而他有一首诗说："翰苑几时休嫁女，文章早晚罢生儿。上林新桂年年发，不许闲人折一枝。"胡曾天分高洁豪爽，见识气度不凡，他看待人间富贵也如悠悠流水一般。他喜欢遨游四方，马蹄踏尽了岁月烟尘，所到之处一定会受到热情接待，食宿都在公卿府第。他与上层人士交往从不谄媚奉承，与下层人士交往从不轻辱贬斥，是一位少见的贤士。他曾出任汉南节度使从事。胡曾写有著名的《咏史诗》，其中都是题写古代君臣之间争战、王朝兴废的陈年旧事。另外他经历游览的名胜古迹，关隘山峰，亭阁城池，江河湖海，深林险阻，都能在诗中一一展现。在他的眼里，人世间的万事虽已改变，但山川风物仍然还像昨天一样，每当有所感触，他就会赋诗一首，所作诗句都能使人奋发图强。直到今天那些凡夫童子还都能一看就懂并且加以传习诵读。后来出现仿效胡曾风格写咏史诗的人可就远远追不上他了。至于胡曾所写的近体律诗、绝句等，哀怨而清苦，曲折而详尽地表达幽深的情怀，把他列入中品，一点也不为过。可惜他富有才华却没有机会脱颖而出，真是令人痛心啊！如今胡曾的《咏史诗》一卷，有咸通年间陈盖的注本，以及《安定集》十卷都在世上流行。

皮日休

皮日休（约838—约883年），字袭美，晚唐时期官员、文学家。著有《皮日休集》《皮氏鹿门家钞》等。《全唐诗》收录其诗9卷。主要作品有《奉和鲁望蔷薇次韵》《春夕酒醒》等。

【原文】

日休，字袭美，一字逸少，襄阳人也。隐居鹿门山①，性嗜酒，癖诗，号"醉吟先生"，又自称"醉士"，且傲诞，又号"间气布衣"，言己天地之间气也。以文章自负，尤善箴铭②。咸通八年礼部侍郎郑愚下及第，为著作郎，迁太常博士。时值末年，虎狼放纵，百姓手足无措，上下所行，皆大乱之道，遂作《鹿门隐书》六十篇，多讥切谬政。有云："毁人者自毁之，誉人者自誉之。"又曰："不思而立言，不知而定交，吾其惮也。"又曰："古之杀人也怒，今之杀人也笑。"又曰："古之置吏也将以逐盗，今之置吏也将以为盗"等，皆有所指云尔。

日休性冲泊无营，临难不惧。乾符丧乱，东出关，为毗陵副使③，陷巢贼中。巢惜其才，授以翰林学士。日休惶恐，踽踽欲死④，未能。劫令作谶文以惑众⑤，曰："欲知圣人姓，田八二十一；欲知圣人名，果头三屈律。"贼疑其衷恨必讥己，遂杀之。临刑神色自若，无知不知皆痛惋也。日休在乡里，与陆龟蒙交拟金兰，日相赠和。自集所为文十卷，名《文薮》⑥，及诗集一卷，《滑台集》七卷，又著《皮氏鹿门家钞》九十卷，并传。

【注释】

①鹿门山：原名苏岭山，在今湖北省襄阳市襄州区。据说是东汉光武帝与近臣习郁在此梦见神庙，于是在此山建寺留念。

②箴铭：文体名。箴是规戒性的韵文；铭在古代常刻在器物上或碑石上，兼用于规戒、褒赞的铭文。

③毗（pí）陵：亦作"毗陵"。治所在今江苏省常州市辖区。

④踽踽（jú cù）：惊惧不安的样子。

⑤谶（chèn）：谶语，预示吉凶的隐语。

⑥文薮（sǒu）：唐代皮日休编著的诗文别集。

【译文】

皮日休，字袭美，又一字逸少，是襄阳人士。他隐居在鹿门山中，生性嗜好饮酒，癖好作诗，号称"醉吟先生"，又自称"醉士"，而且因为傲慢夸诞，又号称"间气布衣"，说自己是天地之间的间气所生。他常以文章自许，尤其擅长写箴文、撰铭文。咸通八年，皮日休在礼部侍郎郑愚当主考官时进士及第，初任著作郎，又升任太常博士。当时正是唐朝末年，叛军如虎狼般横冲直撞，百姓手脚慌乱不知如何是好，而朝野上下的所作所为，正是导致天下大乱的原因，于是皮日休就写了《鹿门隐书》六十篇，大多是讥讽谴责荒谬的政治。有一篇说："损毁别人的同时也损毁了自己，赞誉别人的同时也赞誉了自己。"又说："不经思索就定论，不知情就定交，这是我所忌惮的。"又说："古代是怒而杀人，如今是笑着杀人。"又说："古代设置官吏是用来驱逐盗贼，如今设置官吏是用来变成盗贼"等，这些话都是有所指而说的。

皮日休的性格虚静淡泊不喜欢钻营，但他面临危难从不畏惧。乾符年间到处是死亡祸乱，皮日休东出潼关，出任镇守毗陵的节度副使，不幸被叛贼黄巢军俘获。黄巢爱惜他的才华，任命他为翰林学士。皮日休惶恐不安，惊惧之中想一死了之，但没成功。黄巢胁迫他写谶语来迷惑众人，皮日休写道："欲知圣人姓，田八二十一；欲知圣人名，果头三屈律。"黄巢怀疑他内心藏恨，这谶语一定是在讥讽自己，于是就把他杀了。在临刑前，皮日休神色坦然无畏，无论认识不认识他的人都感到悲痛惋惜。早先皮日休在家乡时，与陆龟蒙有金兰之交，每天赋诗相互赠答。皮日休辑录自己的文章十卷，命名为《文薮》，和他的诗集一卷，《滑台集》七卷，另外还著有《皮氏鹿门家钞》九十卷，如今都流传于世。

司空图

司空图（837—907 年），字表圣，自号知非子，又号耐辱居士。晚唐官员、诗人、诗论家。著有《司空表圣诗集》。主要诗作品有《漫书五首》《青龙师安上人》《白菊三首》等。

【原文】

图，字表圣，河中人也。父舆，大中时为商州刺史①。图，咸通十年归仁绍榜进士。主司王凝初典绛州，图时方应举，自别墅到郡上谒，去，阍吏遽申"司空秀才出郭门②。"后入郭访亲知，即不造郡斋。公谓其尊敬，愈重之。及知贡，图第四人捷，同年鄙薄者谤曰③："此司空图（徒）得一名也。"公颇闻，因宴全榜，宣言曰："凝叨忝文柄④，今年榜贴，专为司空先辈一人而已。"由是名益振。

未几，凝为宣歙观察使，辟置幕府。召拜殿中侍御史，不忍去凝府，台劾，左迁光禄寺主簿。卢相携还朝，过陕虢⑤，访图，深爱重，留诗曰："氏族司空贵，官班御史雄。老夫如且在，未可叹途穷。"就属于观察使卢渥曰⑥："司空御史，高士也。"渥遂表为僚佐。携执政，召拜礼部员外郎，寻迁郎中。丁黄巢乱，间关至河中，僖宗次凤翔，知制诰、中书舍人。景福中，拜谏议大夫，不赴。昭宗在华州，召为兵部侍郎，以足疾自乞，听还。

图家本中条山王官谷，有先人田庐，遂隐不出，作亭榭素室，悉画唐兴节士文人像。尝曰："某宦情萧索，百事无能。量才一宜休，揣分二宜休。耄而聩三宜休⑦。"遂名其亭曰"三休"。作文以伸志，自号"知非子""耐辱居士"。言涉诡激不常，欲免当时之祸。初以风雨夜得古宝剑，惨淡精灵，尝佩出入。性苦吟，举笔缘兴，几千万篇。自致于绳检之外，豫置冢棺⑧，遇胜日，引客坐圹中⑨，赋诗酌酒，沾醉高歌。客有难者⑩，曰："君何不广耶？生死一致，吾宁暂游此中哉？"岁时祠祷，与闾里父老鼓舞相乐⑪。时寇盗所过齑粉⑫，独不入谷中，知图贤，如古王蠋也⑬。士民依以避难。后闻哀帝遇弑⑭，不食扼腕⑮，呕血数升而卒，年七十有二。先撰自为文于濯缨亭一鸣窗⑯，今有《一鸣集》三十卷，行于世。

【注释】

①商州：治所在今陕西商县。

②阍吏（hūn lì）：是指守门的小吏。遽（jù）：就；马上，急忙。郭门：外城的门；城门。

③鄙薄：鄙视菲薄；轻视，瞧不起。

④叨忝（dāo tiǎn）：指忝列；叨光。谦词，有愧于排列在其中的意思。

⑤陕：陕州，即位于河南省西部黄河南岸。虢（guó）：虢州，位于河南省西部，大致位置相当于现在的灵宝、栾川等地。

⑥卢渥（wò）：字子章，唐幽州范阳人。宣宗大中间登进士第。累官国子博士、分司东都、迁司勋郎中、中书舍人等职。

⑦耄（mào）：年老，年纪约八十至九十岁之间。

⑧冢（zhǒng）：坟墓。

⑨圹（kuàng）：墓穴，也指坟墓。

⑩难（nàn）：责难，质问，诘问。

⑪闾（lú）：古代二十五家为一闾。

⑫齑（jī）粉：齑、粉均呈碎末状。这里比喻盗匪所到之处都被破坏得七零八碎的样子。

⑬王蠋（zhú）：战国时期的齐国人，是齐国退隐大夫。公元前284年，燕将乐毅攻打齐国，听说王蠋贤达，命令军队绕行三十里不得进入他所在的乡邑。

⑭哀帝：唐哀帝李柷（chù）是唐昭宗第九子，后来被朱温篡位杀死。弑（shì）：杀死。

⑮扼腕：自己以一只手握持另一只手的腕部。形容思虑、愤怒、激动等状态。

⑯濯缨（zhuó yīng）：意思是洗濯头上的冠缨，比喻超脱世俗，操守高洁。

【译文】

司空图，字表圣，是河中人士。他的父亲司空舆，在大中年间出任商州刺史。司空图在咸通十年与状元归仁绍同榜进士及第。主考官王凝当初任绛州刺史时，司空图正好将要前去应进士举，他从自己乡下的别墅来到绛州城拜见王凝，没得到主人召见只好转身走了，守城门的小吏马上申报"司空秀才出城门"。后来司空图又进城来探望亲戚朋友，就不去刺史衙门拜访了。王凝认为司空图恭敬有礼，就更加看重他。到王凝担任应试主考官时，司空图接到捷报说名列第四登第进士，同榜进士中轻视他的人攻击说："这是司空凭空白得来的一个功名。"王凝听到很多此类闲话，于是就宴请全榜新科进士，宣布说："本官承蒙圣恩忝列考选文士的官员当中，今年开科取士，张榜录取，是专为录选司空图先生一人而已。"从此司空图的名声更大了。

不久，王凝上任宣歙观察使，征聘司空图到自己幕府中任职。回京后经王凝举荐，朝廷召司空图入朝任殿中侍御史，司空图不忍离开王凝的幕府，受到御史台的弹劾，被降职为光禄寺主簿。后来适逢宰相卢携回朝廷复职，途经陕、虢二州的时候前去访问司空图的境况，宰相卢携对他深为赏识，留下一首诗说："氏族司空贵，官班御史雄。老夫如且在，未可叹途穷。"卢携就此到使府上嘱咐观察使卢渥说："司空御史，是高尚之士啊。"于是卢渥表奏朝廷任司空图为自己的幕僚。到卢携掌管朝政时，召聘司空图入朝升任礼部员外郎，很快又升迁为礼部郎中。不久适逢遭遇黄巢之乱，司空图一路历经艰难险阻抵达河中府，后来唐僖宗驾临凤翔时，授任司空图为知制诰、中书舍人。景福年间，皇上授任司空图为谏议大夫，但他没去赴任。后来唐昭宗在华州时，召任司空图为兵部侍郎，可是司空图却以自己腿脚有病为由，主动请求辞官回乡，等皇帝准奏，他就返回家乡了。

司空图家本在中条山王官谷，那里有他祖上的田产房屋，于是他就在那里隐居不再出仕为官，并在王官谷修建了亭阁台榭，又粉刷了白墙画室，将唐朝建立以来有气节的文人贤士的像都画在了墙壁上。他曾说："我做官的志趣淡漠，做一百件事也无一能成。衡量自己的才能，这是第一个应该辞官退休的原因；揣度我的职位本分，是应该辞官退休的第二个原因；如今我年纪老迈耳朵又聋，是应该辞官退休的第三个原因。"于是就将所建的亭子命名为"三休亭"。而且写了一篇文章以申明自己的心志，自号为"知非子""耐辱居士"。他的言论大多涉及怪异偏激，异于常情，是想避免当时的乱世之祸。曾经在一个风雨之夜，他偶然获得一柄古宝剑，这把宝剑颜色暗淡，具有精灵宝气，他常常佩戴在身上来去自由。他的天性是喜欢反复吟诵雕琢诗句，一有兴致就挥笔作诗，完成了差不多能有千万篇了。他将自己置身于世俗礼法之外，预先置办了坟墓和棺椁，遇到天气晴朗的好日子，就招引客人到墓穴中，一起赋诗饮酒，沾点醉意就引吭高歌。有的客人为此责问他，司空图却回答说："你为何不想开一点呢？活着和死去都是一样的，我们难道不应该在这里暂时游乐一番吗？"司空图在辞旧岁时都要到祠堂里祭祀祈祷，和村里的父老乡亲们击鼓舞蹈共同欢乐。那时候叛军盗匪正盛，所到之处被破坏得七零八碎，唯独不到王官谷来侵犯，因为他们知道司空图是个贤德之人，就像古代退隐大夫王蠋一样。那时候的士人、百姓前来依附司空图都能得以避难。后来司空图听说唐哀帝被叛臣朱温杀害，悲痛之余就开始绝食，最后紧握手腕，吐出几升鲜血而亡，享年七十二岁。事先司空图在濯缨亭一鸣窗下编撰好自己的诗文，如今才有《一鸣集》三十卷流行于世。

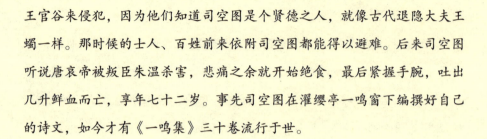

周繇

周繇（841—912年），字为宪，晚唐诗人，被称为"咸通十哲"之一，号称"诗禅"。《全唐诗》收录其诗一卷。主要作品有《送边上从事》《送洛阳崔员外》等。

繇①，江南人。咸通十三年郑昌图榜进士，调福昌县尉。家贫，生理索寞，只苦篇韵，俯有思，仰有咏，深造阃域②，时号为"诗禅"。警联如《送人尉黔中》云："公庭飞白鸟，官俸请丹砂。"《望海》云："岛间应有国，波外恐无天。"《甘露寺》云："殿锁南朝像，龛禅外国僧③。"又"山从平地有，水到远天无。"又"白云连晋阁，碧树尽芜城。"《江州上薛能尚书》云："树翳楼台月④，帆飞鼓角风。"又"郡斋多岳客，乡户半渔翁"等句甚多，读之使人竦⑤，诚好手也。落拓杯酒，无荣辱之累，所交游悉一时名公。集今传世。

同登第有张演者⑥。工诗，间见一二篇，亦佳作也。尝谓禅家者流，论有大小乘，有邪正法，要能具正法眼，方为第一义，出有无间。若声闻、辟支、四果⑦，已非正也，况又堕野狐外道鬼窟中乎！言诗亦然。宗派或殊，风义必合。品则有神妙，体则有古今，才则有圣凡，时则有取舍。自魏晋以降，递至盛唐，大历、元和以下，逮晚年，考其时变，商其格制，其邪正了然在目⑧，不能隐也。

经云：过而不改，是谓过矣。悟门洞开，慧灯深照，顿渐之境，各天所赋。观于时以诗禅许周繇，为不入于邪见，能致思于妙品，固知其衣冠于裸人之国。昔谓学诗如学仙，此之类欤⑨。

【译文】

周繇，是江南人。咸通十三年与状元郑昌图同榜进士及第，后来调官为福昌县尉。周繇家庭贫困，生活极其清苦没有着落，但他只想刻苦钻研诗篇雅韵，而且低头就有诗思，抬头就能吟咏，在诗歌领域有着精深的造诣，被当时人称为"诗禅"。他精彩的警句如《送人尉黔中》说："公庭飞白鸟，官俸请丹砂。"《望海》诗中说："岛间应有国，波外恐无天。"《甘露寺》诗中说："殿锁南朝像，龛禅外国僧。"还有"山从平地有，水到远天无。"还有"白云连晋阁，碧树尽芜城。"在《江州上薛能尚书》诗中写道："树翳楼台月，帆飞鼓角风。"还有"郡斋多岳客，乡户半渔翁"等发人深思的警言佳句还有很多，读完这样的句子使人肃然起敬，确实是诗坛高手啊。周繇在穷困潦倒之时，依旧能手持酒杯，放浪不羁，不受进退荣辱的牵累，他所交往的都是一时的名流贤士。他所著的诗集都能流传至今。

与周繇同榜进士及第的学子还有一个叫张演的。他也擅长写诗，偶尔也能看到他写的一两篇诗文，也堪称是佳作了。有人曾说参禅学佛之流，其言论有大乘、小乘之分，有邪法与正法之别，其关键是要具备正法眼，才是"第一义"，才能出入于"有"和"无"之间。倘若声闻、辟支、四果，所成之果都已不是正果了，何况又堕入异端邪说的鬼窟里呢？评论诗歌也是这样。其宗派或许各不相同，但诗歌的风格与教化之义一定要相符合。论品级则有神品和妙品，论体裁则有古体和今体，论诗才则有圣才和凡才，论时代则有取有舍。从魏、晋时期的诗歌以来，顺次递变到盛唐，再到中唐大历、元和年代下，直到晚唐，考察其时代变化轨迹，商榷其风格体制，其中所体现出来的是邪道还是正道就一目了然、无法隐藏了。

经书上说：有过错却不加以改正，这便是真正的错了。醒悟之门大开，智慧之灯才能照入深处，而顿悟、渐悟这两种境界，人人各有不同的天赋。从当时用"诗禅"的称号评价周繇来看，因为他没有进入邪见，能使其诗意达到妙品的境界，因此知道他就像穿着衣冠行走在裸人之国了。前人说"学诗如学仙"，所说的大概就和这种情况类似吧。

卷九

聂夷中

聂夷中，字坦之，生于 837 年，卒年不详。唐朝末年诗人。主要作品有《相和歌辞·短歌行》《咏田家》《游子行》等。

【原文】

夷中，字坦之，河南人也。咸通十二年礼部侍郎高湜下进士①，与许棠②、公乘亿同袍③。时兵革多务④，不暇铨注⑤，夷中滞长安久，皂裘已弊⑥，黄粮如珠，始得调华阴县尉，之官，惟琴书而已。性俭，盖奋身草泽⑦，备尝辛楚，率多伤俗闵时之举，哀稼穑之艰难⑧。适值险阻，进退维谷⑨，才足而命屯⑩，有志卒爽，含蓄讽刺，亦有谓焉。古乐府尤得体，皆警省之辞，裨补政治⑪，乐而不淫，哀而不伤，正《国风》之义也⑫。其诗一卷，今传。

【注释】

①高湜（shí）：字澄之，渤海人，唐朝官员，历任湖州刺史、礼部侍郎等职。

②许棠：字文化，唐代诗人。咸通十二年进士及第，为"咸通十哲"之一。

③同袍：兄弟，朋友。这里指同榜登第。

④兵革：借指战争。

⑤不暇：顾不上。铨（quán）注：这里指对官吏的选拔。

⑥皂裘（qiú）：黑色的裘皮衣。弊：坏。此指衣服穿坏了。

⑦草泽：本意是长满野草的大片积水洼地，这里指穷乡僻壤之地。

⑧稼穑（sè）：种植与收割，泛指农业劳动。

⑨进退维谷：无论是进还是退，都是处在困境之中，形容处境艰难，进退两难。

⑩屯（zhūn）：艰难，困滞。

⑪裨（bì）补：弥补。

⑫《国风》：《国风》是《诗经》的一部分，是周初至春秋之间各诸侯国民间诗歌，也是中国现实主义诗歌的源头。

【译文】

聂夷中，字坦之，河南人。咸通十二年在礼部侍郎高湜知贡举时进士及第，与许棠、公乘亿是同榜进士。当时天下大乱，战争事务繁多，朝延顾不上对他们这些金榜题名者考察授官，聂夷中在长安滞留了很长时间，身上穿的黑袍都已经残破不堪了，官家粮食像珍珠一样昂贵，这种困境下才得到调任华阴县尉的诏令，他到达官署上任后，无事可做，只是每天弹琴读书虚度时光而已。聂夷中生性节俭，大概因他出身贫苦，从小奋斗在穷乡僻壤，尝遍了民间的辛酸苦楚，所写大多是引领感伤世俗、怜悯时世的作品，哀怜农夫农业劳动的艰难。那时候适逢唐朝末年所面临的时世艰辛，聂夷中在官场进退两难，他虽才华很高却时运艰难，心怀壮志却终究无成，他此时所作的诗含蓄讽刺，也是有感而

发。他的古乐府诗写得尤为得体，篇篇都是警示省思的良言佳句，在国事政治方面大有弥补作用，如此能做到"乐而不淫，哀而不伤"，正是《诗经·国风》的宗旨义理啊。聂夷中著有诗集一卷，流传至今。

公乘亿

公乘亿，字寿山，生卒年不详，公元873年前后在世，魏县（今河北大名西北）人。唐代文学家。主要诗作品有《赋得郎官上应列宿》《赋得秋菊有佳色》等。

【原文】

亿，字寿山，咸通十二年进士。善作赋，擅名场屋间①，时取进者法之②，命中③。有赋集十二卷、诗集一卷，今传。

【注释】

①擅名：独自享有盛名。场（cháng）屋：科举考试的地方，又称科场。

②法：效法，模仿。

③命中：考中。

【译文】

公乘亿，字寿山，咸通十二年进士及第。他善于写作诗赋，曾在科举考场上独擅盛名，当时想考取进士的考生以他的作品为范本，就考中了进士。公乘亿著有《赋集》十二卷、《诗集》一卷，如今在世上流传。

林嵩

林嵩（848—946 年），字降臣，唐朝官员、诗人。主要诗作品有《赠天台王处士》《九成宫避暑》等。

【原文】

嵩，字降臣，长乐人也。乾符二年礼部侍郎崔沆下进士①，官至秘书省正字②。工诗善赋，才誉与公乘亿相高③，功名之士，翕然而慕之④。有诗一卷，赋一卷，传于世。

【注释】

①崔沆（hàng）：字内融，博陵（今河北安平）人，唐代宰相崔铉之子。

②秘书省：古代专门管理国家藏书的中央机构。正字：官名。与校书郎一同校勘和订正典籍，其地位略次于校书郎。

③才誉：才气声誉。

④翕（xī）然：形容言论、行为等一致。

【译文】

林嵩，字降臣，长乐人。乾符二年礼部侍郎崔沆知贡举时进士及第，官至秘书省正字。林嵩能诗善赋，才气声誉与公乘亿一样高，那些追求功名的士子，都一致无比倾慕他。林嵩著有诗集一卷，赋集一卷，两者如今依旧流传于世。

牛峤

牛峤，字延峰，又字松卿，生卒年均不详，约公元890年前后在世。以词著名，词格类似温庭筠。主要词赋作品有《菩萨蛮·玉钗风动春幡急》《忆江南·红绣被》等。

【原文】

峤，字延峰，陇西人，宰相僧孺之后①。博学有文，以歌诗著名。乾符五年孙偓榜第四人进士②，仕历拾遗、补阙、尚书郎。王建镇西川，辟为判官③。及伪蜀开国④，拜给事中，卒。

有集，本三十卷，自序云："窃慕李长吉所为歌诗⑤，辄效之。"今传于世。

【注释】

①僧孺：这里指唐朝宰相牛僧孺，是唐代"牛李党争"中的牛党领袖。

②孙偓（wò）：字龙光，河北武邑人，科举出身，是孙姓在唐朝的第二个状元。

③判官：官名，为地方长官的僚属，负责替地方长官辅理政事。

④伪蜀：这里指五代十国时期，王建在四川称帝所创立的国家政权。

⑤李长吉：即李贺，字长吉，唐代著名诗人。

【译文】

牛峤，字延峰，陇西人，他是宰相牛僧孺的后代。牛峤学识渊博而且有文才，凭借歌诗精妙而著名。乾符五年，牛峤与状元孙偓同榜登科，并以第四名进士的资格及第，为官历任拾遗、补阙、尚书省郎官。王建镇守西川时，征辟牛峤为自己幕府判官。后来到王建反叛在四川独立称帝，开创前蜀国政权以后，授任牛峤为给事中，直到去世。

牛峤著有歌诗集，原本三十卷，牛峤自己作序说："我私下倾慕李贺所写的歌诗，就模仿他而写。"这个集子如今流传于世。

赵光远

赵光远，生卒年不详，京兆奉天（今陕西乾县）人，官宦世家，唐代诗人。主要作品有记述红粉之事的《北里志》。

【原文】

光远，丞相隐之犹子也①。幼而聪悟。咸通、乾符中称气焰②。善为诗。温庭筠、李商隐辈梯媒之。恃才不拘小节③，皆金鞍骏马④。尝将子弟恣游狭邪⑤，著《北里志》，颇述青楼红粉之事，及有诗等传于世。

光远等千金之子，厌饫膏粱⑥，仰荫承荣，视若谈笑，骄侈不期而至矣⑦。况年少多才，京邑繁盛，耳目所荡，素少闲邪之虑者哉⑧？故辞意多裙裾妖艳之态⑨，无足怪矣。

有孙启、崔珏同时恣心狂狎⑩，相为唱和，颇陷轻薄，无退让之风。惟卢弼气象稍严，不迁狐惑，如《边庭四时怨》等作，赏音大播⑪，信不偶然。区区凉德⑫，徒曰贵介⑬，不暇录尚多云。

【注释】

①犹子：意为如同儿子。指的是兄弟的儿子，即侄子。

②咸通：唐懿宗李漼的年号，用于860—873年。乾符：是唐僖宗李

僖的年号。咸通十四年（873年），僖宗继位，在位时间是公元873—888年。气焰：指凭借优越感，显示出傲慢的态度。比喻声势显赫，威风有气势。

③恃（shì）：依赖，仗着。

④金鞍骏马：指骏马佩戴着金马鞍。形容豪华坐骑，表示主人富贵之极。

⑤恣游：纵情游览之意。狭邪：指小街曲巷，也指"妓女"或"妓院"。

⑥厌饫（yù）：吃饱，吃腻。膏粱：美味的饭菜，借指富家人家的子弟。膏：指肥肉

⑦骄侈（jiāo chǐ）：骄纵奢侈。

⑧闲邪：指思想上约束自己不起妄念，行为上不做邪恶之事。闲：防范，约束，禁止。典出《周易·乾》："闲存其诚。"

⑨裙裾（qún jū）：裙子裙幅。借指女人。

⑩狎（xiá）：举止轻浮不庄重。

⑪赏音：犹知音。

⑫凉德：薄德，缺少仁义。

⑬贵介：指尊贵、富贵。

【译文】

赵光远，是唐朝宰相赵隐的侄子。他从小就聪颖伶俐。在咸通、乾符年间，赵光远可以称得上是声势显赫，威风凛凛。他善于作诗，享有诗名。当时有温庭筠、李商隐等人先后都曾举荐过他。赵光远仗着有点才气，做事从不拘泥于细节，整天出入都是乘坐佩戴金鞍的骏马。他常常带领一些富家子弟纵情游览小街曲巷，青楼妓院，他所著写的《北里志》，很多都是描述了身在青楼的妓女的悲苦和对爱情的追求之事，他也有一些诗流传于世。

　　赵光远等人都是家有千金的贵族公子，吃腻了山珍海味，仰受祖辈功德的荫蔽享受荣华富贵，看上去就像说笑一样容易，殊不知，骄纵奢侈的坏习惯用不了多久就养成了。何况他们年少有才气，身在京城这样繁华兴盛的地方，每天所见所闻都会使人心旌荡漾，平日里又很少有约束自己防范邪恶不起妄念的意识呢？所以他们所作的诗词意象里多是女子妖艳多姿的情态，也就不足为怪了。

　　那时候与赵光远经常在一起的还有孙启、崔珏，他们同去妓院纵情声色，放浪形骸，虽然相互作诗唱和酬答，但其诗意大多陷入轻薄之中，毫无君子谦和退让之风。当时只有卢弼的诗风情致略显庄严规范，不被狐媚妖艳之气所迷惑牵制，比如他所写的《边庭四时怨》等诗篇，常常被知音者广为传播，相信这确实不是偶然的。至于那些缺少仁义的小人，空有贵族子弟之身，我可没有闲暇时间去过多记录他们的行迹作品了。

秦韬玉

秦韬玉，字中明，生卒年不详。唐代官员、诗人。主要作品有《问古》《钓翁》《贫女》《曲江》等。

【原文】

韬玉，字中明，京兆人。父为左军军将。韬玉少有词藻，工歌吟，恬和浏亮①。慕柏耆为人②，然险而好进，谄事大阉田令孜③。巧宦④，未期年⑤，官至丞郎⑥、判盐铁⑦、保大军节度判官。僖宗幸蜀，从驾⑧。中和二年，礼部侍郎归仁绍放榜，特敕赐进士及第，令于二十四人内安排，编入春榜⑨，令孜引擢工部侍郎⑩。

韬玉歌诗，每作人必传诵。《贵公子行》云："阶前莎毯绿未卷，银龟喷香挽不断。乱花织锦柳捻线，妆点池台画屏展。主人功业传国初，六亲联络驰朝车。斗鸡走狗家世事，抱来皆佩黄金鱼。却笑儒生把书卷，学得颜回忍饥面。"又潇水出道州九嶷山中，湘水出桂林海阳山中，经灵渠，至零陵与潇水合，谓之"潇湘"，为永州二水也。清泚一色⑪，高秋八九月，才丈余，浅碧见底。过衡阳，抵长沙，入洞庭。韬玉赋诗云："女娲罗裙长百尺，搭在湘江作山色。"又云："岚光楚岫和空碧，秋染湘江到底清。"由是大知名，号为绝唱。今有《投知小录》三卷，行于世。

【注释】

①恬（tián）和：安静平和。浏亮：明朗清亮。

②柏耆（qí）：唐朝时期大臣，平原郡王柏良器之子。

③大阉（yān）：掌握大权的宦官。

④巧宦：善于钻营谄媚的官吏。

⑤期年：一年。

⑥丞（chéng）郎：左丞右丞和六部侍郎的通称。

⑦判：这里指掌管。

⑧从驾：跟随车驾。

⑨春榜：指春试中榜的人，唐代科举考试定在春季和夏季之间。

⑩引擢（zhuó）：起用提拔。

⑪清泚（cǐ）：本意是清澈的水，也用来形容诗文清晰流畅。

【译文】

秦韬玉，字中明，京兆人。他的父亲是左军将领。秦韬玉从小就有文采，擅长诗词歌赋的创作，诗风恬淡平和、声韵响亮。他十分仰慕柏耆的为人，但他自己却内心充满邪念总想往上爬，于是就去巴结专权的大宦官田令孜。秦韬玉在官场上巧言令色苦心钻营，不到一年，很快就升官至丞郎、判盐铁、保大军节度判官。唐僖宗到蜀中避难时，秦韬玉跟随皇帝车驾伺候左右。中和二年，礼部侍郎归仁绍担任主考官，颁布新科进士榜之前，皇上特意传诏御赐秦韬玉进士及第，命令礼部将秦韬玉安排在当年二十四个官职名额中，并编入春榜，后来田令孜又提拔秦韬玉为工部侍郎。

秦韬玉所作的歌诗精妙，每写完一篇就一定会被人相互传诵。他在《贵公子行》中写道："阶前莎毯绿未卷，银龟喷香挽不断。乱花织锦柳捻线，妆点池台画屏展。主人功业传国初，六亲联络驰朝车。斗鸡走狗家世事，抱来皆佩黄金鱼。却笑儒生把书卷，学得颜回忍饥面。"还有潇水起源于道州的九嶷山中，湘水发源于桂林的海阳山中，流经灵渠，再到零陵与潇水汇合，被人们称之为"潇湘"，这是流经永州的两条水域。水流清澈，上下一色，在秋高气爽的八九月间，水面刚有一丈多深，透过浅碧色

的水面可以看见水底。潇湘之水流过衡阳，抵达长沙，汇入洞庭湖。秦韬玉为此赋诗说："女娲罗裙长百尺，搭在湘江作山色。"又有诗句说："岚光楚岫和空碧，秋染湘江到底清。"由于写了这首诗，他的名气大增，这首诗被称为绝唱。秦韬玉今有《投知小录》三卷，流行于世。

齐己

齐己（863—937年），出家前俗名胡得生，晚年自号衡岳沙门。他的一生经历了唐朝和五代中的三个朝代，是唐朝晚期著名诗僧。主要作品有《早梅》《酬庐山张处士》《萤》等。

【原文】

己，长沙人。姓胡氏，早失怙恃①。七岁颖悟②，为大沩山寺司牧③，往往抒思，取竹枝画牛背为小诗。耆夙异之④，遂共推挽入戒⑤。风度日改，声价益隆。游江海名山，登岳阳，望洞庭。时秋高水落，君山如黛，唯湘川一条而已。欲吟杳不可得⑥，徘徊久之。来长安数载，遍览终南、条、华之胜。归过豫章，时陈陶近仙去，己留题有云："夜过修竹寺，醉打老僧门。"至宜春，投诗郑都官云："自封修药院，别下著僧床。"谷曰："善则善矣，一字未安。"经数日，来曰："'别扫'如何？"谷嘉赏，结为诗友。曹松、方干皆己良契。

性放逸，不滞土木形骸⑦，颇任琴樽之好⑧。尝撰《玄机分别要览》一卷，摭古人诗联⑨，以类分次，仍别风、赋、比、兴、雅、颂⑩。又撰《诗格》一卷。又与郑谷、黄损等共定用韵为葫芦、辘轳、进退等格，并其诗《白莲集》十卷，今传。

【注释】

①怙恃（hù shì）：本意是依赖，后来用作"父母"的代称。

②颖悟：聪慧过人。

③大沩（wéi）山：亦名沩山，是沩水的发源地，雄跨湖南宁乡西北，北邻桃江，西接安化，东北流入湘江，山峰最高处为雪峰顶。司牧：主管畜牧的官员。

④耆夙（qí sù）：指年长的、德高望重的长辈。

⑤推挽：这里指引荐，荐举。

⑥杳（yǎo）：深远、高远。

⑦形骸：形体样貌。

⑧琴樽（zūn）：琴和酒樽。

⑨摭（zhí）：摘取。

⑩风、赋、比、兴、雅、颂：起源于诗经，合称"六义"，是诗歌的分类和表现手法。

【译文】

齐己，长沙人。他在出家前俗姓胡，很早就失去了父母。齐己七岁时就聪慧过人，后来成为大沩山佛寺的司牧，每天放牧常常在抒发情怀时，就折取竹枝在牛背上写一些短小的诗句。寺院里一些年长的僧人见了对此很惊异，就共同推荐

他出家受戒为僧。从此，齐己的仪容气度每天都有所不同，名声身价也越来越高。齐己开始游历江河湖海、名山大川，登览岳阳楼，眺望洞庭湖。正值秋高气爽，水落石出之时，君山如同女子的青色眉黛，其余只剩下一条湘江悠悠远流而已。他想要吟诗作赋却茫然无法得到佳句，徘徊思索了很久仍无所得。他来到长安居住的几年中，游遍了终南山、中条山、华山的胜景。回乡途经豫章，当时陈陶刚刚仙逝不久，齐己留下题诗中有两句说："夜过修竹寺，醉打老僧门。"到了宜春，齐己向都官郑谷献诗说："自封修药院，别下著僧床。"郑谷说："这诗好是好，就是有一个字不够妥贴。"过了几天，齐己又来拜见郑谷说："'别下'两个字改成'别扫'怎么样？"郑谷大为赞赏，两人当即就结成了诗友。曹松、方干也都是齐己的好朋友。

齐己生性放任自由，行事从不拘谨呆板，形体像泥土树木一样自然，喜欢纵情弹琴饮酒。他曾撰写《玄机分别要览》一卷，其中摘取了古人的诗句，根据类别分别编排，仍旧分成风、赋、比、兴、雅、颂六个类别。另外又撰写了《诗格》一卷。他还与郑谷、黄损等人共同制订用葫芦、辘轳、进退等格为诗韵，这些连同他的诗集《白莲集》十卷，如今都流传于世。

任涛

任涛，生卒年、字号均不详，约公元 880 年前后在世。唐代诗人，与喻坦之、郑谷等人并称"咸通十哲"。他早有诗名，可惜作品几乎都散失了。

【原文】

涛，筠州人也①。章句之名早擅。乾符中，应数举，每败垂成。李常侍骘廉察江西②，素闻涛名，取其诗览之，见云："露抟沙鹤起③，人卧钓船流。"大加赏叹，曰："任涛，奇才也，何故不成名？会当荐之。"特与放乡里杂役，仍令本贯优礼④。时盲俗互有论列⑤，骘判曰："江西境内，凡为诗得及涛者，即与放役⑥，岂止一任涛而已哉？"未几，涛逝去，有才无命，大可怜也。诗集今传。

【注释】

①筠（yún）州：古郡名，治所在今江西省高安市。

②李骘（zhì）：唐代官员，历任荆南节度巡官、中书舍人，检校左散骑、江西观察使等职。

③抟（tuán）：指鸟类向高空盘旋飞翔的意思。

④本贯：本意是原籍，这里指任涛家乡本地的官员。

⑤盲俗：指盲目追从的无知之人。论列：逐条论述。

⑥放役：免除杂役。

【译文】

任涛，是筠州人氏。他在很早之前就享有善于撰写诗文的美名。唐僖宗乾符年间，任涛多次参加进士考试，但每次都是临近成功的时候以落榜告终。散骑常侍李骘任江西观察使视察江西时，因为曾经听说任涛的诗名很高，于是就取来任涛的诗阅览，看见其中一首诗中写道："露抟沙鹤起，人卧钓船流。"李骘立即大为赞叹，说："任涛，是个奇才啊，为什么没有成就功名？我应当推荐他。"当时特地为任涛免除了乡里的杂役，而且还吩咐当地官员以礼优待任涛。当时一些不明事理的俗人对此事相互议论纷纷，李骘为此宣告说："今后江西境内，凡是作诗能够赶得上任涛者，同样立即予以免除杂役，怎能止于任涛一人而已呢？"可惜时间过去不久，任涛就去世了，任涛有才无命，太令人怜惜了。任涛有诗集在世上流传。

吴融

吴融，字子华，生于 850 年，卒年不详。唐代官员、诗人。著有《吴融诗集》，主要诗作品有《途中见杏花》《红白牡丹》《雪十韵》等。

【原文】

融，字子华，山阴人①。初力学，富辞，调工捷。龙纪元年李瀚榜及进士第②。韦昭度讨蜀③，表掌书记。坐累去官④，流浪荆南，依成汭⑤。久之，召为左补阙，以礼部郎中为翰林学士，拜中书舍人。天复元年元旦，东内反正⑥，既御楼，融最先至，上命于前座跪草十数诏，简备精当，曾不顷刻，皆中旨，大加赏激，进户部侍郎。帝幸凤翔，融不及从，去客阌乡⑦，俄召为翰林承旨，卒。为诗靡丽有余⑧，而雅重不足。集四卷及制诰一卷，并行。

【注释】

①山阴：治所在今浙江绍兴。

②龙纪：唐昭宗的年号，用于公元 889 年。

③韦昭度：字正纪，唐朝末年宰相。讨灭凤翔节度使李昌符叛乱，历任西川节度使、中书令等职，昭宗年间赐封岐国公。

④坐累去官：因受到牵连而被除去官职。

⑤成汭（ruì）：又名郭禹，唐末军阀，任荆南节度使，官拜中书令，爵封上谷郡王。后来被杨行密击败，投水而死。

⑥东内：指唐朝大明宫，因其位置在长安城东北的龙首原，故称东内。反正：叛乱平定，恢复帝位。唐昭宗曾在大明宫被宦官刘季述等人发动兵变而废帝位，后来在宰相崔胤谋划下平乱又复位。

⑦阌（wén）乡：古旧县名。治今河南省灵宝市西故县西南。

⑧靡（mǐ）丽：精美华丽。

【译文】

吴融，字子华，唐代山阴人。他从小就努力学习辞赋，积累了丰富的文辞，韵调既工整又迅捷。龙纪元年，吴融与状元李瀚同榜进士及第。西川节度使韦昭度率兵讨伐蜀军叛乱时，表奏朝廷征聘吴融为幕府掌书记。后来吴融因事受到牵连而被免除官职，流落到荆南一带，投靠了荆南节度使成汭。过了许久以后，吴融应召到朝中担任左补阙，又从礼部郎中成为翰林学士，官拜中书舍人。唐昭宗天复元年元旦这一天，由宦官引发的叛乱平定，唐昭宗恢复帝位，凡事安定以后群臣奉命到西内的长乐门楼听

旨，吴融最先到达，唐昭宗命他在前座伏案起草十几份诏书，所写内容简练完备，用词精当，不一会儿就全部写成，每一份诏书都正中皇上的旨意，因此皇上对吴融大加赞赏，随后就提拔他为户部侍郎。唐昭宗离开长安幸临凤翔时，吴融没来得及跟随皇上，只好到阌乡客居，不久后又被召为翰林学士承旨，直到去世。吴融所作的诗轻靡绮丽有余，而典雅庄重不足。他著有诗集四卷以及《制诰》一卷，如今都流行于世。

戴思颜

戴思颜，又作"戴司颜"，生卒年、籍贯均不详。唐代诗人。其作品多有散失，主要作品有《江上雨》《塞上》等。

【原文】

思颜，大顺元年杨赞禹榜进士及第①，与王驾同袍。有诗名，气宇盘礴②，每有过人，遂得名家，岂泛然矣。有集今传。

【注释】

①杨赞禹：唐昭宗大顺元年（890年）庚戌科状元及第。该科进士共21人。

②盘礴（bó）：广大，雄伟。

【译文】

戴思颜，大顺元年与状元杨赞禹同榜进士及第，与王驾是同榜进士。戴思颜享有极高的诗名，气宇轩昂，雄伟磅礴，常有过人之处，于是被称为名家，并非泛然之论。戴思颜有诗集流传至今。

卷十

徐寅

徐寅，字昭梦，生卒年不详，唐末至五代间较著名的文学家。著有《徐正字诗赋》二卷。代表作有《题金山寺回文诗》《尚书惠蜡面茶》《尚书命题瓦砚》等。

【原文】

寅，莆田人也①。大顺三年蒋咏下进士及第②。工诗，尝赋《路傍草》云："楚甸秦川万里平，谁教根向路傍生。轻蹄绣毂长相蹋③，合是荣时不得荣。"时人知其蹭蹬④，后果须鬓交白，始得秘书省正字⑤，竟蓬转客途⑥，不知所终云。有《探龙集》五卷，谓登科射策⑦，如探睡龙之珠也。

【注释】

①莆（pú）田：治所为今福建莆田市。

②大顺：唐昭宗的第二个年号。使用于公元890年正月到公元891年十二月结束。

③毂（gǔ）：车轮中心，有洞可以插轴的部分，借指车轮或车。

④蹭蹬（dèng）：困顿，失意。

⑤秘书省：古代专门管理国家藏书的中央机构。正字：官名，负责校正典籍，刊正文章。

⑥蓬转：本意是指蓬草随风飞转，后多用来比喻人流离转徙，四处飘零。客途：去往外地的途中。

⑦登科：科举考中进士。射策：汉代考试取士方法之一，也泛指考试。

【译文】

徐寅，是福建莆田人。他在大顺三年蒋咏知贡举时进士及第。徐寅擅长作诗，声韵工整，曾吟赋《路旁草》中说："楚甸秦川万里平，谁教根向路傍生。轻蹄绣毂长相躏，合是荣时不得荣。"当时的人知道他正是困顿失意时，后来他果然胡子头发都白了，才得到一个秘书省正字的官职，最终流落到漂泊他乡的仕途，不知结局如何。徐寅著有《探龙集》五卷，声称历代登科射策之事，如同探取睡龙口中的宝珠。

郑良士

郑良士（约856—930年），初名昌士，字君梦，仙游（今属福建）人。唐代诗人。主要作品有《游九鲤湖》《题兴化高田院桥亭》等。

【原文】

良士，字君梦。咸通中累举进士不第①。昭宗时②，自表献诗五百余篇③，敕授补阙而终④。以布衣一旦俯拾青紫⑤，易若反掌，浮俗莫不骇羡⑥，难其比也。今有《白岩集》十卷传世。

旧言诗，或穷人，或达人。达者，良士是矣。亦命之所为，诗何能与？过诗则不揣其本也。

【注释】

①咸通：唐懿宗李漼的年号，前后共计15年。

②昭宗：唐昭宗李晔，是唐懿宗李漼第七子，唐朝第十九位皇帝。

③自表：自己上奏章。

④敕授（chì shòu）：唐代朝廷封授六品以下官称敕授。补阙（quē）：

官名，职责是对皇帝进行规谏以及举荐人才。

⑤俯拾青紫：这里指轻易得到高官显宦之位。俯：屈身，低头。青紫：古代公卿服饰，此处借指高官显宦。

⑥浮俗：浅薄粗俗。骇（hài）：惊骇，是指使人听了感到非常震惊。

【译文】

郑良士，字君梦。他在咸通年间多次参加进士举都没有考中。后来到唐昭宗时期，郑良士呈递奏章自我推荐，并向皇上献诗五百多篇，才得到皇上敕授补阙一职，官至终身。郑良士以平民百姓之身在一天之内俯身便拾得高官厚禄，简直易如反掌，浅薄粗俗之人没有不感到震惊羡慕的，感叹很难与他相比。郑良士如今有《白岩集》十卷传世。

过去都说写诗这件事，有的人依旧困顿失意，有的人因此显达平步青云。使人显达平步青云的，就是郑良士了。这也都是命运所造成的，诗又能带来什么呢？埋怨诗的过错就是没有探求到作诗的根本啊。

韦庄

韦庄（约836—910年），字端己。晚唐官员、诗人、花间派词人。主要作品有《浣花集》《秦妇吟》《浣花词》等。另有词《菩萨蛮》五首为宋词奠基之作。

【原文】

庄，字端己，京兆杜陵人也①。少孤贫②，力学，才敏过人。庄应举时，正黄巢犯阙③，兵火交作④，遂著《秦妇吟》，有云："内库烧为锦绣灰，天街踏尽却重回。"乱定，公卿多讶之，号为"秦妇吟秀才。"乾宁元年苏检榜进士。释褐校书郎。李询宣谕西川，举庄为判官。后王建辟为掌书记⑤。寻征起居郎⑥，建表留之。及建开伪蜀，庄托在腹心，首预谋画，其郊庙之礼⑦，册书赦令⑧，皆出庄手。以功臣授吏部侍郎同平章事。

庄早尝寇乱⑨，间关顿踬⑩，携家来越中，弟妹散居诸郡。西江、湖南，所在曾游，举目有山河之异，故于流离漂泛，寓目缘情⑪，子期怀旧之辞，王粲伤时之制。或离群轸虑⑫，或反袂兴悲⑬，《四愁》《九怨》之文，一咏一觞之作⑭，俱能感动人也。庄自来成都，寻得杜少陵所居浣花溪故址，虽芜没已久⑮，而柱砥犹存，遂诛茅重作草堂而居焉。性俭，秤薪而爨⑯，数米而饮，达人鄙之。弟蔼，撰庄诗为《浣花集》六卷，及庄尝选杜甫、王维等五十二人诗为《又玄集》，以续姚合之《极玄》，今并传世。

【注释】

①京兆杜陵：治所在今陕西西安东南。

②孤贫：孤苦贫寒。

③黄巢：唐朝末年农民起义领袖，大齐开国皇帝。犯阙：举兵进犯朝廷。

④交作：迭起，交锋。

⑤王建：字光图，许州舞阳人，唐朝末年"忠武军"士兵，后来反叛在成都称帝，成为五代十国时期前蜀建立者，庙号"高祖"。

⑥起居郎：官名，负责掌官记录皇帝日常行动与国家大事。

⑦郊庙：是古代天子祭天地与祖先的地方。

⑧册书：古代帝王用于册封的诏书。赦令：旧时君主发布减免罪刑或赋役的诏令。

⑨寇乱：指唐朝末年的外患与内乱。

⑩间关：形容路途艰辛，崎岖、辗转。顿踬（zhì）：困窘，处境困难。

⑪寓目：观看。

⑫轸（zhěn）虑：指忧虑，哀痛。

⑬反袂（mèi）：这里指反过来用衣袖拭泪。兴悲：引起自己的悲伤。

⑭一咏一觞（shāng）：指文人在宴会上喝酒吟诗。觞：古代盛酒器具，借指饮酒。

⑮芜（wú）没：掩没于荒草之间。

⑯爨（cuàn）：烧火做饭。

【译文】

韦庄，字端己，是京兆府杜陵人。他从小孤苦贫寒，但能致力于学习，聪明才智超越常人。韦庄应进士举时，正好赶上黄巢军叛乱入侵宫廷，战火迭起，于是他写了一篇《秦妇吟》，诗中有两句写道："内库烧为锦绣灰，天街踏尽却重回。"战乱平定之后，朝中公卿大臣大多对此感到惊讶，称韦庄是"秦妇吟秀才"。乾宁元年，韦庄与状元苏检同榜进士及第。释褐后授官校书郎。宣谕使李询到西川传宣诏令的时候，举荐韦庄任宣谕使判官。后来韦庄又被王建聘为掌书记。不久后韦庄又被征招为御前起居郎，王建上表朝廷将韦庄留在自己身边。到王建开创伪蜀称帝之时，韦庄成了他的心腹之人，带头参预谋划，当时王建前蜀国的祭祀礼法、册封诏书、天子赦令，都出自韦庄之手。因此韦庄以开国功臣之名被授为吏部侍郎、同中书门下省平章事。

　　韦庄早年尝尽寇匪战乱之苦，长年辗转各地，流离失所，处境困顿，最后带领全家来到越中，兄弟姐妹们离散在各地寄居。西江、湖南，韦庄都曾辗转游历过，举目远望，山河各有迥异，所以他在漂泊流转之中，眼中所见，心中触景生情，写出向秀那样的怀旧之辞，王粲那样的伤时之作，有的是离散亲友的哀痛之情，有的是引起极度悲伤以袖拭泪的哭泣，诸如《四愁》《九怨》的诗文，一声吟咏一觞酒的感怀之作，都能使人感动不已。韦庄自从来到成都以后，找到了当年杜甫居住的浣花溪草堂旧址，杜甫草堂虽然掩没于杂草之中很久了，但是当年支撑草堂的柱脚和基石还在，于是韦庄砍去茅草，重建草堂后就住在那里。韦庄生性节俭，每天用秤称量好柴禾再点火，几乎用手数好米粒再煮饭，地位显达之人都瞧不起他。后来，韦庄的弟弟韦蔼，收集韦庄的诗编撰成《浣花集》六卷，以及韦庄曾经

选编杜甫、王维等五十二人的诗也被编撰成集，名为《又玄集》，以此接续姚合所编的《极玄集》，如今都流传于世。

翁承赞

翁承赞（859—932 年），字文尧，晚年号狎鸥翁。唐代官员、诗人。传世有《昼锦堂诗集》，主要作品有《题景祥院》《柳》《晓望》等。

【原文】

承赞，字文尧，乾宁三年礼部侍郎独孤损下第四人进士①，又中宏辞敕头②。承赞工诗，体貌甚伟，且诙谐③，名动公侯。唐人应试，每在八月，谚曰："槐花黄，举士忙。"承赞《咏槐花》云："雨中妆点望中黄，勾引蝉声送夕阳。忆得当年随计吏，马蹄终日为君忙。"甚为当时传诵。尝奉使来福州，见友僧亚齐，赠诗云："萧萧风雨建阳溪，溪畔维舟见亚齐。一轴新诗剑潭北，十年旧识华山西。吟魂昔向江村老，空性元知世路迷。应笑乘轺青琐客，此时无暇听猿啼。"他诗高妙称是。仕王审知④，终谏议大夫。有诗，以兵火散失，尚存百二十余篇，为一卷，秘书郎孙郃为序云⑤。

【注释】

①独孤损：字又损，河南（今河南洛阳）人。唐代大臣。曾任礼部侍郎等职，乾宁三年曾兼任主考官。

②宏辞：即博学宏辞科，古代科举考试的科目名称。敕（chì）头：即状元。

③诙（huī）谐：说话幽默风趣，引人发笑。

④王审知：字信通，号详卿，光州固始（今河南省固始县）人。五代

十国时期闽国开国国君，威武军节度使王潮的弟弟，"开闽三王"之一。

　　⑤秘书郎：古代官职，负责掌管官内的图书典藏。

【译文】

　　翁承赞，字文尧，乾宁三年在礼部侍郎独孤损知贡举时考中进士榜第四名。后来又考中博学宏词科状元。翁承赞擅长作诗，声韵工整，身材魁梧，相貌堂堂，而且谈吐幽默风趣，在公卿王侯当中享有盛名。唐代人参加进士科考试的时间，每年都安排在八月份进行，因此有谚语说："槐花黄，举士忙"。翁承赞写了一首《咏槐花》诗中说："雨中妆点望中黄，勾引蝉声送夕阳。忆得当年随计吏，马蹄终日为君忙。"这首诗在当时很流行，被广为传诵。翁承赞授官后曾奉命出使到福州，见到了僧人朋友亚齐和尚，当时赠给他一首诗说："萧萧风雨建阳溪，溪畔维舟见亚齐。一轴新诗剑潭北，十年旧识华山西。吟魂昔向江村老，空性元知世路迷。应笑乘轺青琐客，此时无暇听猿啼。"翁承赞其他诗的高妙之处也都与此相称。王审知在闽地建立闽国以后，翁承赞在闽国为官，官终谏议大夫。翁承赞曾写有很多诗，但因战乱多数已经散失，至今还存世一百二十多篇，编成一卷，秘书郎孙郃为他的诗集作序时是这样说的。

褚载

　　褚载，字厚子，生卒年均不详，约公元896年前后在世，初唐宰相褚遂良的九世孙。唐代诗人。主要诗作品有《投节度邢公》《杭州重建观成堂记》等。

【原文】

载，字厚子，家贫，客梁宋间①，困甚②，以诗投襄阳节度使邢君牙云③："西风昨夜坠红兰，一宿邮亭事万般。无地可耕归不得，有思堪报死何难。流年怕老看将老，百计求安未得安。一卷新诗满怀泪，频来门馆诉饥寒。"君牙怜之，赠绢十匹，荐于郑滑节度使，不行。乾宁五年，礼部侍郎裴贽知贡举④，君牙又荐之，遂擢第⑤。文德中，刘子长出镇浙西⑥，行次江西，时陆威侍郎犹为郎史，亦寓于此。载缄二轴投谒⑦，误以子长之卷画赟于威⑧，威览之，连见数字触家讳⑨，威矍然⑩，载错愕，白以大误。寻谢以长笺⑪，略曰："曹兴之图画虽精，终惭误笔；殷浩之兢持太过，翻达空函。"威激赏而终不能引拔，后竟流落而卒。集三卷，今传。

【注释】

①客：指寄居或迁居外地。

②困甚：非常穷困。

③邢君牙：瀛州乐寿人，唐朝将领，镇守边关多年，历任平卢兵马使、凤翔节度使等职，封河间郡公。

④裴贽（zhì）：字敬臣。进士及第，唐代官员，历任右补阙、御史中丞、刑部尚书等职。

⑤擢第（zhuó）：科举考试及第。

⑥浙西：两浙西路的简称，包括浙江北部和江苏的苏南地区。

⑦缄（jiān）：本义指捆箱箧的绳索，这里指信函。投谒（yè）：投递名帖求见。

⑧贽（zhì）：本义是指古时初次求见人时所送的礼物、见面礼，引申义是持物以求见、赠送。

⑨家讳：旧时指家族内遵守的回避父祖的名讳。也叫"私讳"。

⑩矍（jué）然：惊慌，吃惊。

⑪长笺：这里指书信。

【译文】

褚（chǔ）载，字厚子，从小家里贫穷，寄居在大梁、宋州之间，长大后，家境更加困窘，他曾把自己的诗投献给襄阳节度使邢君牙，诗中写道："西风昨夜坠红兰，一宿邮亭事万般。无地可耕归不得，有思堪报死何难。流年怕老看将老，百计求安未得安。一卷新诗满怀泪，频来门馆诉饥寒。"邢君牙很同情他，就赠送给他十匹绢，并将他推荐给郑滑节度使，没能成功。乾宁五年，礼部侍郎裴贽知贡举，邢君牙又向裴贽推荐他，于是褚载顺利登科进士。文德年间，刘子长出镇浙西，行程顺次途经江西，当时陆威侍郎还在当郎吏，也暂时居住在这里。褚载封好了两轴诗卷前去投献请求拜见，却错把敬献给刘子长的诗卷献给了陆威，陆威打开诗卷一看，接连看到好几个触犯自己家讳的文字，陆威很吃惊，褚载仔细一看又惊慌又害怕，连忙对他解释说这实在是大错特错了。很快褚载写来一封长信道歉，大致内容是："曹兴之图画虽精，终惭误笔；殷浩之兢持太过，翻达空函。"陆威对褚载这封信非常赏识感动，但始终没能解开心结去引荐提拔他，褚载最后竟是飘泊流浪他乡，直到去世。褚载著有诗集三卷，流传至今。

唐求

　　唐求（约880—约907年），生卒年不详。唐代诗人，号称"诗瓢"。主要诗作品有《题友人寓居》《山居偶作》等。

【原文】

　　求，隐君也①，成都人。值三灵改卜②，绝念鼎钟③，放旷疏逸④，出处悠然，人多不识。方外物表，是所游心也。酷耽吟调⑤，气韵清新，每动奇趣，工而不僻，皆达者之词。所行览不出二百里间，无秋毫世虑之想⑥。有所得，即将稿捻为丸⑦，投大瓢中。或成联片语，不拘短长，数日后足成之。后卧病，投瓢于锦江，望而祝曰："兹瓢傥不沦没，得之者始知吾苦心耳。"瓢泛至新渠，有识者见曰："此唐山人诗瓢也。"扁舟接之，得诗数十篇。求初未尝示人，至是方竞传，今行于世。后不知所终。江南处士杨夔⑧，亦工诗文，名称杰出如求，今章句多传。

【注释】

　　①隐君：隐士。

　　②三灵：指天、地、人。改卜：重新占卜选择。这里是指改朝换代的意思。

　　③鼎钟：家庙必备的器具，器上通常刻有铭功记德的文字。这里代指功业。

　　④放旷：旷达，豁达。疏逸：淡泊超逸。

　　⑤酷耽：特别爱好。

⑥秋毫：指秋天鸟兽身上新长的细毛，比喻最细微的。

⑦丸：这里指将纸捻成小纸团。

⑧杨夔（kuí）：唐代文学家，弘农（今河南灵宝）人，自号"弘农子"。能诗，工赋善文，与杜荀鹤、张乔、郑谷等为诗友。终身不仕，以处士自居，人称"杨处士"。

【译文】

唐求，是一个隐士，成都人。他生长在动乱的年代，正赶上改朝换代的混乱时期，他只好斩断了建功立业的念想，从此行为旷达、淡泊超逸，出行居处来去自由，整天悠然自得，人们大多都不知其名。功名利禄对于他都无所谓，世俗之外的事物，才是他所关心的。唐求酷爱吟诗歌赋，他所作的诗气韵清新，常常引发读者奇想，诗句精致工整而不粗浅怪僻，而且都是通达明理的言词。唐求出行的范围不超过方圆二百里，丝毫没有为世态时事忧虑的思想。每当他想出一些好诗句时，就将写完的诗稿揉成一个圆球，放进一个大瓢里。有的是成联的对句，有的是只言片语，所写诗句不拘泥于长短，等到几天之后他再把这些词、句补足成完整的诗篇。后

来唐求病情严重，他就把大瓢投入锦江，望着远去的大瓢祝祷说："这瓢如果有幸不沉没，得到它的人才能知道我的一片苦心啊。"大瓢漂到新渠江口，有个了解唐求的人见了说："这是唐山人的诗瓢。"于是就乘小船过去把诗瓢捞了上来，得到了瓢中的几十首诗。唐求当初从来不曾将自己的诗拿给别人看过，到这些诗篇被打捞上来才得以争相传阅，如今这些诗篇都在世上流传。到后来没人知道唐求的结局。江南一带还有一个叫杨夔的处士，也擅长诗文，名气也像唐求一样杰出，而且他的诗句文章如今也被广泛流传。

孙鲂

孙鲂，字伯鱼，生卒年不详，公元 940 年前后在世，江西乐安（一作南昌）人，是五代南唐著名诗人。其主要作品有《题未开牡丹》《杨柳枝词五首》等。

【原文】

鲂①，唐末处士也②，乐安人。与沈彬、李建勋同时，唱和亦多③。鲂有《夜坐》诗，为世称玩④。建勋尤器待之⑤，日与谈宴。尝匿鲂于斋幕中⑥，待沈彬来，乃问曰："鲂《夜坐》诗如何？"彬曰："田舍翁火炉头之语，何足道哉！"鲂从幕中出，诮彬曰："何讥谤之甚？"彬曰："'画多灰渐冷，坐久席成痕。'此非田舍翁炉上，谁有此况？"一座大笑。及《金山寺》诗云："天多剩得月，地少不生尘。"当时谓骚情风韵，不减张祜云⑦。有诗五卷，今传。

【注释】

①鲂（fáng）：孙鲂，字伯鱼，五代南唐的著名诗人。

②处士：古时候称有德才而隐居不愿做官的人为处士。

③唱和：这里指古人以诗词相酬答。

④称玩：赞赏。

⑤器待：意思是因为器重而优待他。

⑥尝：曾经。匿：隐藏，藏起来。

⑦张祜（hù）：字承吉，唐代清河人，诗人。家世显赫，时人称"张公子"，有"海内名士"的美名。

【译文】

孙鲂，是唐朝末年的处士，乐安人。他与沈彬、李建勋同一时代，彼此之间相互酬赠对答的作品也很多。孙鲂曾有一首题为《夜坐》的诗，为世人所赞赏。李建勋对他尤为器重优待，天天和他在一起喝酒交谈。曾有一次李建勋让孙鲂藏在书斋的帘幕后面，等到沈彬进来以后，就对他说："你觉得孙鲂《夜坐》这首诗写得怎样？"沈彬回答道："不过是乡下老翁坐在火炉边说的话罢了，有什么值得称道的呢！"这时候孙鲂从帘幕后面走出来，责备沈彬道："你为何如此过分诽谤我？"沈彬回答说："'画多灰渐冷，坐久席成痕。'这若不是在乡下老翁的火炉边上，谁又能有这样的情况呢？"在座的人都大笑起来。孙鲂还有一首《金山寺》诗中写道："天多剩得月，地少不生尘。"当时的人认为这首诗的情调风韵，不亚于张祜的诗。孙鲂著有诗集五卷，流传至今。

廖图

廖图（此名当为廖匡图或廖正图，系宋人避皇帝名讳所改）（952—1003年），唐末五代十国时期文学家、诗人。有诗集二卷传世。《全唐诗》

录其诗四首。

【原文】

图，字赞禹，虔州虔化人①。文学博赡②，为时辈所服③。湖南马氏辟致幕下④，奏授天策府学士。与同时刘禹、李宏皋⑤、徐仲雅、蔡昆、韦鼎、释虚中，俱以文藻知名⑥，赓唱迭和⑦。齐己时寓渚宫⑧，相去图千里，而每诗筒往来不绝⑨，警策极多⑩，必见高致⑪。集二卷，今行于世。时有荆南从事郑准，亦工诗，与僧尚颜多所酬赠，诗亦传。

【注释】

①虔（qián）州：治所在今江西省宁都县。

②博赡（shàn）：渊博丰富；博雅富赡。

③时辈：此指当时有名的人物。

④湖南马氏：即马殷，字霸图，许州鄢陵（今河南鄢陵县）人，五代十国时期南楚开国君主。曾于唐朝末年任湖南留后、判湖南军府事。辟

（bì）：授予官职。幕下：即幕府中，幕府是古代将帅办公的地方。

⑤李宏皋（gāo）：正确的名字应该是李弘臬（niè），五代十国时南楚国官员、学士，官至尚书左仆射，御史大夫，上柱国。

⑥文藻：泛指词彩，文采。

⑦赓（gēng）唱：以诗歌相互赠答。迭：屡次，连着。

⑧渚宫：地名，故址在今湖北省江陵县。

⑨诗筒：这里指装诗用的竹筒，古时候多用竹筒作为保存书籍的方式之一。

⑩警策：含义深刻并富有哲理性的句子。

⑪高致：崇高的人品和雅趣。

【译文】

廖（匡）图，字赞禹，虔州虔化人。他的文才博雅富赡，深被当时有名的同辈人所折服。驻守湖南的主帅马殷将他征辟到自己幕府中任职，并上表朝廷奏请授予廖（匡）图为天策府学士。廖（匡）图与同时代的才子刘禹、李弘皋、徐仲雅、蔡昆、韦鼎、僧人虚中，都是因为有文采而闻名于世，他们彼此间相互酬唱应和的佳作接连不断。当时齐己寓居在湖北江陵，与廖（匡）图相距千里之遥，但两人之间总是用诗筒相互寄赠诗篇，你来我往从不间断，彼此诗中的警策之句也特别多，其中必定会体现出高雅的情致。廖（匡）图著有诗集二卷，如今流行在世上。当时还有荆南节度使幕府从事郑准，也擅长写诗，他与僧人尚颜有很多相互酬答赠送的诗篇，如今也流传于世。

江为

　　江为，字以善，生卒年不详，约公元950年前后在世。唐五代著名诗人。有《江为集》一卷传世。主要诗作品有《送客》《旅怀》《岳阳楼》等。

【原文】

　　为，考城人，宋江淹之裔①，少帝时②，出为建阳吴兴令，因家为郡人焉。为唐末尝举进士，辄不第③。工于诗，有"天形围泽国，秋色露人家""月寒花露重，江晚水烟微"等句，脍炙人口④。少游白鹿寺，有句："吟登萧寺旃檀阁⑤，醉倚王家玳瑁筵⑥。"后主南迁见之曰："此人大是富贵家。"时刘洞、夏宝松就传诗法，为益傲肆，自谓俯拾青紫⑦。乃诣金陵求举，屡黜于有司⑧。怏怏不能已⑨，欲束书亡越⑩，会同谋者上变⑪，按得其状，伏罪⑫。今建阳县西靖安寺，即处士故居，后留题者甚众。有集一卷，今传。

【注释】

　　①江淹：字文通，宋州济阳考城（今河南省商丘市）人。南朝政治家、文学家，历任宋、齐、梁三朝官职。裔（yì）：泛指后代子孙。

　　②少帝：这里指南北朝时期的宋朝皇帝刘义符，是南朝宋代的第二位皇帝，宋武帝刘裕的长子。

　　③辄（zhé）：总是、就。不第：落第，意为科举考试没考中。

　　④脍（kuài）炙人口：比喻好的诗文受到人们的称赞和传诵。

⑤旃檀（zhān tán）：古指檀香。

⑥玳瑁筵（dài mào yán）：指豪华、珍贵的宴席。玳瑁：一种珍贵的脊椎动物，古时常用于宫廷宴席。

⑦俯拾青紫：这里指轻易得到高官显宦。俯：屈身，低头。青紫：古代公卿服饰，此处借指高官显宦。

⑧黜（chù）：取消；免除。有司：本指主管某部门的官吏，这里指主考官。

⑨怏怏（yàng）：不服气或闷闷不乐的神情。

⑩束书：收拾好书籍。亡越：这里指逃亡到吴越国。

⑪上变：向朝廷告发谋反等叛逆事变。

⑫伏罪：此指犯罪者被抓捕后处以死刑。

【译文】

江为，考城人，是南朝宋时政治家江淹的子孙后代，南朝宋少帝在位时，江淹出任建阳吴兴县令，因此就将家眷都带到这里居住，从此就变成本郡中人了。江为在唐朝末年曾经前去应试进士举，但总是落榜。江为善于作诗，有"天形围泽国，秋色露人家。"和"月寒花露重，江晚水烟

微"等诗句，至今依旧脍炙人口。江为年少时曾去游览白鹿寺，当时在墙上题写诗句："吟登萧寺旃檀阁，醉倚王家玳瑁筵。"南唐后主迁都洪州时见到江为在白鹿寺题写的诗句，赞叹说："这人大有富贵人家的气势。"那时有刘洞、夏宝松前去向江为求授作诗之法，江为更加傲慢放肆，自称俯身就能拾得高官厚禄，于是就到金陵应进士举，但多次在主考官的遴选中落榜。江为从此闷闷不乐难以控制自己，只想赶快收拾书信逃奔吴越国，适逢跟他合谋一同出逃的人向上告发他谋反叛变，官府调查清楚了他叛逃成立应得的罪状，将他逮捕判处了死刑。如今建阳县城西的靖安寺，就是江为处士的故居，后世在此留题诗句的人有很多。江为有诗集一卷，流传至今。

参考文献

[1] 傅璇琮 . 唐才子传校笺 [M]. 北京：中华书局，1990.

[2] 辛文房 . 唐才子传 [M]. 北京：古典文学出版社，1957.

[3] 辛文房 . 唐才子传 [M]. 北京：京华出版社，2000.

[4] 辛文房 . 唐才子传 [M]. 北京：北京联合出版公司，2017.